Aiga Stapf

Hochbegabte
Kinder

Aiga Stapf

Hochbegabte Kinder

Persönlichkeit
Entwicklung
Förderung

Verlag C. H. Beck

Mit 4 Abbildungen

1. Auflage. 2003
2., aktualisierte Auflage. 2004
3., aktualisierte Auflage. 2006
4., aktualisierte Auflage. 2008

5., aktualisierte Auflage. 2010

© Verlag C.H.Beck oHG, München 2003
Satz: Fotosatz Janß, Pfungstadt
Druck und Bindung: Friedrich Pustet, Regensburg
Umschlagbild: © photonica / Johner
Umschlagentwurf: Uwe Göbel, München
Gedruckt auf säurefreiem, alterungsbeständigem Papier
(hergestellt aus chlorfreiem gebleichtem Zellstoff)
Printed in Germany
ISBN 978 3 406 50252 1

www.beck.de

Inhalt

Vorwort

Eine einfache Antwort auf die Frage einer besorgten Mutter im Jahr 1980, was sie mit ihrem fünfjährigen Sohn falsch mache, denn der frage zuviel, wolle alles immer ganz genau wissen und hinge an ihr wie eine Klette, da er wenig Lust hätte, mit anderen Kindern zu spielen, konnte ich trotz meiner damaligen Beschäftigung mit elterlichen Erziehungsstilen und deren Auswirkung auf die kognitive Entwicklung der Kinder nicht geben. Die Erklärung, daß Kinder von Geburt an sehr unterschiedlich seien, sie solle dem Wissensdurst und Lernbedürfnis des Kindes nachkommen, reichte nicht aus. Daher fing ich an, mich intensiver mit dem Phänomen der Hochbegabung zu befassen, ein Thema, dem bis heute in der Wissenschaft wie Praxis noch zu wenig Aufmerksamkeit geschenkt wird.

Da ab Mitte der 1980er Jahre das Thema Hochbegabung u.a. durch die Berichterstattung und kontroverse Diskussion der «World Conference for Gifted and Talented Children» 1985 in Hamburg in der Öffentlichkeit stärker wahrgenommen wurde, setzen sich auch Eltern häufiger damit auseinander und benötigen immer öfter eine fachpsychologische Untersuchung und Beratung, damit ihre Kinder eine angemessene schulische Ausbildung und Förderung erhalten.

Seitdem wurden im Rahmen meiner 1986 am Psychologischen Institut der Universität Tübingen gegründeten Arbeitsgruppe «Begabungs- und Persönlichkeitsentwicklung» mehr als 1200 Kinder und Jugendliche im Alter von 2;6 bis 20 Jahren untersucht, darunter ca. 450 Vorschulkinder. Wenn im folgenden Text von der «Beratungsstichprobe» die Rede ist, so sind diese Kinder und Jugendlichen gemeint.

Mehrmalige Überprüfungen an verschiedenen Teilstichproben zeigten, daß das Verhältnis von untersuchten Jungen zu Mädchen bei einem Anteil von ca. 35 % Mädchen relativ konstant blieb. Weiterhin ist der Anteil der als hochbegabt identifizierten Kinder relativ gleichbleibend: ca. 36 % aller Kinder erwiesen sich als hochbegabt, ca. 30 % als weit überdurchschnittlich intelligent, ca. 34 % der Kinder als durchschnittlich bis leicht überdurchschnittlich intelligent. Unsere Erfahrungen und Erkenntnisse, die u. a. zum Teil in diesem Buch festgehalten sind, beziehen sich somit auf weit über 400 hoch- und höchstbegabte Kinder und deren Eltern, die wir untersucht, befragt, gesprochen und beraten haben, auf unzählige Gespräche mit Eltern, aber auch Lehrern und Erzieherinnen, mit denen wir am Telefon oder bei Vorträgen sprachen. Ihre Sorgen und Nöte, aber auch die Nachrichten von sehr positiven Entwicklungen der Kinder nach und aufgrund unserer Diagnostik und Beratungen spornen unsere Arbeit immer wieder an.

Sowohl die praktische Arbeit mit Kindern und Eltern, als auch die wissenschaftliche Arbeit an Vorträgen und Veröffentlichungen kann nur durch fortwährenden geistigen Austausch, Anregung und Diskussion sowie tatkräftige Unterstützung gelingen. Daher möchte ich allen herzlich danken, die mir bei dieser Arbeit geholfen und sich damit auch für hochbegabte Kinder und ihre Familien eingesetzt haben und weiter einsetzen. Mein Dank gilt vor allem denjenigen, die mich bei der Fertigstellung dieses Buches mit Rat und Tat unterstützt und ermutigt haben: Den Freundinnen, die zumindest Teile dieses Buches durchsahen und mich zum Vollenden ermunterten, Ina Hille, Dipl.-Psych. Elfriede Mittag, Dipl.-Psych. Gogo Ulrich, sowie meinen Mitarbeiterinnen Dipl.-Psych. Uli Anders, Dipl.-Psych. Regine Lang, cand. psych. Janna Pahnke und Dipl.-Psych. Karin Schmausser sei hierfür herzlich gedankt.

Nicht zuletzt danke ich ganz besonders Kurt Stapf, dessen Ratschläge und kritische Anregungen ebenfalls zum Gelingen dieses Buches beitrugen, sowie unserem Sohn Marko, der die praktische Arbeit mit hochbegabten Kindern vor allem im Vorschulalter mit mir durchleben mußte, in Wochenendfreizeiten oder Förderkursen, die wir in Tübingen durchführten. Ihr Verständnis, das sie immer trotz gewisser Entbehrungen insbesondere während der Entstehungszeit dieses Buches für meine Arbeit aufbrachten, war mir eine große Hilfe.

Tübingen, im Oktober 2002   *Aiga Stapf*

Einleitung:
Hochbegabte fordern uns heraus

Glücklich und stolz könnten Eltern sein, die ein hochbegabtes Kind haben. Ein interessantes, kluges Wesen, das tiefgründige Fragen stellt, das schwierige Rätsel liebt und sich über Spiele mit komplizierten Regeln freut. Ein solches Kind merkt sich viele Dinge besser als manche Erwachsene, die es an Scharfsinn und Denkvermögen durchaus übertreffen kann.

Die Realität sieht anders aus: Eltern hochbegabter Kinder empfinden eher ein gewisses Unbehagen. Sie erschrecken, fühlen sich unsicher und überfordert. Hochbegabte Kinder können zweifelsohne sehr anstrengend sein. Sie erfordern Kraft und viel Einsatz von seiten ihrer Eltern. Diese Kinder «quälen» ihre Eltern, meist die Mütter, von morgens bis abends mit hartnäckigen Fragen. Sie beobachten schon kleinste Abweichungen in den alltäglichen Gegebenheiten kritisch. Sie haken nach, vor allem bei ihnen gegebenen Versprechungen, die sie nicht vergessen. Sie protestieren bei kleinsten Regelverletzungen der Erwachsenen, beispielsweise im Straßenverkehr, und stellen mit zunehmendem Alter die «natürliche» Autorität von Eltern, Erzieherinnen, Lehrern immer stärker in Frage.

Hochbegabte sind außergewöhnliche Kinder, die für Erwachsene eine Herausforderung darstellen. Sie werden von einigen Erwachsenen als sehr anziehend und interessant befunden, von nicht wenigen jedoch abgelehnt.

Hochbegabte Kinder sind nicht auf den ersten Blick zu erkennen. Einige von ihnen versetzen schon kurz nach der Geburt ihre Eltern, Großeltern oder Säuglingsschwestern durch ihre ungewöhnliche Wachheit in Erstaunen. Viele fallen im Kleinkind- und Vorschulalter auf, wenn sie Dinge tun, die andere Gleichaltrige nicht können. Bei einigen Hochbegabten werden erst im Schul- oder Erwachsenenalter außergewöhnliche Denkleistungen erkannt.

Hochbegabte fallen Eltern, Erzieherinnen oder Lehrern häufig dadurch auf, daß sie «anders» sind, wenn sie mit anderen Kindern verglichen werden. Klein- und Vorschulkinder, die sich mit ungewöhnlichen Themen intensiv beschäftigen, schwer zu beantwortende, durchaus sinnvolle Fragen stellen und brennend gerne Lesen und Rechnen wollen, unterscheiden sich von anderen Kindern. Diese Vorlieben und Verhaltensweisen entsprechen nicht den Erwartungen und Vorstellungen Erwachsener von einem Vorschulkind. Manche Eltern sind daher beunruhigt und besorgt, die Entwicklung ihres «altklugen» Kindes erscheint ihnen als «frühreif» oder gar «unnormal». Sie spielen die «Besonderheiten» des Kindes herunter und versuchen, diese ihrer Meinung nach «zu früh auftretende und daher schädliche» Entwicklung zu bremsen.

Für die Bestimmung eines Kindes als hochbegabt sind seine intellektuellen Fähigkeiten ausschlaggebend. Aber erst eine umfassendere Kenntnis ihrer Gesamtpersönlichkeit und des Wechselspiels von intellektuellen und sozialen Fähigkeiten, Motiven und Temperamentsmerkmalen erlaubt es, sie zu verstehen. Daher wird in diesem Buch die Persönlichkeit und Entwicklung hochbegabter Kinder eingehender behandelt. Bedauerlicherweise wurde die Entwicklung und frühe Kindheit Hochbegabter in Deutschland bislang kaum erforscht, unser Wissen über Hochbegabte erweist sich in dieser Hinsicht als recht lückenhaft.

Häufig und kontrovers diskutiert wird die Frage nach dem Ausmaß an Problemen und Schwierigkeiten, die Hochbegabte im Laufe ihrer Persönlichkeitsentwicklung erfahren. Elterninitiativen und Vereine, die sich für die Belange und die besondere Förderung hochbegabter Kinder einsetzen, heben deren Probleme u. a. in der Schule hervor. Wissenschaftler, deren Befunde auf ein vergleichbares Ausmaß an Schwierigkeiten bei hochbegabten wie durchschnittlich begabten Kindern hinweisen, stellen dagegen einen besonderen Förderungs- und Beratungsbedarf in Frage (so etwa Rost 1993).

Tatsächlich sind Hochbegabte «ganz normal», sie sind nur deutlich klüger, intelligenter als ihre Mitmenschen. Diese hoch Intelligenten gibt es in allen Kulturen, in allen Gesellschaften und sozialen Schichten.

Ob und vor allem welche Konsequenzen sich aus einer Hochbegabung ergeben, wie Hochbegabte in der Familie, in der Schule, mit Gleichaltrigen usw. zurechtkommen, will die vorliegende Darstellung klären. Ob sie ihr Leben insgesamt besser oder schlechter als das ihrer Mitmenschen gestalten, ist nur schwer erfaßbar. Betrachtet wird daher im einzelnen, unter welchen förderlichen oder hemmenden Bedingungen sich ihre Entwicklung, die Entfaltung ihres Potentials vollzieht.

Die Praxis zeigt, daß es in Deutschland genügend viele Familien gibt, die Sorgen und Nöte ausstehen, nicht weil das Kind hochbegabt ist, sondern weil es unglücklich oder unzufrieden ist. Eine Reihe dieser unglücklichen Kinder sind sehr klug – wie viele es genau sind, weiß niemand.

Sie fordern die Wissenschaft z.B. zur Klärung der Frage heraus, wie es bei einigen Hochbegabten zu der erwartungswidrigen Diskrepanz zwischen ihren geistigen Möglichkeiten und den realisierten niedrigen Leistungen («underachievement») in Schule oder Beruf kommt.

Nicht wenige Wissenschaftler fühlen sich durch Mythen und Vorurteile herausgefordert, die Hochbegabten zugesprochen werden. Diese reichen von einer sehr optimistischen Ansicht, Hochbegabte seien immer erfolgreich und setzten sich in jedem Fall durch, bis hin zu der sogenannten «Genie-Irrsinns-Hypothese» (Lange-Eichbaum), die eine enge Beziehung zwischen Genies («tiefen Denkern») und Geisteskranken unterstellt. Die Annahme, Hochbegabte seien psychisch störanfälliger als Nicht-Hochbegabte, kann mit Sicherheit als falsch zurückgewiesen werden.

Ebenso unwahrscheinlich ist bei intellektuell Hochbegabten das Auftreten eines Syndroms, das als sog. Aufmerksamkeitsstörung u. a. bestimmten pharmazeutischen Firmen Milliarden an Einnahmen verschafft (ausführlich Stapf 2010). Auf die Gefährlichkeit der häufig verharmlosten Methylphenidat-haltigen Arzneimittel weist das BfArM (Bundesinstitut für Arzneimittel und Medizinprodukte hin) seit September 2009 durch eine Zulassungseinschränkung im Internet hin: www.bptk.de.

Das Anliegen dieses Buches ist es, eine sachliche Auseinandersetzung mit dem Phänomen «Hochbegabung» zu erleichtern, es soll zu einem besseren Verständnis und zu stärkerer Akzeptanz hochbegabter Kinder und Jugendlicher beitragen.

Was heißt hochbegabt?

Der Begriff «Hochbegabung» (engl. meist «giftedness») hat sich in Deutschland außerhalb der einschlägigen wissenschaftlichen Literatur noch nicht etablieren können. Im deutschsprachigen Raum werden häufig die Bezeichnungen «Begabung», «hohe Begabung», «besondere Begabung» synonym verwendet, da «Hochbegabung» von einigen Kreisen als ein «elitärer» Begriff angesehen wird und mit negativen Konnotationen verbunden ist.[1]

Dabei erweist sich bei näherer Betrachtung die – zumeist abwertende – Verbindung von hochbegabten Personen mit «Elite» als unangebracht. Mit «Elite» wird eine von der Gesellschaft auserlesene, führende Schicht bezeichnet, die «die Summe der Inhaber von Herrschaftspositionen oder höchsten Rangplätzen auf der Macht- oder der Prestigeskala der Gesellschaft» darstellt (Fuchs et al. 1978, S. 182). Zumindest derzeit scheinen in keinem Land oder Gesellschaftssystem intellektuell Hochbegabte an der Spitze einer Macht-, Einkommens-, Prestige- oder Sozialhierarchie zu stehen. Somit erweist sich der soziologische Begriff «Elite» zur Kennzeichnung oder als Attribut von Hochbegabten eher als ungeeignet und unpassend.

In Deutschland werden häufiger negative Empfindungen mit dem Begriff und Phänomen Hochbegabung assoziiert als etwa in angelsächsischen Ländern. Für eine sachlich-rationale Auseinandersetzung mit dem Konzept ist daher die folgende Erläuterung des in der Wissenschaft seit langem als Fachwort eingeführten Begriffs hilfreich.

Hochbegabung ist äußerlich nicht erkennbar. In Situationen, bei denen besondere Fähigkeiten nicht zum Tragen kommen können, werden Hochbegabte nicht auffallen. Es bedarf bestimmter Problemstellungen, Situationen und Gegebenheiten, bei denen ihre Begabung sichtbar werden kann. Beispielsweise Mozart, musisch hochbegabt, benötigte ein Musikinstrument; Picasso, künstlerisch hochbegabt, Papier/Leinwand, Farben und Stifte; ein mathematisch Hochbegabter besonders schwierige mathematische Fragen, Aufgaben oder

Probleme. Unterschiede zwischen Hochbegabten und Nicht-Hochbegabten werden oft erst im Vergleich mit anderen sichtbar, die kein Lied komponieren, kein Gemälde malen und keine mathematischen Probleme lösen können.

Immer wenn sich Menschen miteinander vergleichen, werden Unterschiede auch bewertet. Wie die Beschäftigung mit herausragenden, genialen Personen und deren Erkennung im Altertum zeigt, werden die erheblichen Unterschiede ihrer Fähigkeiten wohl bemerkt. Schon Aristoteles, ein Schüler Platons, schrieb: «Es scheint aber der Geist (*nous*), als Denkkraft (*phronesis*) verstanden, nicht gleicherweise allen Lebewesen innezuwohnen, nicht einmal allen Menschen» (zitiert nach Hofstätter 1971, S. 195).

Bis zum Ende des vorletzten Jahrhunderts wurde zumeist der Begriff «Genie» verwendet, um Menschen (eigentlich immer Männer) von «außerordentlichen Geisteskräften und schöpferischen Begabungen» zu bezeichnen (vgl. Lombroso 1887). In England veröffentlichte Francis Galton, ein Vetter Charles Darwins, im Jahre 1869 sein bedeutendes Werk «Hereditary Genius», in dem er das mehr als zufällig häufige Auftreten von sehr hohen und speziellen Begabungen in bestimmten Familien durch Untersuchung der Stammbäume nachwies. Galton, der sich intensiv mit der Intelligenz und deren systematischer Messung unter Anwendung der mathematischen Statistik beschäftigte, kam bei seinen Untersuchungen zu der Schlußfolgerung, daß Intelligenz vererbbar sei, eine damals gängige Vorstellung.

Seit Beginn des 20. Jahrhunderts wenden Psychologen und Pädagogen in Deutschland den Begriff «Hochbegabung» an, er ist somit keine «neumodische Erfindung». Einer der bedeutendsten Psychologen, die sich mit dem Phänomen «Hochbegabung» befaßt haben, war William Stern (1871–1938), ab 1916 Ordinarius am Hamburger «Allgemeinen Vorlesungswesen und Kolonialinstitut» und Mitbegründer der Universität Hamburg im Jahre 1919. Er wurde 1933 von den Nationalsozialisten entlassen, da er Jude war. William Stern, Begründer der Differentiellen Psychologie und «Erfinder» des Intelligenzquotienten, befaßte sich u. a. intensiv mit der Intelligenz der Kinder und Jugendlichen (Stern 1916, 1920). Er verwendete dabei den Begriff «Hochbegabung», die er als die höchste Ausprägung der Intelligenz faßte.

Im amerikanischen Sprachgebrauch wurde in dieser Zeit neben «genius» die Bezeichnung «giftedness» mit der hohen Ausprägung als «highly gifted» üblich. Ähnlich bedeutsam wie Sterns Forschungen für die Intelligenz- und Begabungsforschung in Deutschland waren in Amerika die Hochbegabten-Studien von L. M. Terman, der 1921 seine berühmte Studie an 1528 hochbegabten Kindern begann. Insgesamt nahmen 672 Mädchen und 856 Jungen mit einem Durchschnittsalter von 11 Jahren, die nach der Vorauswahl durch Lehrer einen Mindestintelligenztestwert von 135 im Stanford-Binet-Intelligenztest erreichten, an der Studie teil (vgl. u. a. Holahan 1996). In verschiedenen Bänden der von Terman und seinen Mitarbeitern herausgegebenen «Genetic studies of genius» wurden die Ergebnisse festgehalten. Ein wesentliches Anliegen Termans war die Widerlegung der These von Lombroso (1887) und Lange-Eichbaum (1928), daß «geniale», d. h. hoch- bis höchstintelligente Personen sehr häufig eine gestörte Persönlichkeitsentwicklung bis hin zur Abnormalität im Sinne des Psychopathologischen, der Psychose erleiden.[2]

Wer immer sich mit den «Genialen» oder «Hochbegabten» befaßte, den faszinierte die Frage nach der (besonderen) Persönlichkeit dieser Menschen. In der frühen Zeit der Mystik gibt es Zeugnisse, wo Geniales mit Göttlichem gleichgesetzt wurde, in christlichen Anschauungen gilt es als Gottesgabe. Annahmen über biologisch-körperliche Besonderheiten Genialer wie der Ausstattung des Gehirns und der «Säfte» auf ererbter Basis wurden geäußert. Der Psychiater Lange-Eichbaum (1928), der Genie nicht als Biologisches, nie als «Objekt der Naturwissenschaft» ansah, vertrat sogar die Meinung, daß das Genie nur vorhanden ist, «wenn die betrachtende Menschheit da ist», die bestimmt, «wer als Genie zu gelten hat.»

Diese «wirre Fülle von Meinungen» (Lange-Eichbaum 1928, S. 40), deren Einfluß auch heute noch in ähnlichen Mutmaßungen und Annahmen über Hochbegabte erkennbar ist, und die höchst unterschiedlichen Bestimmungen, was unter Hochbegabten («Genies») zu verstehen ist, führten zu stark kontroversen Standpunkten, Mißverständnissen, zu vielfältigen Interpretationen und Befunden.

Wie die historische Betrachtung erkennen läßt, kann die Zuschreibung einer Person als «hochbegabt» nach zwei Gesichtspunkten erfolgen:

1. Hochbegabte werden als Personen definiert, die etwas Außergewöhnliches leisten, die extrem schwierige Aufgaben lösen, ein höchst ungewöhnliches Werk schaffen, ungeachtet der Leistung anderer Personen (absolutes, qualitatives Kriterium).
2. Hochbegabte sind solche Menschen, die in einem festgelegten Bereich eine so hohe Leistung aufweisen, wie sie nur noch von wenigen Personen der Bezugsgruppe erbracht werden kann. Dabei ist die Setzung einer quantitativ zu bestimmenden Grenze («cutoff point») erforderlich (relatives, quantitatives Kriterium).

Anders als in dem Märchen, wo der König seine Tochter nur demjenigen Freier zur Frau gibt, der ein sehr schweres Rätsel löst, erweist es sich bei der Bestimmung von Hochbegabung als äußerst schwierig, ein «qualitatives» Kriterium zu finden, das eine klare Trennung von Hochbegabten und Nicht-Hochbegabten ermöglicht. Daher neigen heute Begabungsforscher dazu, die mit Hilfe eines psychologischen Tests gemessene Leistung einer Person mit den Leistungen ihrer Vergleichsgruppe in Beziehung zu setzen (relatives, quantitatives Kriterium). Diejenigen Personen mit den höchsten Meßwerten werden als hoch- bzw. höchstbegabt bezeichnet.

Begabung und Intelligenz

Die Begriffe Intelligenz und Begabung erfuhren über Jahrzehnte hinweg Wechselbäder der Ablehnung und Zustimmung. Der Begriff «Begabung» wird in der Psychologie außerhalb der sogenannten Begabungsforschung kaum mehr verwendet, da mit ihm oft (implizit) Annahmen über angeborene Merkmale oder Verhaltenstendenzen verknüpft werden. Deshalb wird in der modernen psychologischen Persönlichkeitsforschung, der Differentiellen Psychologie eher von «Fähigkeiten» gesprochen, die als Dispositionen erworben oder genetisch (mit)bedingt sein können.

In der Alltagssprache sowie in englischsprachigen Arbeiten findet sich der früher gebräuchlichere Begriff «Talent», der teilweise synonym zu «Begabung» bzw. zu den spezifischen Intelligenzfaktoren benutzt wird (vgl. «Sprachtalent»). Ähnlich wie der Begabungsbegriff spielt er in der heutigen psychologischen Forschung keine Rolle mehr (vgl. Heller und Hany 1996).

Begabung, im Sinne von Fähigkeit, wird oft synonym oder sinnverwandt mit Intelligenz verwendet. Der begrifflichen Klarheit wegen ist es jedoch vorteilhaft, Intelligenz und Begabung voneinander abzugrenzen. Der Begriff «Intelligenz» ist aus wissenschaftshistorischen Gründen als Fähigkeit zu abstrakt-analytischem Denken festgelegt (vgl. Stern 1920).

Dem derzeitigen Forschungsstand entsprechend, lassen sich fünf Fähigkeitsbereiche (Begabungsbereiche) unterscheiden, die als relativ unabhängig voneinander gelten:

- Intellektuelle Fähigkeit (Intelligenz),
- Soziale Fähigkeit (interpersonale Kompetenz),
- Musische Fähigkeit (Musikalität),
- Bildnerisch-darstellende Fähigkeit,
- Psychomotorisch-praktische Fähigkeit.[3]

Intelligenz wird hierbei gleichgesetzt mit intellektueller Fähigkeit (Begabung) als Denk- oder Problemlösefähigkeit, deren spezifische Fähigkeitsdimensionen (Intelligenzfaktoren) wie verbale und mathematische Intelligenz, räumlich-abstraktes Vorstellungsvermögen usw. am bekanntesten sind.

In der Hochbegabtenforschung herrscht prinzipiell Einigkeit darüber, daß verschiedene Fähigkeitsbereiche anzunehmen sind, die einzelnen Begabungskonzeptionen gehen teilweise von unterschiedlichen Bereichen aus. Beispielsweise weisen Heller und Hany (1996) in ihrer Begabungskonzeption «Kreativität» als einen eigenständigen Begabungsbereich aus. Begründete Zweifel bestehen allerdings daran, Kreativität als einen unabhängigen Fähigkeitsbereich anzusehen. Aufgrund überzeugender Befunde ist vielmehr davon auszugehen, daß sich in den oben genannten Bereichen Individuen durch unterschiedliche «Kreativität», d. h. Verfügbarkeit von mehr oder weniger neuartigen Einfällen, kennzeichnen lassen. Kreative Leistungen bzw. Produkte, die als Ausdruck von Kreativität gewertet werden, sind in allen Fähigkeitsbereichen denkbar.

Intelligenzfaktoren wie Einfallsreichtum, Flexibilität des Denkens oder Wortgewandtheit zeigen, daß divergenten oder kreativen Denkfähigkeiten innerhalb des Konstrukts «Intelligenz» Rechnung getragen wird. Hofstätter (1971, S. 238) spricht vom «schöpferischen Denken» und führt als Problem von Tests zum divergenten Denken ein Argument von Kant (1790) an, der nach dem Unterschied zwischen «exemplarischer Originalität» und «originalem Unsinn» fragt.

Eine brauchbare Definition von Kreativität, die häufig mit künstlerisch-gestaltenden Fähigkeiten verwechselt wird, fehlt jedoch bis heute. Ein Hauptkritikpunkt bezieht sich auf den immer wieder auftretbaren deutlichen Zusammenhang von Intelligenz und Kreativität, den u. a. Perleth und Sierwald (1992) bei der Auswertung der Münchner Hochbegabungsstudie feststellten. Nach Weinert (1994), der Schwierigkeiten bei der Definition von Kreativität, Probleme bei der Abgrenzung kreativer Leistungen sowie Fehlschläge bei der Messung hervorhebt, ist eine vorsichtige Verwendung dieses Konstrukts angebracht.[4]

Die Annahme, daß die verschiedenen Fähigkeitsbereiche relativ unabhängig voneinander sind, bedeutet, daß ein Mensch in einem oder keinem Bereich, in mehreren oder sogar in allen Bereichen äußerst fähig (hochbegabt) sein kann bei gleichzeitig über-, unter- oder durchschnittlicher Ausprägung der jeweils anderen Fähigkeitsbereiche. Ein Kind kann demnach musisch und intellektuell hochbegabt sein, nur bildnerischdarstellend hochbegabt oder sozial und psychomotorisch hochbegabt sein usw. Erfahrungsgemäß läßt sich eine sehr hohe Leistungsausprägung nur in einem, in einigen Fällen eventuell in zwei Bereichen beobachten, da außer der Disposition noch Erfahrungen, intensives Üben oder systematisches Training für die Umsetzung der Fähigkeiten in Leistung erforderlich sind.

Demgemäß stellte Terman bei einer Untergruppe von Kindern (special ability cases) mit speziellen Fähigkeiten in Kunst, Musik und «Handwerk» (z.B. «manual training») fest, daß in dieser Gruppe nur drei Jungen eine so hohe Intelligenztestleistung erbrachten (IQ > 135), daß sie in die Hauptstudie aufgenommen werden konnten. Ähnliches zeigte sich bei einer Gruppe von außergewöhnlich befähigten Kunststudenten. Nur 15 Studenten besaßen einen hohen Testkennwert. Ihre IQs lagen, bei einem Durchschnittswert von 109, zwischen 79 und 133. Weitere Befunde ließen Terman, den dieser Befund enttäuscht hatte, vermuten, daß musisch begabte Kinder insgesamt höhere Intelligenztestleistungen erbringen als künstlerisch begabte (vgl. Shurkin 1992).

Die Psychologie hat sich nur am Rande mit musischen und bildnerisch-darstellenden Begabungen befaßt, auch in der Hochbegabungsforschung liegen nur wenige Arbeiten vor (vgl. Winner 1998).

Intelligenz dagegen war und ist ein zentrales Thema der Persönlichkeitsforschung. Alltagsbeobachtungen wie psychologische Forschungsergebnisse zeigen die herausragende Bedeutsamkeit dieses Konstrukts (vgl. Gottfredson 1999).

Wie keinem anderen Merkmal kommt der Intelligenz ein hoher Stellenwert für die Bewältigung der alltäglichen Probleme in allen Lebensbereichen zu. Weltweit wird intensiv über Intelligenz geforscht, und teilweise werden die theoretischen Konzepte und Forschungsergebnisse kontrovers diskutiert (vgl. Brody 1992, Amelang 1995).

Diese kontroverse Diskussion der Theorienbildung in der einschlägigen Fachliteratur bezieht sich vorrangig auf die Frage, ob Intelligenzmodelle, die einen allgemeinen Intelligenzfaktor «g» und verschiedene spezifische Faktoren annehmen

(Spearman 1927, Vernon et al. 1977), die Struktur der Intelligenz besser abbilden als Modelle, die viele unabhängige Intelligenzfaktoren postulieren wie die Modelle von Guilford (1967) oder Gardner (1983).

Gardners Theorie der multiplen Intelligenzen, die zunächst von sieben, inzwischen wohl von acht oder neun voneinander unabhängigen «Intelligenzen» ausgeht, kann bislang nicht als empirisch belegt gelten. Insbesondere die Aufnahme der einzelnen Fähigkeiten in die Kandidatenliste der «Intelligenzen» scheint eher nach Plausibilitätsgesichtspunkten zu erfolgen, da die Beurteilung anhand von acht Kriterien als relativ willkürlich erscheint (Gardner 1999, vgl. Heilmann 1999). Es ist weiterhin unklar, inwieweit «Gardners Intelligenzen nicht geistige Fähigkeiten, sondern vielmehr Persönlichkeitseigenschaften oder motorische Fertigkeiten tangieren», wie Gottfredson (1999, S. 26) kritisiert. Ebensowenig bestätigt ist Guilfords Modell mit «vielerlei» Intelligenzen, das 120 unabhängige Intelligenzfaktoren umfaßt. Insgesamt zeigen die Ergebnisse empirischer Untersuchungen, daß sich mehr oder weniger enge positive Zusammenhänge (Korrelationen) zwischen den verschiedenen Tests zur intellektuellen Leistungsfähigkeit auffinden lassen. Das spricht für einen allgemeinen Intelligenzfaktor «g» (vgl. Neisser et al. 1996).

Ein Beispiel für ein Intelligenzmodell, das im deutschen Sprachraum entwickelt wurde und von einer allgemeinen Intelligenz als Integral aller Fähigkeiten sowie sieben Fähigkeitskonstrukten ausgeht, ist das Berliner Intelligenzstrukturmodell (BIS) (Jäger, Süß und Beauducel 1997).

Verdeutlichen läßt sich das, was in der Psychologie unter (allgemeiner) Intelligenz als globaler geistiger Kapazität verstanden wird, mit Hilfe einer Definition von Hofstätter (1971, S. 197). Er bestimmt Intelligenz (g-Faktor) als «Fähigkeit zur Auffindung von Ordnung». Als «Instrumente der Intelligenz» bezeichnet er u. a. Lernen, Gedächtnis und Sprache, die als «Analysatoren der Wirklichkeit» besonderen «Faktoren» der Intelligenz entsprechen. Diese Faktoren als geistige Fähigkeiten wie z. B. verbales Verständnis, schlußfolgerndes Denken oder rechnerisches Denken lassen sich in

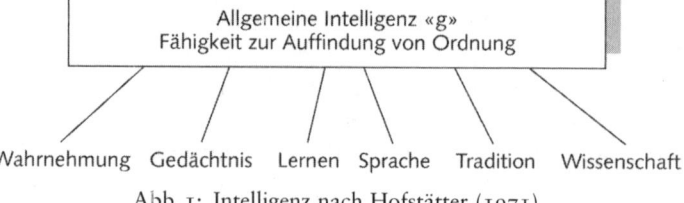

Abb. 1: Intelligenz nach Hofstätter (1971)

einzelnen Untertests gängiger Intelligenztests wiederfinden (Abb. 1).

Eine auch heute noch brauchbare Intelligenzdefinition stammt bereits von William Stern (1920): «Intelligenz ist die allgemeine Fähigkeit eines Individuums, sein Denken bewußt auf neue Forderungen einzustellen, sie ist allgemeine geistige Anpassungsfähigkeit an neue Bedingungen des Lebens.» Bei Stern finden sich die wichtigsten Aspekte für eine Bestimmung intelligenten Verhaltens: Denken als Problemlösen bei neuen Anforderungen, bezogen auf neue Umwelt- oder Organismusbedingungen. Intelligenz ist damit kulturabhängig, ihre Ausprägung hängt u. a. von den an ein Individuum gestellten Anforderungen ab.

Die allgemeine Intelligenz erweist sich durchgängig als das beste Kriterium für die Unterscheidung «zwischen Menschen, die als begabt, durchschnittlich oder zurückgeblieben angesehen werden» (Gottfredson 1999, S. 26). Intelligenz ist ein über die Zeit hinweg relativ stabiles Merkmal, was für praktisch-diagnostische Belange u. a. zur Vorhersage zukünftiger Leistungen bedeutsam ist. Ab dem späten Vorschulalter gemessene Intelligenztestwerte bleiben bis ins Jugendalter befriedigend stabil. Interindividuelle Unterschiede bezüglich intelligenter Leistungen sind schon im frühen Säuglingsalter (mit drei bis vier Monaten) als Werte im Aufmerksamkeits- und Habituationsverhalten erfaßbar, wie die bedeutsamen Zusammenhänge dieser frühen kognitiven Leistungen mit der im Alter von fünf bis acht Jahren erhobenen Intelligenztestwerte erkennen lassen (vgl. Colombo 1993, Stapf und Stapf 1991).

Intellektuelle Hochbegabung

In der einschlägigen Literatur findet sich für Hochbegabung, ähnlich wie für Begabung und Intelligenz, eine Vielzahl von Begriffsbestimmungen. Im folgenden wird unter intellektueller Hochbegabung eine sehr hohe Ausprägung der allgemeinen Intelligenz (des g-Faktors) verstanden, die als individuelle Disposition einem derart Begabten gestattet, geistige Hochleistungen zu erbringen.

Hinzu kommen jeweils verschiedene spezifische Intelligenzfaktoren (z. B. verbale, räumlich-abstrakte, mathematische), die in unterschiedlichem Ausmaß verfügbar sein können (Stapf und Stapf 1988, Rost 1993).

Traditionell werden Personen mit den höchsten Intelligenzgraden (die oberen 2 bis 3 % der normalverteilten Intelligenztestwerte, d. h. Prozentrang ab 97) als «hochbegabt» bezeichnet.

Zu Verwirrung tragen die recht unterschiedlichen Hochbegabungsdefinitionen mit teilweise sehr weichen Kriterien bei (schon ab Prozentrang 90) und die Vielzahl der sogenannten Hochbegabungsmodelle, deren Anspruch auf Gültigkeit kaum durch entsprechende empirische Befunde gedeckt wird. Von Sternbergs (1986) «Hochbegabungsmodell» dagegen, als «hierarchische Theorie der intellektuellen Hochbegabung» konzipiert, lassen sich konkrete Aussagen über das geistige «Arbeiten» ableiten, die teilweise empirisch geprüft wurden. Das Modell umfaßt folgende drei Subtheorien: Die erste Subtheorie bezieht Intelligenz auf die innere Welt des Individuums, wobei die geistigen Mechanismen spezifiziert werden, die zu mehr oder weniger intelligentem Verhalten führen wie Lernen, Planen und aktuelle Ausführung. Die zweite Subtheorie bezieht sich auf die Erfahrung im Hinblick auf Aufgaben und Situationen und betont die Rolle der Neuheit und der Automatisierung der Informationsprozesse bei außergewöhnlicher Intelligenz. Die dritte Subtheorie bezieht sich auf die externe Welt des Individuums, wobei drei Verhaltensklassen spezifiziert werden: Anpassung, Formung und Selektion der Umwelt. Dabei sollen Hochbegabte durchschnittlich Begabten in den kognitiven Grundprozessen (selektives Encodieren, Kombinieren und Vergleichen) überlegen sein und sich insbesondere durch ihre «Einsichtsfähigkeit» auszeichnen.

Untersuchungen zu den genannten Grundprozessen ergaben, daß die Fähigkeit, alle drei Prozesse anzuwenden, mit Testwerten eines allgemeinen Intelligenztests hochkorreliert ist (.60). Man fand beispielsweise, daß hochintelligente Personen langsamer, dabei insgesamt effizienter bei der Analyse und Anwendung der Einsichtsprozesse vorgingen als niedrig intelligente Personen. Empirische Überprüfungen an hochbegabten und durchschnittlich begabten Viert-, Fünft- und Sechstkläßlern bestätigten eine bessere Leistung hochintelligenter Kinder bei allen Denkaufgaben.

Bei diesen und ähnlichen Untersuchungen stellte sich heraus, daß Hochbegabung als besonders wirksame Ausprägung der allgemeinen Intelligenz im Sinne eines geistigen «Arbeitens» (mental processing), des Einsatzes der bei Sternberg genannten Grundprozesse, angesehen werden kann. Die gezeigten Leistungen hängen jedoch nicht ausschließlich von kognitiv-intellektuellen Komponenten ab. Sie werden auch durch nicht-kognitive Eigenarten eines Individuums sowie Umweltbedingungen, z. B. durch Anforderungen und Anregungen in Familie und Schule, beeinflußt.

Hochbegabung und Leistung: Ein Bedingungsgefüge für herausragende Intelligenzleistungen

Aus Alltagserfahrungen mit Schulkindern wissen Eltern und Lehrer, daß Schulleistungen, beispielsweise Hausaufgaben, besser oder schlechter ausfallen können, je nachdem, wie interessant die Aufgaben sind oder ob ein Freund vor der Tür zum Spielen drängt.

Die Unterscheidung zwischen intellektueller Fähigkeit als Disposition, die Leistung ermöglicht (Kompetenz), und der gezeigten (beobachtbaren) Leistung (Performanz) erscheint zunächst trivial. Sie muß dennoch hervorgehoben werden, da in der pädagogischen Praxis («ein hochbegabtes Kind zeigt seine Begabung immer und überall») wie in der Literatur die Vermischung von Leistung und Fähigkeitsdisposition anzutreffen ist. Beispielsweise in dem Ansatz von Renzulli (1986), dem sogenannten Drei-Ringe-Modell und dessen Veränderung durch Mönks (1990), bei dem Hochbegabung als Schnittmenge der drei Kreise – überdurchschnittliche Intelligenz, Kreativität und Aufgabenzuwendung – bestimmt wird. Damit handelt es sich um ein «Leistungsmodell», nicht um ein «Begabungsmodell», denn Motivation und Arbeitshaltung sind keine «Facetten der Begabung», worauf Rost (1991, S. 202) zu Recht hinweist. Aufgabenzuwendung und ähnliche Motivationen gehören zu den – von den Fähigkeitskonstrukten Hochbegabung und Intelligenz zu unterscheidenden – (Antriebs-)Bereichen der Persönlichkeit. Sie beeinflussen zwar die geistigen Leistungen, sind aber nicht mit der Fähigkeit selbst identisch.

Leistungen können besser oder schlechter sein: beispielsweise behält das eine Kind nach einmaliger Vorgabe drei Vokabeln, das andere sechs. Um daraus einen Rückschluß auf die unterschiedlichen Fähigkeiten zu ziehen, muß man sicher sein, daß sich beide Kinder in gleicher Weise angestrengt haben, denn jede Leistung erfordert Fähigkeit und Anstrengung (Motivation). Leistung sollte daher nicht mit Fähigkeit gleichgesetzt werden. Nimmt man, wie Renzulli, für die Bestimmung von Hochbegabung zwingend das Vorhandensein von hoher Begabung und hoher Aufgabenzuwendung an, sind z.B. erwartungswidrige Minderleistungen (Underachievement) nicht möglich, die auf mangelnder Anstrengung beruhen (vgl. Heilmann 1999).

Ein Bedingungsgefüge (Stapf und Stapf 1988), das die Unterscheidung von Begabung und Leistung berücksichtigt, soll die Bedingungen für das Auftreten herausragender Leistungen veranschaulichen. Wir gehen hierbei von hierarchisch organisierten kognitiv-intellektuellen sowie nicht-kognitiven Eigenschaften im Sinne von Dispositionen aus. Dabei wird deutlich, daß die dispositionellen (intellektuellen) Fähigkeiten zwar

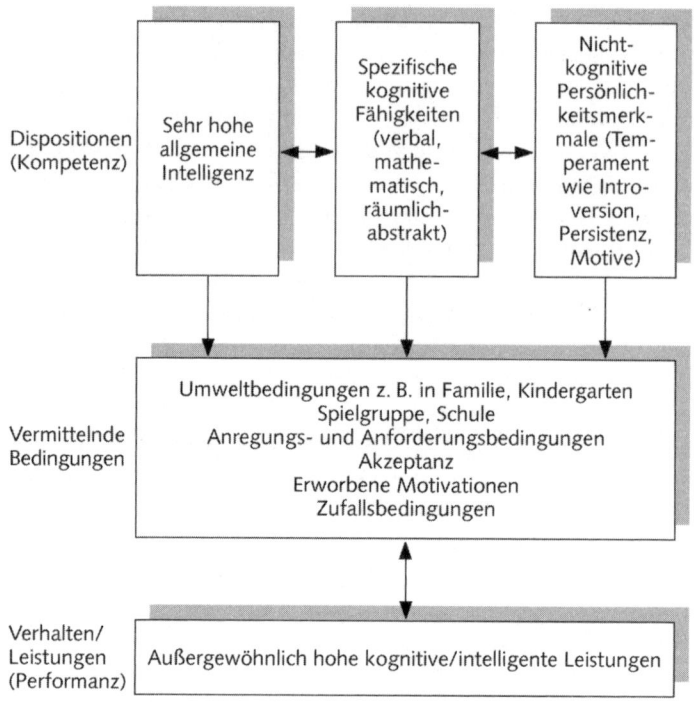

		Spezifische kognitive Fähigkeiten (verbal, mathematisch, räumlich-abstrakt)	Nicht-kognitive Persönlich-keitsmerk-male (Temperament wie Intro-version, Persistenz, Motive)
Dispositionen (Kompetenz)	Sehr hohe allgemeine Intelligenz		
Vermittelnde Bedingungen	Umweltbedingungen z. B. in Familie, Kindergarten Spielgruppe, Schule Anregungs- und Anforderungsbedingungen Akzeptanz Erworbene Motivationen Zufallsbedingungen		
Verhalten/ Leistungen (Performanz)	Außergewöhnlich hohe kognitive/intelligente Leistungen		

Abb. 2: Allgemeines Bedingungsgefüge für außergewöhnliche Leistungen

notwendig, aber für das Erbringen herausragender Leistungen nicht hinreichend sind. Ob es zu außergewöhnlichen Leistungen kommt, hängt nach unserer Ansicht neben den dispositionellen Faktoren von dem Einfluß vielfältiger vermittelnder Bedingungen ab wie beispielsweise den Erfahrungen, die ein Kind in seiner Familie, im Kindergarten oder in der Schule sammelt. Diese können sich förderlich oder hemmend auf die Persönlichkeitsentwicklung auswirken (s. Abb. 2).

Auf welchen Gebieten die überragenden Leistungen erbracht werden, hängt neben dem Ausmaß der allgemeinen Intelligenz und den spezifischen Fähigkeiten u. a. von Temperamentsmerkmalen, Motivationen und speziellen Sozialisationsbedingungen einschließlich biographischer Zufälle ab.

Die Hineinnahme von «Zufällen» in die vermittelnden Bedingungen weist darauf hin, daß niemals, selbst bei Kenntnis aller auf Person oder Umwelt bezogenen Bedingungen, eine vollständige Vorhersage der Leistungsentwicklung über einen größeren Zeitraum hinweg möglich ist.

Wenn im folgenden von intellektuell hochbegabten Kindern die Rede ist, sind Kinder gemeint, die in einem psychologischen Intelligenztest außergewöhnlich gut abgeschnitten haben, d. h. in der Regel Testkennwerte erreichen, die einem Prozentrang (PR) von 97 bis 99,9 entsprechen.

Hochbegabte unterscheiden sich voneinander einerseits in der Intelligenzausprägung und andererseits in ihrem Intelligenzprofil. Demnach gibt es nicht schlechthin die «Hochbegabten». Verschiedene Gruppen von hochbegabten Individuen sind zu unterscheiden, wie z. B. Hoch- und Höchstbegabte.

Anlage und Umwelt

Seit langem ist bekannt, daß zur Erklärung von Begabungsunterschieden Erbeinflüsse mit heranzuziehen sind. Schon Francis Galton (1869), den die Vererbung besonderer Begabungen interessierte, entdeckte unter Anwendung der Stammbaummethode eine hohe Konzentration berühmter Männer in bestimmten Familien. Diese Ballung von Berühmtheiten, jeder dritte hervorragende («eminent») Mann hatte einen Vater, der selbst sehr berühmt war, ist weder durch Zufall noch durch «Nepotismus», (Beziehungen, Förderung) erklärbar. Dabei stellte sich eine gute Übereinstimmung zwischen dem Verwandtschaftsgrad (Bruder, Neffe, Enkel) und der wahrscheinlichen Anzahl der gemeinsamen Gene heraus.

Somit überrascht die hohe Begabungsähnlichkeit, die man zwischen Eltern und Kindern der Studie von Terman fand, kaum. Die 1571 Kinder der von ihm untersuchten Hochbegabten («Termiten»), die einen mittleren IQ von 151 besaßen, erreichten einen durchschnittlichen IQ von 132,7, der damit ebenfalls erheblich über dem Durchschnitt der Allgemeinbevölkerung lag. Die Korrelation zwischen Eltern und Kindern war dennoch niedrig (.08), was u. a. auf die geringe Streuung in dieser Stichprobe zurückzuführen ist (Hofstätter 1971).

Intelligenz in ihren verschiedenen Ausprägungen ist somit kein (ausschließlich) sozial oder gesellschaftlich konstruiertes Merkmal, sie beruht auf körperlichen, neurophysiologischen Prozessen. Beispielsweise soll das Gehirn intelligenter Personen beim Problemlösen weniger Energie verbrauchen als das weniger intelligenter (vgl. Gottfredson 1999). Die in den letzten Jahren entdeckten Beziehungen zwischen bestimmten Gehirnmerkmalen und der allgemeinen Intelligenz (g), wie Verbrauch von Energie (Glucose) oder Nervenleitungsgeschwindigkeit, sind allerdings nicht überwältigend hoch. Sie sind relativ unspezifisch und können Intelligenztests zur Erfassung intelligenten Verhaltens bislang nicht ersetzen. Auch wenn Thompson und Plomin (1993) über ein Gen berichten, das «Information über Intelligenz enthalten soll», steht die Forschung erst am Anfang; sehr vorsichtige Interpretationen der Befunde sind angebracht.

Diskutiert wird heute nicht mehr die Frage, ob Gene einen Einfluß auf die beobachteten Intelligenzunterschiede zwischen Menschen haben, sondern in welchem Ausmaß und in welcher Weise jeweils Gene und Umwelt hierzu beitragen. Für verschiedene Persönlichkeitseigenschaften fallen die Schätzungen dieses Ausmaßes unterschiedlich aus: bei Intelligenz (ähnlich dem Temperament) scheint der genetische Anteil relativ «substantiell» (Asendorpf 1999).

Auf einem weit verbreiteten Mißverständnis beruht die Ansicht, daß ein Merkmal, welches eine hohe Erblichkeit aufweist, nicht durch Umweltbedingungen veränderbar wäre. Das stimmt nicht: Selbst bei Eigenschaften mit relativ hoher Erblichkeit wie der allgemeinen Intelligenz,[5] ist eine erhebliche Beeinflussung durch die Umwelt gegeben. Weder Anlage- noch Umwelteinflüsse können unabhängig voneinander wirksam werden: Die im Genotyp enthaltene Information ist dabei nicht als eine feste Größe anzusehen, da erst bei Stimulation durch die Umwelt diese Information wirksam wird. «Organismus und Umwelt benötigen einander» (Amelang und Bartussek 1985, S. 429).

Die Größe dieses Einflusses hängt zudem von der Population, der relevanten Bezugsgruppe, der untersuchten Personenstichprobe sowie dem Untersuchungszeitpunkt ab. Der relative Anteil von Umwelt und Genen kann sich je nach Population und Meßzeitpunkt verändern.

Ein Problem bei der Interpretation empirischer Befunde ist durch eine Konfundierung beider Bedingungen gegeben, wenn man Eltern und ihre leiblichen Kinder, bzw. leibliche Geschwister untersucht, wo genetische wie Umwelteinflüsse bestehen. In wissenschaftlichen Studien beispielsweise zu Eltern-Kind-Beziehungen, die nicht mit Adoptivfamilien arbeiten, müssen diese Einflüsse möglichst klar getrennt werden.

Der stärkste Nachweis dafür, daß Gene eine Ähnlichkeit zwischen Menschen bewirken, ist die empirisch ermittelte korrelative Beziehung der Intelligenztestwerte bei eineiigen Zwillingen, die getrennt aufgewachsen sind. In verschiedenen Studien fanden sich hierfür Korrelationen von .72 bis .78. Im Vergleich dazu betrug die entsprechende Korrelation bei getrennt aufgewachsenen zweieiigen Zwillingen nur .32. Eine hohe Erblichkeit der Intelligenz ergaben auch Schätzungen bei weit überdurchschnittlich intelligenten Personen (vgl. Thompson und Plomin 1993).

Die genannten Daten gelten für Erwachsene, die Werte bei Kindern fallen erfahrungsgemäß etwas niedriger aus. Das bedeutet, daß Intelligenzunterschiede mit steigendem Alter stärker auf genetischen Unterschieden beruhen. Demnach ist die Entstehung von Intelligenzunterschieden in der Kindheit stärker auf Umwelteinflüsse (durch Eltern, Erzieher, Lehrer) zurückzuführen als im Erwachsenenalter. Erklären läßt sich dieses Phänomen wohl dadurch, daß Erwachsene eher als Kinder sich ihrer genetischen Ausstattung gemäße Umwelten suchen können. Kinder, auch hochbegabte, sind abhängiger von dem, was die Erwachsenen ihnen als Umwelt («vermittelnde Bedingungen») bieten.

Wenn jedes Merkmal durch Umweltbedingungen verändert werden kann, wird denkbar, daß ein sehr intelligenter Säugling, der in einer kaum anregenden und wenig herausfordernden Umwelt aufwächst, in der seine Fragen nicht beantwortet werden, Bücher nicht vorhanden sind und ihm die Beschäftigung mit Zahlen und Buchstaben als Kleinkind nicht gestattet wird, als Schulkind nur noch durchschnittliche Leistungen zeigt.

Die Bedeutsamkeit von (insbesondere hemmenden) Umwelteinflüssen zeigen Befunde, die einen Rückgang der Intelligenz über die Zeit bei länger anhaltender Anregungsdeprivation, dem Fehlen angemessener Förderung, wahrscheinlich machen.

Die verhaltensgenetischen Erörterungen und Ergebnisse sind als Schutz vor möglicherweise voreiligen (Fehl-)Interpretationen bezüglich der Wirksamkeit von Umwelteinflüssen auf die kindliche Persönlichkeitsentwicklung sehr wertvoll. Die Psychologie und ihr Teilfach, die Begabungs- und Intelligenzforschung, interessiert vorrangig, welche Umweltbedingungen in welcher Weise wirksam sind. Die erörterten Anlageeinflüsse können nichts über die Auswirkungen von Fördermaßnahmen aussagen, über die in den Kapiteln: Familie, Kindergarten, Schule und Peers zu berichten sein wird. Zukünftig wird es darauf ankommen, «die Auswirkungen einer geänderten Umwelt bei gegebener genetischer Ausstattung einer bestimmten Person zu ermitteln und daraus Konsequenzen für die Praxis und Bildungspolitik abzuleiten» (Amelang und Bartussek 1985, S. 446).

Einmal hochbegabt, immer hochbegabt?

In der Praxis, wo Eltern hochbegabter Kinder u. a. danach fragen, ob ihr Kind eine Klasse überspringen oder ein Internat für Hochbegabte besuchen soll, können derartige Entscheidungen nur getroffen werden, wenn es sich bei Hochbegabung um ein stabiles Merkmal handelt. Eine Prognose, die Vorhersage zukünftiger herausragender Leistungen, ist nur möglich, wenn ein hochbegabtes Kind auch im Jugend- und sogar Erwachsenenalter hochbegabt bleibt.

In der Psychologie wird unter Merkmalen wie Intelligenz, Schüchternheit, Aggressivität oder Jähzorn die Tendenz eines

Individuums verstanden, sich in verschiedenen Situationen in relativ gleichartiger Weise zu verhalten. Innerhalb einer kurzen Zeitspanne von einigen Tagen oder Wochen ist dies zu erwarten. Daß jedoch ein Verhalten über einen längeren Zeitraum, über Jahre und Jahrzehnte hinweg, gleich oder sehr ähnlich bleibt, ist insofern erstaunlich, als sich der Mensch durch seine große Flexibilität, Veränderungs- und Anpassungsfähigkeit auszeichnet. Dazu verhilft ihm seine, verglichen mit anderen Lebewesen, hohe Intelligenz.

Neuere entwicklungspsychologische Forschungsbefunde zeigen, daß interindividuelle Differenzen bezüglich intelligenter Leistungen schon im frühen Säuglingsalter (mit ca. drei bis vier Lebensmonaten) zu erfassen sind, z. B. anhand von Aufmerksamkeitsmaßen und Werten des Habituationsverhaltens. Sie bleiben bestehen, wie die bedeutsamen Zusammenhänge dieser frühen «Intelligenzmaße» mit der im Alter von fünf bis acht Jahren gemessenen Intelligenz erkennen lassen (vgl. Colombo 1993). Ein sehr aufmerksamer Säugling, der schneller als andere neue Reize verarbeiten kann, wird mit hoher Wahrscheinlichkeit als Schulkind geistig leistungsfähiger, intelligenter sein als viele andere Schulkinder. Ein Vorschulkind, das in einem Intelligenztest hervorragende Leistungen bringt, wird in der Regel auch als Gymnasiast und Erwachsener vergleichsweise hohe geistige Leistungen erbringen können.

Dennoch gilt dies vor allem dann, wenn die geistigen Anforderungen und Aufgaben annähernd gleich herausfordernd geblieben sind. Das Kind, der Jugendliche oder junge Erwachsene bleibt dann ähnlich leistungsfähig, wenn er Gelegenheit hatte, sein Intelligenzpotential einzusetzen.

Allerdings sind perfekte Stabilitäten allgemein bei psychischen Merkmalen nicht zu erwarten, was mit den Fehlertoleranzen der Meßinstrumente, deren Zuverlässigkeit (Reliabilität) zusammenhängt. Anders als beispielsweise ein hölzerner Meterstab, der auch nach vielen Jahren zuverlässig die Länge eines Gegenstandes mißt, erweisen sich Instrumente, die menschliches Verhalten messen, nur als mehr oder weniger zuverlässig (reliabel). Dabei wird von einem gut konstruierten

Intelligenztest, an den strenge Gütemaßstäbe angelegt werden, eine hohe Zuverlässigkeit gefordert. In der Regel weisen gebräuchliche psychologische Intelligenztests einen Stabilitätskoeffizienten von .90 auf (Amelang und Bartussek 1985, S. 214). Bei einem 10-Jahres-Intervall zwischen zwei Messungen beträgt die Reliabilität nur noch .63 bis .70. Daher ist allein aufgrund meßtheoretischer Bedingungen bei einem Kind mit einem IQ von 140 nach zehn Jahren ein IQ von 125 zu erwarten (Brody 1992).

Tatsächlich erweist sich die allgemeine Intelligenz, mit Hilfe von psychologischen Intelligenztests erfaßt, über die Zeit hinweg als relativ stabil. Mit steigenden Test-Retest-Intervallen sowie mit sinkendem Lebensalter der ersten Prüfung werden die empirisch gewonnenen Zusammenhänge geringer (Brody 1992).

Die Zuverlässigkeit der Messung verbessert sich deutlich, wenn man zu einem Testzeitpunkt jeweils mehr als eine Prüfung vornimmt. Befriedigende Stabilitäten sind bis in das Jugendalter zu erwarten, wenn beispielsweise mit aggregierten Testwerten gearbeitet wird, die bei gleichbleibender Stichprobe zu verschiedenen Zeiten erhoben worden sind. Brody (1992) führt Daten der «Berkeley Growth Study» an, eine Längsschnittstudie, in der die Intelligenztestwerte bei Kindern im Alter von 42, 48 und 54 Monaten erhoben, mit den im Alter von 17 und 18 Jahren erfaßten aggregierten Werten in Beziehung gesetzt wurden. Sie ergaben eine Korrelation von .62. Aggregierte Testwerte, die im Alter von 5, 6 und 7 Jahren erfaßt wurden, erbrachten mit den Daten der Jugendlichen dagegen eine deutlich höhere Korrelation von .86. Die so erhaltenen Ergebnisse gestatten somit aufgrund der Testwerte der fünf- bis siebenjährigen Kinder eine sehr gute Vorhersage der Intelligenz mit 17/18 Jahren.

Diese Zusammenhänge bestehen vor allem dann, wenn die Streuung der (normalverteilten) Intelligenzwerte nicht zu sehr eingeschränkt ist, was aber für alle Untersuchungen mit hochbegabten Kindern zutrifft, deren einander ähnliche Testwerte in einem sehr eng definierten Bereich liegen.

Einige empirische Überprüfungen der Stabilität von Hochbegabung in Längsschnittstudien kommen zu den entsprechenden Befunden.

Terman, der die Intelligenz seiner Versuchspersonen («Termiten») anfangs mit dem Stanford-Binet-Test erfaßt hatte, untersuchte deren geistige Leistungsfähigkeit im Alter von ca. 40 Jahren nochmals mit dem «Concept Mastery Test» (CMT). Er fand zwar eine statistisch bedeutsame, aber nicht sehr hohe Korrelation von .29, bei sehr geringer Streuung der Testwerte. Im Vergleich zu anderen Teststichproben (z. B. Flugkapitänen) fielen die Leistungen der Termiten jedoch deutlich höher aus. Bei wiederholten Testdurchführungen mit vergleichbaren Formen des CMT (A und T) erwiesen sich die Testwerte als recht stabil.

Aufschlußreich sind die Ergebnisse des Marburger Hochbegabtenprojekts (Rost 2000), bei dem 151 mit Gruppenintelligenztests als hochbegabt diagnostizierte Drittkläßler nach sechs Jahren, im Alter von durchschnittlich 15 Jahren, wiederholt mit einer vergleichbaren Testbatterie überprüft wurden. Bei der zweiten Testdurchführung konnten 107 Jugendliche (71 % der Ausgangsstichprobe) als stabil Hochbegabte re-identifiziert werden. Dabei wurde allerdings bei der zweiten Prüfung ein etwas schwächeres Hochbegabungskriterium (IQ > 125) verwendet als bei der Erstidentifikation (IQ > 130) (Hanses 2000, S. 128).

Die Analyse einer Stichprobe von sogenannten instabil Hochbegabten (N = 22), die bei der Testwiederholung nicht das Kriterium (IQ > 125) erreichten, ergab u. a. einen geringeren (insbesondere väterlichen) Berufsstatus. Dieser soll nach Hanses (2000) die Stabilität einer einmal diagnostizierten Hochbegabung ungünstig beeinflussen. Allerdings wiesen diese instabil Hochbegabten im Vergleich zu den stabil Hochbegabten schon zum ersten Testzeitpunkt in drei der vier Intelligenzindizes statistisch bedeutsame Unterschiede zu den stabil Hochbegabten auf. Schon in der dritten Klasse waren u. a. ihre Mathematiknoten schlechter sowie das Interesse an Mathematik deutlich geringer als bei den stabil Hochbegabten. Da sie beim zweiten Testdurchgang nur durchschnittliche Testwerte im Untertest «Zahlenreihen» des IST-70 aufweisen, liegt die Vermutung nahe, daß es sich bei den instabil Hochbegabten möglicherweise um «fehldiagnostizierte» handelt. Sie erreichten «eher (nur) knapp das Kriterium» (Hanses 2000, S. 127).

Bei Untersuchungen am Tübinger Psychologischen Institut zur Stabilität von Hochbegabungsdiagnosen hat Schmid (1999) 42 Vorschulkinder, die im Alter von durchschnittlich fünf Jahren und drei Monaten mit dem K-ABC getestet worden waren, im Alter von durchschnittlich sieben Jahren und zehn Monaten erneut mit dem K-ABC untersucht. Zu beiden Testzeitpunkten wurden die Kinder als hochbegabt (PR > 95) bei einer der beiden Hauptskalen des K-ABC: SIF (Skala intellektueller Fähigkeiten) und FES (Fertigkeitenskala) bzw. nicht hochbegabt klassifiziert. Schmid (1999) konnte von 12 als hochbegabt identifizierten Kindern 10 wiederum als hochbegabt klassifizieren. Aufschlußreich sind die Gründe, warum bei der zweiten Prüfung zwei Kinder nur knapp den Grenzwert zur Hochbegabung verfehlten: Bei ihnen waren die Testumstände ungünstig und die Kinder bei der Prüfung sehr lustlos. Aus organisatorischen Gründen mußten die Tests dennoch durchgeführt werden.

Insgesamt lassen die bisherigen Befunde den Schluß zu, daß bei Hochbegabung von einer guten Stabilität ausgegangen werden kann. Diese Einschätzung stimmt mit der von Robinson (1993) überein. Sie beobachtete über längere Zeit hinweg stabile Testwerte bei Vorschulkindern, die von ihren Eltern u.a. als «kognitiv weit entwickelt» erkannt worden waren. Diese Kinder behielten ihre hohe Lerngeschwindigkeit bei. Eine früh identifizierte Hochbegabung ließ demnach eine gute Vorhersage der späteren geistigen Entwicklung eines Kindes zu.

Somit verfügt ein mit Hilfe von Einzeltests als hochbegabt identifiziertes Vorschulkind (ab ca. vier Jahren) mit hoher Wahrscheinlichkeit auch im Jugend- und Erwachsenenalter über ein sehr hohes Intelligenzpotential.

Was ein Jugendlicher oder Erwachsener mit diesem Potential anfängt, ob dieses in den Schul- oder beruflichen Leistungen zum Ausdruck kommt, hängt von den jeweiligen (zusätzlichen) Person- und Umweltbedingungen, seinen zukünftigen Erfahrungen ab.

Das Problem der Evidenz durch Einzelfälle

Wertvolles Wissen über Hochbegabte entstammt biog͟ı
schen Beschreibungen und Beobachtungen von Einzelfällen,
die jedoch die Gefahr in sich bergen, vorschnell und über-
spitzt verallgemeinert zu werden.

Beispielsweise findet man häufig die Aussage: Hochbegabte
lesen früh (vgl. Winner 1998). Jan, 5;8 Jahre alt, hatte mit
zweieinhalb Jahren angefangen zu lesen, las uns fließend, sinnverstehend fremde Texte vor. Dennoch stellte sich bei verschiedenen Testverfahren in unterschiedlichen Beratungsstellen heraus, daß er eindeutig ein «nur» gut durchschnittlich intelligentes Kind war: sein Denken war nicht sehr abstrakt, knifflige
Aufgaben löste er so, wie es die meisten Fünfjährigen tun.

Die Schwierigkeit besteht darin, immer vor Augen zu haben, daß es sich bei Aussagen zu Merkmalen und Verhaltensweisen hochbegabter Kinder lediglich um Wahrscheinlich-
keitsaussagen handelt und daß immer große Abweichungen
zu beobachten sind. Es ist nur sehr wahrscheinlich, daß hochbegabte Kinder früher lesen als andere Kinder bzw. daß ein
früh lesendes Kleinkind sehr intelligent ist. Aber es gibt immer
Ausnahmen. Hochbegabte sind in sich so unterschiedlich wie
durchschnittlich begabte Kinder auch. In Ratgeberbüchern
werden diese Sachverhalte oft sehr vereinfacht und damit
falsch dargestellt, anhand von Einzelfällen werden oft fälschlicherweise allgemeingültige Aussagen abgeleitet.

Sicherlich ist es berechtigt, anhand von Fallbeispielen die
Eigenarten und Verhaltenskennzeichen Hochbegabter zu beschreiben. Dabei bleibt jedoch immer die Frage offen, wie
«typisch», d. h. aussagekräftig die jeweils geschilderten Eigenschaften für alle Hochbegabten sind.

Zur Erfassung von Persönlichkeitseigenschaften gibt es
zwei methodische Zugänge, die auch in der Hochbegabtenforschung Verwendung finden: den sogenannten nomotheti-
schen Ansatz, wobei zur Aufdeckung allgemeiner Gesetzmäßigkeiten des Verhaltens und Erlebens viele Personen
untersucht werden. Bei der sogenannten ideographischen

Methode werden z. B. eine oder wenige Personen über einen bestimmten, meist längeren Zeitraum hinweg, intensiv untersucht. Aus den so gewonnenen Daten und Erkenntnissen wird die Struktur, die Organisation ihrer Persönlichkeit erschlossen.[6] Erst die Aussagen, die auf beiden Verfahren beruhen, geben ein Bild über die Gesamtheit der menschlichen Persönlichkeit, so auch über die Hochbegabter.

Die wissenschaftliche Untersuchung einzelner Fälle (Einzelfallforschung) mit dem Ziel einer «individualisierenden Beschreibung von Einzelindividuen» (ideographische Methode) ist nicht unumstritten (Häcker 1996). Bei sehr selten auftretenden Phänomenen, wie der Hoch- und Höchstbegabung, ist ihre Anwendung berechtigt.

Leider existieren kaum methodisch zufriedenstellende Einzelfallstudien zu hoch- oder höchstbegabten Kindern und Erwachsenen. Fallbeschreibungen, wie die des berühmten William James Sidis, entstanden nicht selten retrospektiv, d. h., die Daten wurden über Befragung meist erst im Erwachsenenalter bei den Personen oder deren Bezugspersonen erhoben – im Falle von Sidis sogar erst nach dessen Tod (Montour 1977). Ein derartiges Vorgehen kann zu erheblichen Verzerrungen und (Re-)Konstruktionen der erinnerten Ereignisse oder Verhaltenseigenarten führen.

Eine Einzelfallstudie ist eine Methode, die eine ganzheitliche Beschreibung eines Individuums mit seinen speziellen Eigenarten in seiner Gesamtpersönlichkeit und deren Entwicklung erlaubt. Sie gestattet dem Forscher, Theorien zu entwickeln und zu validieren, die auf der direkten Beobachtung des Verhaltens und seiner Entwicklung in seiner natürlichen Umgebung basiert. Dabei lassen sich subjektive Faktoren wie Gefühle oder Bedürfnisse erheben und Verhaltenseigenarten in einer Ausführlichkeit direkt beobachten, wie dies bei kaum einer anderen Forschungsmethode möglich ist.

Längere Beobachtungen, über Monate und Jahre in vielen verschiedenen Situationen bieten eine bessere Chance, auch an «geheime» Gedanken und intime Überlegungen, Ängste und Befürchtungen heranzukommen. Es muß dabei immer Klarheit darüber bestehen, welche Daten erhoben werden und ob die jeweiligen Aussagen einer kritischen Beurteilung stand-halten. Der subjektive Eindruck eines Interviewers oder Beob-achters bei einem oder wenigen Hochbegabten kann nicht ohne weitere Prüfung zu allgemeingültigen Aussagen über alle Hochbegabten führen. Die in Fallstudien gewonnenen, ge-wöhnlich deskriptiven Daten lassen eher die Entwicklung und Elaboration von theoretischen Überlegungen zu, sie dienen weniger der Bestätigung von vorliegenden theoretischen An-nahmen.

Nur Fallstudien gestatten bei Phänomenen, wie der Höchstbegabung, wo größere Gruppen von Versuchsperso-nen nicht zu gewinnen sind, ein reiches, erhellendes Bild der komplexen sozialen Situationen zu beschreiben, wie dies in der umfangreichen Studie von Gross (1993) über 15 höchst-begabte australische Mädchen (N = 5) und Jungen (N = 10) eindrucksvoll erfolgt. Gross unterzog die Kinder, die einen IQ von 160 und höher in der Stanford-Binet Intelligence Scale L-M aufwiesen, von 1988 bis 1989 ausführlichen Beobach-tungen, Befragungen und Testdurchführungen.

Die mit Hilfe von Einzelfallanalysen erhaltenen Berichte und Beschreibungen über einzelne Kinder können für die For-schung wertvolle Hinweise geben, die dann in weiteren wis-senschaftlichen, methodisch fundierten Untersuchungen mit Vergleichsstichproben hinsichtlich ihrer allgemeinen Gültig-keit überprüft werden müssen. Auch Befunde und Beobach-tungen aus Beratungsstichproben sind vorsichtig zu interpre-tieren und ohne weitere Überprüfung nicht auf «alle Hochbe-gabten» zu übertragen.

Zusammenfassend läßt sich festhalten, daß unter intellek-tueller Hochbegabung eine besonders hohe Ausprägung der Intelligenz verstanden wird. Dabei gilt Intelligenz als Fähig-keit zum abstrakten Denken, zum Lösen von intellektuellen Problemen und zur «Auffindung von Ordnung» und Regeln. Sie kann über bestimmte Meßverfahren erfaßt werden und bleibt über einen langen Zeitraum relativ stabil.

Zur Persönlichkeit hochbegabter Kinder und Jugendlicher

Für die Bewältigung der alltäglichen Lebensaufgaben in Familie, Freizeit und Beruf sind neben der Intelligenz eine Reihe weiterer Persönlichkeitsfaktoren einflußreich. Zahlreiche Befunde und Beobachtungen sprechen dafür, daß bei Hochbegabten besondere Bedingungen, zum Teil andere als bei Nicht-Hochbegabten, wirksam sind, wie spezifische Vorurteile, Neid und Mißgunst, Bewunderung und Verehrung, die lebenslang Hochbegabte begleiten. Mit diesen Lebensbedingungen werden sie besser oder schlechter fertig. Sie sind aufgrund ihrer dispositionellen Persönlichkeitseigenarten in unterschiedlicher Weise darauf vorbereitet, förderliche, anregende Bedingungen aufzunehmen sowie hemmende Bedingungen und Hindernisse zu überwinden.

Bei gleichem Intelligenzgrad zeigen einerseits verschiedene Hochbegabte wegen unterschiedlicher Temperaments- und sonstiger Merkmale ungleiche Verhaltensweisen, andererseits werden ihnen Eigenarten und Merkmalsausprägungen zugeschrieben, die ein von Nicht-Hochbegabten abweichendes Verhalten erwarten lassen.

Die psychologische Teildisziplin, die sich mit den Unterschieden, den Differenzen im normalen (nicht pathologischen gestörten) Verhalten und Erleben zwischen Menschen befaßt, ist die Differentielle Psychologie, auch Persönlichkeitspsychologie genannt. Dieser Zweig der Psychologie erforscht auch die Individualität, die Einzigartigkeit des Menschen und versucht zu beschreiben, zu erklären und vorherzusagen, was ein bestimmter Mensch tut, denkt und fühlt (Stern 1921, Hofstätter 1971). In diesem Sinne ist Hochbegabung eine «Normalvariante» des Persönlichkeitsmerkmals Intelligenz.

Persönlichkeit als Gegenstand psychologischer Forschung erweist sich als ein komplexes Phänomen. Die Mehrzahl der Persönlichkeitsforscher, die davon ausgeht, daß individuelle Besonderheiten von Menschen durch bestimmte Eigenschaften zu beschreiben sind, versteht unter Persönlichkeit «die organisierte Gesamtheit dieser Eigenschaften (vgl. Asendorpf 1999, S. 38). Persönlichkeit wird in Anlehnung an die Gliederung von Asendorpf (1999) in folgende Persönlichkeitsbereiche unterteilt:

- Gestalt (z. B. Konstitution; physische Attraktivität),
- Fähigkeiten (z. B. Intelligenz; soziale Kompetenz),
- Handlungseigenschaften (z. B. Bedürfnisse, Motive; Interessen),
- Temperament (z. B. Emotion; Introversion; Ängstlichkeit),
- Selbstbezogene Dispositionen (z. B. Selbstkonzept; Selbstwertgefühl).

Dieser Aufstellung der Persönlichkeitsbereiche folgend, werden die für Hochbegabte relevanten und bislang erforschten Erkenntnisse und empirischen Befunde erörtert.

Körperliche Merkmale und physische Attraktivität

Seit Termans Studie hochbegabten Kindern neben einer guten psychischen Gesundheit auch eine früher einsetzende körperliche Entwicklung und bessere physische Gesundheit attestierte als den Kindern der Kontrollgruppe, wird das Vorurteil, Hochbegabte seien körperlich eher schwächliche, kränkliche Stubenhocker, nicht mehr so lautstark vertreten. Termans Befunde müssen aber mit Vorsicht zur Kenntnis genommen werden. Seine Hochbegabtenstichprobe stammte zu fast einem Drittel aus Akademikerfamilien, d. h., der sozioökonomische Status war hoch. Da ein Zusammenhang zwischen körperlicher Gesundheit und sozio-ökonomischem Status besteht, ist denkbar, daß alle Kinder aus solchen Stichproben, egal wie intelligent sie sind, über eine gute Gesundheit verfügen.

Allerdings ist heute auch bekannt, daß es einen Zusammenhang zwischen Intelligenz und körperlicher Gesundheit gibt. So werden intelligentere Personen älter, sie sind körperbewußter, ernähren sich gesünder und nehmen mehr Vorsorgeuntersuchungen wahr. Wieweit dies in besonderer Weise für Hochbegabte gilt, bleibt unklar.

Ganz sicher jedoch sind Hochbegabte nicht «schöner» als andere Menschen, wenn dies auch nicht leicht zu erfassen ist. Die Untersuchung der physischen Attraktivität hochbegabter im Vergleich zu durchschnittlich begabten Kindern in dem Marburger Hochbegabtenprojekt ergab keinerlei Unterschiede (Rost 1993).

Das Denken Hochbegabter

Hochbegabte verfügen definitionsgemäß über die Fähigkeit, intellektuelle Hochleistungen zu erbringen, wie z. B. sehr schwere Denkaufgaben zu lösen.[7] Aufgrund welcher Denkprozesse diese hohen Leistungen zustande kommen, ob Hochbegabte sich nicht nur im Ausmaß, sondern auch in der Qualität, der Art des Denkens von Nicht-Hochbegabten unterscheiden, wird im Rahmen kognitionspsychologischer Ansätze untersucht. Die Analyse der Denkprozesse soll hierbei aufzeigen, ob sich bestimmte Komponenten geistigen Arbeitens Hochbegabter in besonderer Weise von denen anderer Menschen unterscheiden. Von der Untersuchung des kindlichen Denkens erhofft man sich Aufschluß darüber, ob sich das Denken Hochbegabter anders entwickelt als das durchschnittlich Begabter.

Nach Waldmann und Weinert (1990)[8] lassen einschlägige Forschungsergebnisse u. a. folgende Aussagen über unterschiedliche Denkprozesse bei hochbegabten und durchschnittlich begabten Kindern zu:

– Hochbegabte Kinder erweisen sich hinsichtlich des Erwerbs von Wissen, der Kapazität des Arbeitsgedächtnisses, der Effektivität ihrer Strategien sowie des Erkennens abstrakter Relationen als überlegen.
– Einfachen (basalen) Prozessen des Wissensabrufes (z. B. schnelles Erkennen von Buchstaben) kommt keine differentielle Vorhersagequalität im Hochbegabtenbereich zu.

– Komplexe (Denk-)Aufgaben klären mehr interindividuelle Varianz auf, d. h., mit Hilfe einfacher (Denk-)Aufgaben lassen sich hochbegabte und durchschnittlich begabte Kinder nicht unterscheiden; erst mit zunehmender Aufgabenschwierigkeit treten die Unterschiede deutlicher hervor.

– Studien bei Erwachsenen lassen im räumlich-bildhaften Denken qualitative und quantitative Unterschiede zwischen Hochbegabten und durchschnittlich Begabten erkennen. Auch bei hochbegabten Kindern scheinen die bildhaften Repräsentationen effizienter abzulaufen.

In vielen unabhängigen Studien bestätigte sich, daß Hochbegabte über ein besseres Wissen, eine höhere Kapazität des Arbeitsgedächtnisses, eine größere Flexibilität bei der Wahl aufgabenspezifischer Strategien und über eine höhere Effizienz bei der Ausführung der einzelnen kognitiven Komponenten verfügen. Allgemein wenden sie Strategien besser und effizienter an. Sie setzen Erinnerungsstrategien mit Gewinn ein und verwenden Denkstrategien, um Beziehungen zwischen Aufgaben zu bilden. Sie übertragen trainierte Strategien besser auf neue Aufgabenklassen, verstehen Strategien schneller, verwenden kompliziertere Regeln und besitzen eine größere Anzahl von Gedächtnisstrategien. Sie lernen neue Regeln schneller und entwickeln selbständig die nötige Einsicht bei einem neuen intellektuellen Problem (Heilmann 1999).

Dabei zeigt sich eindrücklich nicht nur in der praktischen Arbeit mit Hochbegabten, sondern auch in der einschlägigen Forschung, wie sehr die Leistung Hochbegabter von der Komplexität der Aufgabe beeinflußt wird. Nur bei komplexen, tiefgründigen Problemen und Fragen erhält man komplexe Antworten!

Hochbegabte scheinen sich hingegen nicht in der Geschwindigkeit der Informationsverarbeitung von durchschnittlich Begabten zu unterscheiden, sondern in der geringeren Fehlerzahl und der schnellen Automatisierung einzelner (Denk-)Prozesse. Aufgrund dieser Automatisierung sollen sie schnelleren Zugang zu relevantem Wissen haben, wodurch Aufmerksamkeitsreserven für andere Aufgaben freigesetzt werden (Sternberg 1986). Dementsprechend besitzen Hochbegabte nicht nur bessere Problemlösefähigkeiten, sondern vor allem auch bessere Problemfindungsfähigkeiten, d. h., sie stellen relevante (weiterführende) Fragen.

Bislang nicht geklärt sind Annahmen über qualitative Unterschiede, d. h. über eine Andersartigkeit des Denkens bei Hochbegabten. Denkbar wäre z. B. eine andere Kombination der kognitiven Komponenten. Einige Befunde der Kognitionsforschung bei hochkomplexen Aufgaben deuten darauf hin, daß etwa die Kombination der verschiedensten basalen Prozesse auf verschiedenen Ebenen der «kognitiven Architektur» in die Nähe einer anderen Qualität des Denkens kommt (vgl. auch Amelang und Bartussek 1985). Ein eindeutiger Nachweis einer anderen «Denkqualität» ist bislang nicht gelungen, eine Widerlegung ebenfalls nicht.

Eine entsprechende Befragung Hochbegabter erweist sich hierbei nur als bedingt hilfreich. Sehr junge, 4–5jährige Hochbegabte antworteten auf die Frage, wie sie die Lösung einer bestimmten Aufgabe gefunden haben: «Das ist so in meinem Kopf» oder «Das kommt aus meinem Bauch». 12–15jährige beschrieben verschiedene Strategien, u. a. die Verwendung bildhafter Vorstellungen. Dabei fiel auf, daß sie bei schwierigen Aufgaben länger zögerten und oft zunächst in die Luft guckten, ehe sie die sehr differenzierten (richtigen) Lösungen sagten. Es sah manchmal zunächst so aus, als hätten sie die Frage nicht verstanden: Man muß Geduld haben. Hochbegabte denken auch bei «trivial erscheinenden» Fragen gründlicher, intensiver und «tiefergehender» nach als andere Menschen.

Nicht selten berichten herausragende Denker, daß sie ihre Fragen «visualisieren»: «Meine Forschungsarbeit fußt auf Bildern», zitiert Voss in der FAZ vom 18.04.01 den Physiker Paul Dirac, und der berühmte Mathematiker Roger Penrose berichtet in einem Interview mit der Süddeutschen Zeitung (2000), daß er seine Ideen in Bildskizzen aufzeichnet, und betont: «Für den größten Teil der Mathematik, mit der ich mich beschäftige, brauche ich geometrische Bilder, Skizzen sind für mich nützlicher als Zahlen.» … «Ich denke gerne visuell, bildliche Vorstellungskraft ist in der Mathematik extrem wichtig.» Es ließen sich eine Reihe herausragender Denker (wie Einstein) nennen, deren extrem hohe bildliche Vorstellungskraft sich vor allem bei der Aufstellung und Prüfung von Theorien erkennen läßt. Franz, ein höchstbegabter Fünfzehnjähriger, der den Artikel über Penrose las, bemerkte dazu: «Ich kann nur zustimmen, daß komplizierte mathematische Sachverhalte an Bildern sehr gut verdeutlicht werden. Ab einem bestimmten Abstraktionsgrad wird diese Art von Verständnis beinahe unerläßlich. Diese «Bilder» helfen mir häufig, den einen oder anderen Beweis oder eine nicht auf den ersten Blick ersichtliche Umformung zu finden.»

Dies gilt wohl insbesondere für Mathematiker und Naturwissenschaftler wie auch z. B. für die Bereiche der Mathematischen Psychologie, die teilweise stark formalisiert sind (vgl. über bildhafte Vorstellungen in dem Bereich der chemischen und biologischen Entdeckungen: Waldmann und Weinert 1990, S. 69 f.). Es ist weniger klar, wie herausragende Denkleistungen in den Sozial- und Geisteswissenschaften zustande kommen, aber auch hier könnten Visualisierungen neben den für Geisteswissenschaftler eventuell wichtigeren sprachlichen Verarbeitungsprozessen bedeutsam sein.

Sind Hochbegabte sozial kompetent(er)?

Mit anderen Menschen «kompetent» umzugehen, gut miteinander zurechtzukommen, fördert das Wohlgefühl und die Zufriedenheit eines jeden Menschen. Hochbegabten wird häufig ein Mangel an sozialen Fähigkeiten zugeschrieben. Hochbegabten Vorschulkindern, deren «weit vorauseilende» geistige Entwicklung durchaus erkannt wurde, wird nicht selten von einer vorgezogenen Einschulung wegen angeblicher «mangelnder sozialer Reife» abgeraten. Unklar bleibt dabei weitgehend, was mit «sozialer Reife» gemeint ist.

Zur Erklärung des Phänomens ist die begriffliche Trennung von sozialem Verhalten (sozialer Performanz) und sozialen Fähigkeiten (sozialer Kompetenz) erforderlich. Soziale Kompetenz (auch soziale Intelligenz genannt) besteht nach Asendorpf (1999) aus zwei Komponenten: der Durchsetzungsfähigkeit, d. h. der Fähigkeit, die eigenen Interessen gegenüber anderen zu wahren, und der Beziehungsfähigkeit, d. h. der Fähigkeit, positive Beziehungen mit anderen einzugehen und aufrechtzuerhalten. Sozial kompetent ist, wer über beide Fähigkeiten verfügt, zwischen seinen eigenen Interessen und den Interessen anderer ein balanciertes Verhältnis herzustellen. Soziale Kompetenz steht mit der Intelligenz in einer positiven Beziehung, daher sind die beiden Begabungsbereiche nicht völlig unabhängig voneinander, weil sie durch spezifische intellektuelle Fähigkeiten wie Einfühlungsvermögen in andere Personen (Sensitivität) und umsichtiges Lösen sozialer Konflikte beeinflußt wird. Darin ist eine spezielle Form der Problemlösefähigkeit zu sehen.

Seit vielen Jahren wird versucht, soziale Kompetenz mit geeigneten Testverfahren zu erfassen: vor allem die soziale Sensitivität (wie gut man andere versteht) und die soziale Handlungskompetenz (wie gut man schwierige Situationen meistern kann). Dabei fand man heraus, daß Menschen mit hoher Sensitivität diese nicht immer in Handlungskompetenz umsetzen können. Zudem ist es bis heute nicht gelungen, soziale Sensitivität als Teil der sozialen Kompetenz unabhängig von der allgemeinen Intelligenz zu erfassen und vorherzusagen. Auch die soziale Handlungskompetenz, erfaßt in Tests zum sozialen Problemlösen, erwies sich als hoch korreliert mit der Intelligenz. Weiterhin wird die Messung der sozialen Kompetenz dadurch erschwert, daß sich das soziale Handeln (Performanz) in verschiedenen konkreten Situationen als sehr inkonsistent zwischen einzelnen Situationen erwies. Soziale Kompetenz und soziale Performanz sind keinesfalls als deckungsgleich anzusehen. Anders als bei der Intelligenz kann von der sozialen Kompetenz weniger genau auf zukünftige soziale Verhaltensweisen geschlossen werden, da diese u. a. von den sozialen Partnern, den anderen Gruppenmitgliedern sowie von der Situation (z. B. Lerngruppe vs. Sportgruppe) stark abhängen.

Aus den genannten Zusammenhängen mit der allgemeinen

Intelligenz läßt sich ableiten, daß bei Hochbegabten eine höhere soziale Kompetenz anzunehmen ist. Daraus folgt nicht, daß sich im Einzelfall in allen Situationen ein sozial kompetentes Verhalten zeigt, andere Eigenarten (u. a. Ängstlichkeit, bestimmte Abneigungen) können die Manifestation verhindern (vgl. Janos und Robinson 1985).

Beobachtungen von hochbegabten sechs- bis zwölfjährigen einander unbekannten Mädchen und Jungen, die an Wochenendkursen und Ausflügen teilnahmen und drei, vier Tage lang intensiv zusammen spielten und arbeiteten, ließen eine hohe soziale Kompetenz erkennen: Konflikte wurden friedlich durch Diskussionen und Argumente gelöst. Sie halfen sich häufig gegenseitig und zeigten Einfühlsamkeit und Verständnis für die anderen. Da jedoch Vergleichsgruppen fehlten, kommt derartigen Beobachtungen nur ein eingeschränkter wissenschaftlicher Wert zu.

Aussagekräftiger sind bei Erzieherinnen erhobene Daten, die hochbegabte Vorschulkinder im Vergleich zu gut durchschnittlich intelligenten, als reifer und freundlicher einschätzten. Sie gaben an, daß hochbegabte Kinder häufiger Konflikte verbal lösen, allerdings auch sehr viel lieber allein spielen (vgl. Stapf und Lang 2001).

Das Sozialverhalten Hochbegabter wird in der Literatur widersprüchlich beurteilt, da hochbegabte Kinder und Jugendliche meist nur in bezug auf ihre (nicht hochbegabten) Mitschüler befragt werden. Die Frage, ob Hochbegabte in diesen Gruppen ein auffälliges Sozialverhalten zeigen, ist umstritten: In der Münchner Hochbegabtenstudie (Heller 1992), bei der die Teilnehmer durch Lehrer vorselektiert waren, fanden sich nur wenige Jugendliche, die über Isolation und geringen Sozialkontakt klagten. Eine besondere soziale Inkompetenz war bei ihnen nicht ersichtlich.

Erstaunlich einheitlich weisen die Ergebnisse älterer amerikanischer (Janos und Robinson 1985) und neuerer Untersuchungen (z. B. Rost 1993, 2000) auf eine höhere «soziale Reife» bei hochbegabten Kindern und Jugendlichen im Vergleich zu nicht hochbegabten hin. Eindeutig ist die Überlegenheit intellektuell hochbegabter Vorschul- und Schulkinder in dem Bereich der sozialen Kognition, d. h. beim Lösen sozialer Probleme, der sozialen Perspektivenübernahme und des Wissens um soziale Strukturen (z. B. bei psychometrischen Wahlen) in ihrer Gruppe. Hochbegabte Kinder haben gute Ideen und unterbreiten oft Vorschläge, wie Konflikte kooperativ in der Gruppe zu lösen sind.

Ähnliches findet man beim moralischen Urteilen. Hochbegabte Studenten geben moralische Begründungen ab, die sonst erst von sehr viel älteren Personen genannt werden. Sie zeichnen sich durch ihren Nonkonformismus und die Unabhängigkeit des moralischen Urteils aus. Als Hinweis auf diese moralische Autonomie kann ein starkes «Gerechtigkeitsempfinden» bei hochbegabten Vorschul- und Grundschulkindernkindern gelten, die sich beispielsweise entgegen der Klassennorm häufiger für schwächere, unterdrückte Mitschüler einsetzen.

In entsprechenden empirischen Untersuchungen wird deutlich: Lehrer (Rost 1993) wie Erzieherinnen (Lang 2000) beurteilen Hochbegabte als sozial und emotional reifer. Die Beantwortung entsprechender Fragen durch Eltern fällt dagegen für Hochbegabte und durchschnittlich Begabte ähnlich aus: Diese Diskrepanzen rühren möglicherweise daher, daß Eltern über weniger Vergleichsmöglichkeiten verfügen. Sie erleben ihre Kinder aber auch in anderen Situationen und sozialen Kontexten.

Allgemein sind hochbegabte Kinder als sozial kompetent einzuschätzen: ob sie positive Beziehungen zu anderen Personen aufbauen, d. h. sich ihre guten sozialen Fähigkeiten im sozialen Handeln manifestieren, hängt u. a. in erheblichem Maße von den jeweiligen Partnern ab.

Bei Ablehnung durch Erwachsene, insbesondere durch die Eltern, ist durchaus auch eine Übernahme aggressiver und feindseliger Verhaltensweisen zu beobachten (Butler-Por 1993; Holzhay 2001), wie der Schilderung der Mutter einer fünfjährigen Hochbegabten zu entnehmen ist: «Ich dachte, die Erzieherin spricht von einem anderen Kind. Zu Hause ist sie ruhig, aufgeschlossen, im Kindergarten störrisch und aggressiv.»

Bedürfnisse und Motive

Bedürfnisse, Motive und Interessen sind die Antriebe, die menschliches Handeln anstoßen, vorantreiben und in Gang halten. Auf den ersten Blick gleichen die Grundbedürfnisse Hochbegabter denen anderer Kinder wie das Bedürfnis nach Sicherheit, sozialer Bindung oder Selbstachtung. Sie wollen anerkannt, geschätzt und geliebt werden, sie benötigen Unterstützung und Zuwendung, angemessene Anforderungen und Aufgaben, deren Bewältigung ihnen Spaß macht, ihnen Erfolg und einen Platz in ihrer Gruppe sichert (Webb 1993).

Erst bei genauerem Hinsehen bemerkt man Unterschiede, die im Alltag bei hochbegabten Klein- und Vorschulkindern eindrucksvoller zu erkennen sind als bei Schulkindern und Jugendlichen. Stärker als bei durchschnittlich Begabten ist ihr Bedürfnis nach geistiger Stimulation und dementsprechend hohen Anforderungen. Bei den Dingen, die ihnen wichtig sind, stellen sie häufig sehr hohe Anforderungen an sich selbst sowie an ihre Mitmenschen (Tendenz zu Perfektionismus). Beispielsweise erleben wir öfter, daß sich hochbegabte Vorschulkinder im Kindergarten weigern, die üblichen konkreten Gegenstände zu malen, da sie genau erkennen, daß ihr Bild nicht perfekt genug der Wirklichkeit ähnelt. Weiterhin akzeptieren sie für sich und ihre unmittelbaren Bezugspartner, Eltern, Geschwister, Lehrer, entsprechend hohe Leistungen. Das wird fälschlicherweise als Arroganz oder gar Intoleranz ausgelegt.

Ein (lebensnotwendiger) Antrieb ist die Neugier, die in den Wissenschaften Philosophie und Psychologie als Erkenntnisdrang beschrieben wird. Neugierig und wißbegierig sind alle Kinder: Aber die Art und Weise, wie Hochbegabte Fragen stellen, wie lange und tief sie nachfragen, wonach sie fragen, ist von den «Warum-Fragen» durchschnittlich begabter Kinder unterscheidbar. Ein geschulter Beobachter nimmt wahr, wie anders ein drei-, vier- oder fünfjähriges hochbegabtes Kind ein Buch über Planeten, Ritterburgen oder den menschlichen Körper anschaut, die Bilder und den Text aufnimmt und davon völlig gefesselt wird. Aus den Fragen und Schluß-folgerungen, die es aus den Antworten zieht, lassen sich nicht nur hohe intellektuelle Fähigkeiten ableiten, sondern auch eindrücklich das Bedürfnis nach geistiger Anregung.

Erfahrungsgemäß beschäftigen sich Kinder gerne und frei-willig mit Tätigkeiten, die in hohem Maße ihren Fähigkeiten (z. B. ihrer Intelligenz, ihrer Musikalität) entsprechen. Das gilt auch für Jugendliche und Erwachsene, wie Csikszentmihalyi et al. (1993) herausfanden, die bei Jugendlichen verschiedener Begabungsbereiche (Mathematik, Naturwissenschaften, Mu-sik, Kunst und Sport) die Motivationen für verschiedene Be-tätigungsfelder mit Hilfe von Selbsteinschätzungen erfaßten. Dazu trugen die Jugendlichen, die von Lehrern als in einem Schulleistungsbereich sehr begabte (nicht nachweislich hoch-begabte) Schülerinnen und Schüler nominiert worden waren, an sieben aufeinanderfolgenden Tagen einen elektronischen Signalgeber bei sich. Bei dessen Signal füllten sie einen Frage-bogen aus und berichteten, was sie gerade taten, fühlten und dachten. Diese Methode des sogenannten «Experience Sam-pling» gestattet ein unmittelbares Erfassen des Tuns und Er-lebens, ohne Verzerrung durch Erinnerungseffekte. Im Ver-gleich zu durchschnittlich begabten Jugendlichen gaben die überdurchschnittlich begabten Jugendlichen an, daß sie gerne lesen oder denken, wenn sie allein sind und nannten intrinsi-sche Motive («Es macht mir Spaß») für ihre Beschäftigungen. Sie berichteten alle, daß sie während der Arbeit in ihrem spe-ziellen Begabungsbereich sehr konzentriert sind, wobei die künstlerisch begabten eine größere Freude und stärkere in-trinsische Motivation angaben als die Jugendlichen, deren Be-gabung in den Bereichen Mathematik und Naturwissenschaft lagen. Während dieser Aktivitäten schilderten sie Gefühle, die Csikszentmihalyi als «Flow», Fluß-Erlebnis, charakterisiert: die Empfindung eines Glückszustandes, in dem man die Welt um sich herum vergißt und höchst konzentriert ist.

Immer wieder fällt bei der Beobachtung Hochbegabter auf, daß sie das, was sie gerne und selbstbestimmt tun, mit höch-stem Einsatz, mit Anstrengung, Energie und Ausdauer aus-führen, dabei schreiben sie früher als andere Kinder Erfolge ihren eigenen Fähigkeiten und Anstrengungen zu. Über Fehler und Mißerfolge ärgern sie sich oft ungemein, was zu äußerst heftigen, für Eltern oft kaum erklärlichen Wutausbrüchen führen kann.

Nicht alle,[9] aber deutlich mehr Hochbegabte als durchschnittlich Begabte zeichnen sich durch eine «unstillbare Lernwut» und «leidenschaftlichen Ehrgeiz» in den sie interessierenden Gegenstandsbereichen aus (Winner 1998, S. 197). Im Vergleich zu durchschnittlich Begabten ist Hochbegabten unzweifelhaft eine höhere Leistungsmotivation zuzuschreiben (Holzhay 2001). Bei der Selbstbeschreibung mit Hilfe eines Persönlichkeitsfragebogens (PFK 9–14) gaben nach Rost (1993) hochbegabte Grundschulkinder im Vergleich zu durchschnittlich intelligenten Kindern einen höheren schulischen Ehrgeiz an.

Motivationale Merkmale sind für das Erbringen von Leistungen (Performanz) und den beruflichen Erfolg ausschlaggebend: Bei einer Untersuchung durchschnittlich erfolgreicher und extrem erfolgreicher 36jähriger ließen folgende Vorhersagemerkmale die deutlichste Unterscheidung der beiden Gruppen zu: Motivation und Fähigkeit zum Problemlösen. Die Gruppen waren schon 17 Jahre vorher als Schüler untersucht und befragt worden. Beruflich extrem Erfolgreiche gaben schon als Schüler an, daß sie sich im Vergleich zur Gesamtgruppe auszeichnen durch: «wesentlich stärkeren Antrieb zum Inangriffnehmen und Lösen von Problemen; durch ungewöhnliche, divergente Lösungsansätze, durch Initiative, Einflußstreben und Führungserfolg; durch Erkenntnisstreben sowie durch Konzentration und Beharrlichkeit.» (Trost und Sieglen 1992, S. 102). Diese Merkmale sind nicht uneingeschränkt auf intellektuell Hochbegabte zu übertragen: Freude an schwierigen Aufgaben wie Denk- und Knobelaufgaben, auch Intelligenztests, sind jedoch in der Regel für intellektuell Hochbegabte eine Herausforderung.

Einen positiven Zusammenhang zwischen Intelligenz und Leistungsmotivation berichten auch Janos und Robinson (1985). Dieser ließ sich in einer Tübinger Untersuchung an 271 Grund-, Real- und Gymnasialschülern nicht eindeutig nachweisen (Gröner und Holzinger 1995). Erwartungswidrig wiesen hier hochintelligente Realschüler sogar eine niedrigere Leistungsmotivation auf als durchschnittlich intelligente. Möglicherweise spielt die Selbstselektion der Stichprobe eine Rolle: Ein Grund dafür, daß Schüler, die trotz ihrer hohen Intelligenz nach der Grundschule auf die Realschule wechselten, war ihre niedrige Motivation. Es könnte aber auch sein, daß durch die für sie zu niedrigen geistigen Anforderungen in der Realschule ihre Leistungsmotivation noch stärker absank, was den Unterschied zu den durchschnittlich begabten Mitschülern vergrößerte. Gröner und Holzinger (1995) fanden einen bedeutsamen Zusammenhang zwischen Leistungsmotivation und Schulnoten, was wiederum darauf hinweist, daß Intelligenz und Motivation zu trennen sind, wobei letztere moderierend auf die Beziehung zwischen Begabung und (Schul-)Leistungen wirkt.

In der praktisch-diagnostischen Arbeit erleben wir sehr viele hoch motivierte, anstrengungsbereite hochbegabte Kinder, aber auch bequeme, vor allem hinsichtlich schulischer Aufgaben unmotivierte Hochbegabte, die mit minimalem Aufwand und genau berechneten Anstrengungen sich beispielsweise vornehmen, das Abitur zu bestehen. Diese Schüler/innen fallen durch (zumindest teilweise) schlechte Schulnoten auf. Ihre Schulleistungen entsprechen nicht ihren geistigen Fähigkeiten. Sie werden als «Underachiever» bezeichnet und unterscheiden sich vor allem durch eine ungünstigere Motivationsstruktur von hoch leistenden Hochbegabten: Underachiever schreiben Leistungen eher externen Bedingungen (Glück, Zufall) zu und erscheinen als wenig anstrengungsbereit (Heller 1992). Weiterhin fand sich bei ihnen ein geringer ausgeprägtes akademisches Selbstkonzept.

Bei Hochbegabten, die angemessene Leistungen aufweisen, finden sich vorzugsweise Aussagen über ein positives (allgemeines) Selbstwertkonzept (ausführlich Rost und Hanses 2000). Immer wieder stellt sich heraus, daß hochbegabte und hochleistende Jugendliche eine gute Meinung bezüglich ihrer akademisch-intellektuellen Leistungsfähigkeit haben, ein Urteil, das ihrer tatsächlichen Leistungsfähigkeit entspricht.

Bedürfnisse und Motive sind dispositionelle Eigenarten, in denen sich Menschen von Geburt an unterscheiden. Auf der Grundlage dieser Dispositionen sind jedoch Entwicklungen und Veränderungen durch Umwelteinflüsse beträchtlich. Dabei scheinen negative Erfahrungen in Familie, Kindergarten und Schule häufiger eine vorhandene hohe intrinsische Motivationen abzubauen als, umgekehrt, bei dispositionell niedrigerer Motivation eine hohe aufzubauen (vgl. Klauer 1992).

Die Schlußfolgerungen, die Csikszentmihalyi et al. (1993) aufgrund der Berichte begabter Jugendlicher ziehen, bestätigen die Bedeutsamkeit positiver Erfahrungen. «Die Freude an der Arbeit, mit der die Jugendlichen auch viel Zeit verbrachten, und die intrinsischen Motivationen reichen für die Weiterentwicklung der Begabung nicht aus: Auch begabte Schüler brauchen Lob, Ermutigung und Unterstützung (extrinsische Belohnung) durch Eltern, Lehrer, Gleichaltrige.» Dies mag zunächst trivial erscheinen, bleibt aber im pädagogischen Alltag nicht selten unbeachtet.

Interessen

Wie die Bedürfnisse entsprechen auch die Interessen Hochbegabter ihrem so gut funktionierenden Intellekt. Interesse gilt als ein erworbenes, gelerntes Motiv des Handelns (s. Häcker und Stapf 1998). Interessen entwickeln sich parallel zur geistigen Entwicklung in Abhängigkeit von Alter, Geschlecht und sozio-ökonomischem Status der Familie. Befunde der entwicklungspsychologischen Interessenforschung lassen erwarten, daß sich in der Zeit vor der Einschulung Interessenunterschiede eher aufzeigen lassen, da Vorschulkinder noch stärker ihren Bedürfnissen nachkommen können und Kinder wie Eltern weniger stark den äußeren Anforderungen und Erwartungen durch die Schule und Gleichaltrige ausgesetzt sind. Am geringsten dürften die Interessenunterschiede in der (Vor-)Pubertät und dem frühen Jugendalter ausfallen, wo Unsicherheit, Konformitätsdruck und die Orientierung an den Gleichaltrigen besonders hoch sind.

Bei der Erfassung von Interessen spielt die Wahl der Meß-instrumente eine bedeutsame Rolle: Vorzugsweise werden relativ allgemeine Interessenfragebogen bei Jugendlichen verwendet. Die Interessen von Vorschulkindern werden häufig bei den Eltern erfragt. Die Aussagekraft der Resultate würde jedoch durch die direkte Beobachtung des kindlichen Spiel- und Freizeitverhaltens, durch konkret erfaßte Hobbies oder durch Anwendung eines Verfahrens ähnlich dem «Experience Sampling» von Csikszentmihalyi et al. (1993) verbessert werden. In jedem Fall ist eine vorsichtige Interpretation bei allen Daten angebracht, die nicht auf «harten» Fakten beruhen.

Bei Kindern im Vorschulalter finden sich klare Interessenunterschiede zwischen hochbegabten und nicht hochbegabten: In einer Untersuchung von 270 Vorschulkindern (101 durchschnittlich begabte, 169 hochbegabte 3–5;6jährige) unserer Beratungsstichprobe gaben Eltern, deren Kinder als hochbegabt identifiziert wurden, deutlich frühere Interessen ihrer Kinder für Buchstaben und Zahlen an als die Eltern durchschnittlich begabter Kinder. Bei diesen Vorschulkindern wurden die bei den Eltern erhobenen Angaben zu den kindlichen Interessen insofern überprüft, als den Kindern Buchstaben, Texte, Bücher sowie Zahlen und Rechenaufgaben vorgelegt wurden. Nach unseren Erfahrungen erweist sich ein frühes, intensives Interesse insbesondere für Zahlen als ein guter Hinweis auf eine hohe, vor allem mathematisch-numerische Intelligenz. Bei musisch sehr begabten Kindern soll der früheste Hinweis auf eine außergewöhnliche musikalische Begabung «ein starkes und freudiges Interesse an Musik-Klängen» sein (Winner 1998, S. 93).

Das bei Hochbegabten besonders stark ausgeprägte Interesse für das Lesen, das von einer frühen Lesefähigkeit (Kompetenz) zu unterscheiden ist, wird in der einschlägigen Literatur fast immer als empirisch eindeutig nachgewiesener Befund erwähnt. Dementsprechend konnte Lang (2001) in einer Untersuchung an 107 Vorschulkindern bedeutsame Unterschiede zwischen den elterlichen Angaben zu den Interessen an Buchstaben, Zahlen und an Büchern nachweisen. Eine genauere Analyse des Leseverhaltens ergab sehr unterschiedliche Interessen: manche Hochbegabte verschlingen belletristische Bücher (Geschichten, Romane), andere lesen nur Sachbücher (Lexika, Atlanten, Computeranweisungen) oder Comics (Asterix; Garfield). Viele hochbegabte Kinder und Jugendliche bevorzugen Bücher, die einen (geistreichen) Humor erkennen lassen.[10] Unabhängig vom Zeitgeist scheint zu gelten, daß Hochbegabte anspruchsvolle Literatur, die für Erwachsene geschrieben wurde, z. B. Klassiker, deutlich früher lesen als ihre Mitschüler (vgl. Terman 1926). Bei unserer diagnostischen Arbeit erlebten wir kein hochbegabtes Kind, das nicht mit Interesse auf (gute) Sachbücher seines Interessenbereichs (Ritter, Planeten, Haie, menschliche Körper usw.) reagierte. Ebenso konnten wir nur bei unseren hochbegabten Vorschul- und Grundschulkindern ein Interesse für (Erwachsenen-)Lyrik erkennen; wir fanden kein durchschnittlich begabtes Kind, das in diesem Alter Gedichte schrieb.

Gross (1993) beschreibt ausführlich das Verhältnis zum Lesen bei den 15 von ihr untersuchten höchstbegabten Jugendlichen, von denen fünf das Lesen als das überhaupt Wichtigste für sie angeben. Gross betont dabei, daß die Unterschiedlichkeit, die statistische Varianz, innerhalb der Hoch– und Höchstbegabten sehr groß ist, ein Befund, den wir bei unseren Untersuchungen auch immer wieder beobachten. So sind durchaus eine Reihe von hochbegabten Kindern in ihrem Leseverhalten durchschnittlich intelligenten Kindern sehr ähnlich.

Ebenso ist die Aussage: «Frühes Lesen ist ein verläßliches Zeichen für einen hohen IQ», wie Winner (1998, S. 31) schreibt, nicht gültig. Zwar lesen deutlich mehr Hochbegabte als durchschnittlich Begabte vor der Einschulung fließend und sinnverstehend fremde Texte (vgl. Stapf 2000). Aber auch gut durchschnittlich bis überdurchschnittlich intelligente Kinder, vor allem Mädchen, die über eine sehr gute verbale Intelligenz verfügen, können nicht selten schon vor der Schule lesen. Zumindest in dem uns vorliegenden Fall eines vierjährigen Jungen, der nach Aussagen der Mutter und Großmutter schon im dritten Lebensjahr sehr gut las, konnte in mehreren Intelligenztests bei verschiedenen Untersuchern nur eine durchschnittliche Intelligenz in allen Bereichen festgestellt werden. Da die Mutter von dem in der sogenannten «Hochbegabten-literatur» weit verbreiteten obigen Vorurteil (frühes Lesen = hochbegabt) überzeugt war, konnte sie die von uns erstellte Diagnose nur schwer akzeptieren.

Das oft beobachtete Verlangen nach geistiger Anregung erscheint Außenstehenden oft insofern als besonders, als die Aufgaben dem hohen Intellekt der Kinder entsprechend anspruchsvoll sein müssen und damit auffällig sind: Wenn ein Erstkläßler, weil er nicht schlafen kann, nächtelang die Eltern bedrängt, ihm Ketten-Rechenaufgaben zu stellen, ist das nicht nur für die Eltern sehr anstrengend, sondern auch ungewöhnlich.

Hochbegabte Klein- und Vorschulkinder fallen meist durch die genannten Interessen für abstrakte Symbole auf. Sie beschäftigen sich intensiv und freiwillig damit, indem sie die Gegenstände und Ereignisse ihrer Umwelt in Zeit und Raum ordnen und strukturieren. Sie beobachten, sammeln und kategorisieren nicht selten (seltsame) Gegenstände wie Ofenrohre, Tiergeweihe oder Kirchtürme. Sie lieben Rätsel und Denksportaufgaben, Gesellschaftsspiele, Kartenspiele oder Brettspiele wie Monopoly, Mühle bis hin zu Schach, Spiele, die eigentlich erst ältere Kinder und Erwachsene beherrschen. Die höchstbegabten Jugendlichen in der Studie von Gross (1993) nannten Brettspiele (board games) an erster und Sport an letzter Stelle, als sie ihre Interessen in eine Rangfolge bringen sollten.

Überhaupt neigen sie dazu, sich für die Dinge und Tätigkeiten zu interessieren, mit denen sich auch Erwachsene beschäftigen. Hierzu gehören Küchengeräte aller Art, Haushaltsgeräte, Videoanlagen, Telefone oder Computer, bei deren Bedienung die Kinder schon früh erstaunlich hohe Fertigkeiten erreichen. Oft berichten die betroffenen Eltern, daß ihre Kinder sich überhaupt wenig für das «übliche» Kinderspielzeug interessieren, und wenn, dann am ehesten noch für Konstruktionsspiele wie Lego usw.

Aber so unterschiedlich Hochbegabte in ihrem Persönlichkeits- und Intelligenzprofil sind, so unterschiedlich sind auch ihre Interessen. Einige der genannten Grundmerkmale zeigen sich allerdings in fast allen hierfür einschlägigen Studien. Ihre Spiele, auch Rollenspiele, sind häufig intellektuelle Beschäftigungen, bei denen sie Regeln verändern oder selber erfinden. Gross (1993) betont, daß hochbegabte Kinder physische Wettkämpfe und Auseinandersetzungen nicht lieben, was auch für die von uns untersuchten Kinder zutrifft.

Der Anspruch an eine «Intellektualität» spielt selbst bei der Wahl sportlicher Aktivitäten mit. Hochbegabte sind nicht so unsportlich, wie es manchmal scheint: eine Reihe dieser Kinder verfügt auch in diesem Bereich über hohe Fähigkeiten und erbringt sehr gute Leistungen. Nach unseren Beobachtungen sind Schwimmen, Skifahren (in Bayern und Baden-Württemberg), aber auch Fechten sehr beliebte Sportarten. Fußball fasziniert eine Reihe Hochbegabter wohl wegen der (durchaus komplexen Regeln und Strategiemöglichkeiten), in der Ausübung aber sieht man kaum Hochbegabte, da sie die harte körperliche Auseinandersetzung am Ball scheuen. Manche hochbegabte Jungen findet man als Torwart oder Schiedsrichter auf den Fußballfeldern![11]

Die beobachtete Ähnlichkeit der (Spiel-)Aktivitäten und Interessen Hochbegabter mit denen älterer Kinder schildert schon Terman (1925) bei 9–10jährigen Hochbegabten, die sich mit Puzzles, Schach und Scharaden beschäftigen. Auch Gross fand diese besonderen Interessen bei den von ihr untersuchten Höchstbegabten.

In einer Tübinger Pilotstudie zu den Interessen bei Kindern und Jugendlichen erhielt Handte (1987) anhand einer kleinen Stichprobe folgende Resultate:[12] Danach gaben die Eltern der hochbegabten Mädchen ein geringeres Interesse ihrer Töchter für Puppen, Bauklötze/Lego sowie Spielzeugtiere und Pflanzen an, dafür mehr Interesse an der Eisenbahn, an Rätseln, klassischer Musik und an Nachrichten als die Eltern durchschnittlich begabter Mädchen über ihre Töchter berichteten. Auch in dieser Arbeit wurde ein deutlich früheres Interesse der hochbegabten Kinder an Zahlen und Buchstaben genannt. Die hochbegabten Jungen spielen im Vergleich zu durchschnittlich begabten nach Angaben ihrer Eltern lieber allein und weniger gern mit jüngeren Kindern. Sie denken sich gerne

Geschichten aus, beschäftigen sich lieber mit Nachschlagewerken und Computern, hören gerne klassische Musik und Nachrichten, sind weniger interessiert an Spielzeugautos, kämpfen weniger gern mit anderen Kindern und klagen mehr über Langeweile im Kindergarten.

In dieser Studie fanden sich erste Hinweise darauf, daß für die Interessenentwicklung von Jugendlichen das Geschlecht eine wichtigere Rolle spielt als die Intelligenz: es ließen sich kaum Unterschiede zwischen den Begabungsgruppen finden. Dem entsprechen auch weitgehend die Befunde, die im Rahmen des Marburger Hochbegabungsprojekts bei hochbegabten und hochleistenden Jugendlichen mit Hilfe der GIS (Generelle Interessen-Skala) erhoben wurden. Es ließen sich keine Unterschiede in der Interessenvielfalt erkennen. Hochbegabte und Hochleistende zeigten etwas weniger Interesse an konsum-, medien- und vergnügungsorientierter Freizeitgestaltung, wobei alle Jugendlichen im vergleichbaren Alter diese als stärksten Interessenbereich angaben. Bei dieser Studie waren die Unterschiede zwischen Schülerinnen und Schülern deutlich stärker ausgeprägt als die zwischen den Begabungsgruppen.

Temperament: Sensitiv und selbstsicher?

In biographischen Schilderungen und Fallberichten wird häufig ein eher spektakuläres Bild der Persönlichkeit hochbegabter Personen gezeichnet: wenig angepaßt, emotional instabil, verhaltensauffällig. In diesem Zusammenhang fallen in der Hochbegabtenforschung zwei gegensätzliche Standpunkte auf: Vertreter der Annahme eines «hohen Verletzlichkeitsrisikos bei Hochbegabten» (z.B. Silverman 1993) gehen davon aus, daß alle Hochbegabten Schwierigkeiten und Probleme erleben, d.h. deutlich stärker psychisch verletzlich sind als andere Kinder. Hingegen schreiben Vertreter einer «Unverwundbarkeitsthese» (z.B. Terman 1926, Rost 1993, 2000) Hochbegabten eine höhere psychische Stabilität und größere seelische Gesundheit bei einem geringeren Ausmaß an Störungen und Verhaltensauffälligkeiten zu. Forscher, die mit größeren Stichproben und Vergleichsgruppen arbeiteten, kommen bei der Bewertung ihrer Daten eher zu dem Schluß, daß es kaum oder nur sehr geringe Unterschiede im Bereich des Temperaments zwischen Hochbegabten und Nicht-Hochbegabten gibt. Diese Uneinheitlichkeit der Erkenntnisse führt nicht nur zu Verunsicherung von Eltern, die beispielsweise wissen wollen, ob ihr Kind zu der Gruppe der Hochbegabten gehört. Sie kann auch zu möglichen Fehleinschätzungen und falschen Vorstellungen bei Lehrern und anderen Personen führen, die sich mit hochbegabten Kindern befassen.

Mit Temperament wird der Bereich der Persönlichkeit bezeichnet, der im Sinne eines «Verhaltensstils», das «Wie» oder auch die «Farbe» des Verhaltens bestimmt (vgl. Thomas und Chess 1980). Dabei fallen die Temperamentsmerkmale bei eineiigen, verglichen mit zweieiigen Zwillingen deutlich ähnlicher aus. Sie bleiben über die Lebensspanne relativ stabil und über verschiedene Situationen hinweg relativ konsistent (vgl. Brody 1992). Temperament, das als ererbte und angeborene Verhaltensdisposition angesehen wird, unterliegt auch Umwelteinflüssen, insbesondere elterlichem Vorbild und Sozialisation.

Thomas und Chess (1980) unterscheiden neun Temperamentsdimensionen, die Unterschiede im Verhaltensstil Neugeborener zu erkennen gestatten: Aktivität, Rhythmizität, Annäherung/Rückzug, Anpassungsvermögen, Sensorische Reizschwelle, Stimmungslage, Intensität, Ablenkbarkeit und Ausdauer (Persistenz). Alle Temperamentsausprägungen sind als natürliche Variation innerhalb normaler Grenzen des Verhaltens anzusehen. Selbst eine sehr hohe Aktivität oder sehr niedrige Reizschwelle wären danach kein Anzeichen für eine pathologische Entwicklung.

Erste Hinweise über einen möglichen Zusammenhang von intellektueller Hochbegabung und Temperamentsvariablen, geben psychologische Befunde der Temperamentsforschung. Läßt man die schwer zu interpretierenden Säuglingsstudien außer acht, finden sich bei drei- bis zwölfjährigen Kindern in den Bereichen Aufmerksamkeit (Persistenz), Annäherung/Vermeidung sowie Anpassung am ehesten positive Zusammenhänge mit der Intelligenz. Klügere Kinder sind aufmerksamer, bei den Aufgaben beharrender. Sie nähern sich vertrauten Personen oder Objekten eher an und sind anpassungsfähiger, wenn die Umwelt dies erfordert (Matheny 1989). Impulsivität dagegen weist einen negativen Zusammenhang mit Schulleistungen und Intelligenz auf: Impulsive Schüler haben schlechtere Noten und niedrigere Intelligenztestwerte. Hervorzuheben ist, daß (motorische) Aktivität in dieser Altersspanne in einer negativen Beziehung zur Intelligenz steht. Intelligentere Kinder sind demnach weniger (körperlich) aktiv (vgl. Brody 1992). Emotionale Gestimmtheit (positive oder negative Stimmungslage) und Intelligenz erscheinen dagegen völlig unabhängig voneinander.

Etwas abweichende Befunde ergab eine Studie von Burk (1980), bei der 125 hochbegabte Vorschul- und Schulkinder (IQ > 130) hinsichtlich ihres Temperaments eingeschätzt wurden. Sie erhielten auf den Skalen: Annäherung, Persistenz, Anpassung und positive Gestimmtheit Werte über den Durchschnittsnormen, was möglicherweise auf Selektionseffekte zurückzuführen ist, da alle Kinder eine spezielle Schule für Hochbegabte besuchten. Es könnte sein, daß nur psychisch stabile, fröhliche Hochbegabte ausgewählt wurden, bzw. in der Schule ein besonders positives Klima herrschte, das zu einer positiven Gestimmtheit der Kinder beitrug.

Dagegen fand Lang (2001) bei 107 Vorschulkindern im Alter von drei bis sechs Jahren bei der Einschätzung von Temperamentsmerkmalen durch Erzieherinnen mit Hilfe des TÜEZ (Tübinger Erzieherinnen-Fragebogen) nur leicht bedeutsame Mittelwertunterschiede zwischen durchschnittlich begabten und hochbegabten Kindern. Die Erzieherinnen beschreiben hochbegabte Kinder als ausdauernder und beständiger beim Spielen, d. h., einmal angefangene Spiele beenden sie in der Regel.

Ähnliche Befunde nennt auch Czeschlik (1993), die im Rahmen des Marburger Hochbegabtenprojekts bei Eltern und Lehrern von Schülern der dritten Grundschulklasse das Temperament anhand von Fragebogen beurteilen ließ. Eltern schildern ihre hochbegabten Kinder als deutlich weniger ablenkbar, Lehrer beschreiben Hochbegabte im Vergleich zu durchschnittlich Begabten als aufgabenorientierter, angepaßter und als weniger reaktiv, was vor allem für die Mädchen zutraf. Diese «Reaktivität», bei Lehrern durch Fragen nach der Empfindsamkeit bei Lichtschwankungen, bzw. nach Temperaturempfindlichkeit oder Ärgerreaktionen erfaßt, erinnert an das in der Hochbegabtenforschung kontrovers diskutierte Konstrukt der «Übererregbarkeit» von Dabrowski und dessen «Theorie der Positiven Disintegration» (vgl. ausführlicher Silverman 1993).

Relevant für die Charakterisierung hochbegabter Personen sind nach dieser Theorie vor allem Annahmen über eine ab dem Säuglingsalter beobachtbare, angeborene «Übererregbarkeit» («Overexcitability» OE) Hochbegabter, die sich in fünf Bereichen manifestieren soll: Im «Psychomotorischen Bereich», «Sensorischen Bereich», «Intellektuellen Bereich» sowie dem «Bereich der Vorstellungen» und dem «Emotionalen Bereich». Hochbegabte, wozu intellektuell Hochbegabte, Künstler, Tänzer usw. gerechnet werden, sollen sich in den Bereichen der Vorstellung, des Intellekts und der Emotionen, letztere durch emotionale Tiefe, Sensitivität, Empathie und Ängstlichkeit bestimmt, von Nicht-Hochbegabten unterscheiden (Silverman, 1993, S. 15).

Das Problem des Konstrukts «Übererregbarkeit» wird deutlich, wenn Piechkowski (1991, S. 303), seine Erkenntnisse zur emotionalen Entwicklung Hochbegabter zusammenfassend, als herausragendes Merkmal deren emotionale Sensitivität und Intensität nennt und anfügt: «Sometimes it is hidden; sometimes it is prominent.» Eine wissenschaftliche Überprüfbarkeit ist damit nicht gegeben, die Aussagen müßten genauer spezifiziert werden.

Beobachtungen jüngerer hochbegabter Kinder lassen eine besondere Sensitivität und Empfindsamkeit erkennen; allerdings beruhen diese auf Fallbeobachtungen, die einer wissenschaftlichen Absicherung bedürften (vgl. Silverman 1993, Stapf und Stapf 1991).

Selbsteinschätzungen von älteren Kindern und Jugendlichen ergeben eine geringer ausgeprägte Ängstlichkeit bei Hochbegabten, vor allem als niedrigere Leistungs- und Testangst, was für die realistische Einschätzung der geistigen Fähigkeiten dieser Kinder spricht (Holzhay 2001).

Introversion und Extraversion

Neben der emotionalen Sensitivität wird Introvertiertheit als ein besonderes Kennzeichen Hochbegabter angesehen (Silverman 1993). Als introvertiert werden Personen bezeichnet, die eher ein geringeres Bedürfnis nach Kontakten zur Außenwelt haben, dabei weniger Stimulation von außen benötigen und eine stärkere Ichbezogenheit aufweisen. Extravertiert werden solche Menschen genannt, die der (sozialen) Umwelt gegenüber sehr aufgeschlossen sind und dort Kontakte suchen.

Hochbegabten wird, häufig auf Fallberichten beruhend, eine hohe Introversion zugesprochen. Dabei besteht die Gefahr, daß anhand der Beobachtung einiger auffälliger Beispiele unbesehen auf die Gesamtheit der Hochbegabten geschlossen wird. Aussagen wie «Alle Hochbegabten genießen das Alleinsein» (Winner 1998, S. 206) müssen gründlich unter Einbeziehung von Kontrollgruppen überprüft werden. Es erscheint nicht unvernünftig anzunehmen, daß alle Menschen zumindest gelegentlich ein Bedürfnis nach Alleinsein verspüren.

Bei kritischer Sichtung der Daten zur Introversion bei Hochbegabten ist allgemein ersichtlich, daß die Ergebnisse von der Art der Stichprobe, der Vergleichsgruppe sowie den Meßinstrumenten (meist Fragebogen) abhängen. Daten, die an ausgelesenen Stichproben ohne Kontrollgruppen erhoben worden waren, ergaben eher erhöhte Introversionswerte bei Hochbegabten als diejenigen Daten, die von größeren, weniger ausgelesenen Stichproben mit Kontrollgruppen stammten. Letztere ließen meist keinerlei bedeutsame Unterschiede in den Selbsteinschätzungen zur Introversion der vorwiegend Jugendlichen erkennen (vgl. Holzhay 2001).

Dennoch könnten manche Beobachtungen auf eine höhere

Selbstgenügsamkeit, einen stärkeren Rückzug auf sich selbst bei Hochbegabten hindeuten. Aufgrund der hohen Intelligenz ließe sich auf ein reiches Innenleben schließen. Hochbegabte können nicht nur Wissen und Fakten über die Außenwelt erwerben, sondern auch ihre eigene Innenwelt (und die anderer Personen) präzise beobachten, scharfsinnig analysieren, strukturieren und vergleichen. Dabei sind sie von den Außenweltreizen relativ unabhängig, eine Voraussetzung für Introversion. Weiterhin scheint eine Tendenz bei vielen Hochbegabten offensichtlich: Ehe sie sich mit für sie nicht «passenden» Personen abgeben, ziehen sie es vor, sich mit Büchern, Spielen oder Denkaufgaben usw. zu beschäftigen.

Je nachdem, in welchen sozialen Umwelten sie leben (Internate für Hochbegabte usw.) und nach welchen Anzeichen für Introversion oder Extraversion gefragt wird, ergeben sich unterschiedliche Ergebnisse.

Abschließend ist festzuhalten: Eine «hochbegabte» Persönlichkeit gibt es nicht. Aber in verschiedenen Bereichen – nicht nur im intellektuellen Fähigkeitsbereich – deuten sich Unterschiede an, die mit den herausragenden geistigen Möglichkeiten Hochbegabter verknüpft sind; so ihre bessere soziale Kompetenz, die sich nur bedingt im Sozialverhalten (Performanz) äußert. Eine erhöhte Sensibilität (als Wahrnehmungskompetenz) im sozialen wie emotionalen Bereich mit Auswirkungen auf das moralische Urteilen und Empfinden, scheint ebenfalls mit sehr hoher Intelligenz zusammenzugehen.

Der vor allem in älteren Arbeiten behauptete Zusammenhang von «Genie und Irrsinn» ist eindeutig widerlegt. Hochbegabte besitzen im Durchschnitt eher eine gute psychosoziale Anpassung: Es gilt, was wir schon früher (1988) formulierten: «Insgesamt jedenfalls scheinen sich Hochbegabte in ihrer psychosozialen Anpassung nicht von anderen Kindern zu unterscheiden» (Stapf und Stapf 1988, S. 12).[13] Ihr Temperament, bei effizienter Impulskontrolle, Aufmerksamkeitssteuerung und Konzentrationsfähigkeit, läßt höhere Leistungen zu. Ob ihre Emotionen tiefer, differenzierter sind, sie sich «anders» fühlen, ist weder eindeutig noch einfach festzustellen.

Die außergewöhnlich hohe Intelligenz ist das einzig sichere

Merkmal, durch das sich intellektuell Hochbegabte von anderen Menschen unterscheiden. Bei den Diskussionen um Schwierigkeiten und Probleme Hochbegabter wird oft vergessen, daß Hochbegabung eher eine schützende Funktion besitzt. Sie «bewahrt», statistisch gesehen, Kinder vor kriminellem, hoch aggressivem oder anderem antisozialen Verhalten, das bei Hochbegabten deutlich seltener vorkommt als bei Nicht-Hochbegabten (vgl. Seely 1993). Dabei gibt es innerhalb der Hochbegabten sehr große Unterschiede, die zumindest teilweise auf Unterschieden in den anderen Persönlichkeitsbereichen beruhen.

Hochbegabte Mädchen und Jungen:
Ein Geschlechtervergleich

In den Biographien berühmter Wissenschaftlerinnen und Künstlerinnen klingt oft an, daß nicht nur ihre Begabung, sondern ihr Geschlecht den Lauf ihres Lebens stark beeinflußte: neben der Arbeit, der «Berufung» waren sie Mütter und (Ehe-)Frauen, was die Entfaltung und Umsetzung ihrer Begabungen erschwerte. Nicht selten ernteten Männer die Früchte ihrer Entdeckungen und Werke (vgl. Fölsing 1990), und manchmal schien es den Frauen leichter, als Männer getarnt ihre Arbeit zu tun.

Zu allen Zeiten haben Frauen versucht, ihr Leben zwischen Familie und Beruf aufzuteilen, was immer schwieriger wird, wenn der Beruf sehr anspruchsvoll und die damit verbundene Ausbildung lang ist. Hochbegabte Frauen müssen sich daher intensiver als Männer mit der Entscheidung auseinandersetzen, ob und wann sie eine Familie gründen und Kinder bekommen möchten und mit welcher beruflichen Laufbahn dies vereinbar ist.

Untersuchungen zu beruflichen Entwicklungen weisen einen deutlichen Unterschied zwischen Männern und Frauen auf: in den ranghöchsten Positionen sind Frauen extrem selten vertreten. Nur 6 bis 9 % der Universitätslehrstühle sind mit Frauen besetzt, nur zehnmal wurde im Zeitraum zwischen 1901 und 1990 der Nobelpreis an Frauen vergeben (Fölsing 1990). Dabei fällt auf, daß die beruflich in Wissenschaft und Wirtschaft hoch erfolgreichen Frauen sehr viel seltener verheiratet sind. Wenn sie einen festen (Ehe-)Partner haben, bleiben sie deutlich häufiger kinderlos als Männer in vergleichbaren Positionen.

Frauen erreichen seltener als Männer hohe Berufspositionen; sie wählen auch andere Studienfächer und Berufe: Sie sind in den Bereichen «Erziehung» deutlich überrepräsentiert, in den Naturwissenschaften und Ingenieurswissenschaften stark unterrepräsentiert (vgl. Eccles 1985). An deutschen Universitäten lag im Wintersemester 1999/2000 der Anteil der Studentinnen in den Fächern «Erziehungswissenschaften» bei 71 %, in Germanistik bei 72 %, in Physik bei 17 % und Maschinenbau bei 7 % (Höppel 2000). Diese Unterschiede in den Berufswahlen bleiben seit vielen Jahrzehnten erstaunlich stabil.

Von den hochbegabten Mädchen und Frauen in Termans Studie gaben 40 % als Beruf Hausfrau an, die meisten berufstätigen Frauen waren Lehrerinnen, in sogenannten semi-professionellen Berufen tätig, was als klarer Hinweis darauf gewertet werden kann, daß sie ihr Intelligenzpotential deutlich seltener in eine entsprechende berufliche Karriere umsetzen konnten als die vergleichbar intelligenten Männer.

Auch heute noch ist bei Frauen der Wunsch nach Vereinbarkeit von Beruf und Familie eine starke «innerpsychische» Barriere für die berufliche Umsetzung ihres geistigen Potentials (Stapf 1993). Wie die meisten Frauen räumen hochbegabte Frauen sozialen Beziehungen, insbesondere in der Familie, die höchste Priorität ein. Bei einer Befragung von 45–65jährigen hochbegabten Frauen gaben 83 % auf die Frage nach dem bedeutungsvollsten Ereignis ihres Lebens beziehungsorientierte Erlebnisse an: Geburt, Heirat, Tod, 52 % nannten konkret «Erziehung der Kinder» (Hansen und Hall 1997). Der Wunsch nach der Vereinbarung von Karriere und eigener Familie wird klar geäußert, nur 7 % der Frauen waren ledig geblieben. Es gab keine männliche Kontrollgruppe, doch hat bei allen Untersuchungen der Beruf bei Männern die höchste Priorität (vgl. Holohan 1996).

Für hochbegabte Frauen könnte die Anerkennung und Umsetzung ihrer hohen Fähigkeiten wegen der Zugehörigkeit zum weiblichen Geschlecht insofern erschwert werden, als in fast allen Kulturen «Männliches» höher bewertet wird als «Weibliches».[14] Die Höherbewertung des Männlichen ist schon bei Vorschulkindern ersichtlich: Eine Befragung ergab, daß viele Mädchen dieses Alters lieber ein Junge sein wollten, kaum ein Junge wollte ein Mädchen sein.

Die Erforschung weiblicher Begabungen, Interessen, Selbsteinschätzungen oder Berufswahlen entspringt nicht nur wissenschaftlicher Neugier. Es besteht derzeit ein gesellschaftspolitisches («ökonomisches») Interesse daran, Frauen stärker für technische Berufe zu interessieren, da der Bedarf in entsprechenden Berufen groß ist. Ändert sich die wirtschaftliche Lage, werden Bildungspolitiker möglicherweise versuchen, Frauen wieder mehr von «beruflichen Karrieren» abzubringen.

Seit im Rahmen der Terman-Studie über hochbegabte Frauen berichtet wurde, mehren sich die Hinweise, daß die Lebenswege hochbegabter Mädchen anders verlaufen als die hochbegabter Jungen. Die Analyse der hierzu wichtigen Faktoren erweist sich als schwierig, da es zu den meisten relevanten Fragen keine speziellen Untersuchungen mit Hochbegabten gibt. Ergebnisse der allgemeinen Geschlechterforschung liefern jedoch brauchbare Hinweise.

Kleiner Unterschied – große Wirkung

Es sind zunächst die Unterschiede in der beruflichen Entwicklung, die einer Erklärung bedürfen. Sie treiben die wissenschaftliche Untersuchung hochbegabter Mädchen und Frauen an. Einfache Erklärungen gibt es nicht. Der Tatsache beispielsweise, daß es nur wenige Physik- oder Informatikprofessorinnen gibt, liegen vielfältige und sehr komplexe Bedingungen zugrunde.

Erfahrungsgemäß werden Ergebnisse der Geschlechterforschung kontrovers diskutiert, über die Bewertungen und Interpretationen der Befunde herrscht nicht immer Einigkeit: einige erläuternde methodische Anmerkungen sind daher vorauszuschicken.

Ein wesentliches methodisches Problem der Geschlechterforschung (wie der Hochbegabtenforschung) sind Stichprobenselektionseffekte, d. h., die zu vergleichenden Gruppen von Mädchen und Jungen sind nach unterschiedlichen Gesichtspunkten ausgelesen (vgl. Benbow 1988). Die Unterschiede *zwischen* den Geschlechtern sind meist klein, sie fallen deutlich kleiner aus als die Unterschiede *innerhalb* eines Geschlechts. Im Alltag ist uns das vertraut. Die durchschnittliche Schuhgröße von Frauen ist kleiner als die der Männer, aber jede Schuhverkäuferin hat Frauen mit Schuhgröße 42 und größer schon erlebt!

Fast alle Verhaltensweisen und Merkmale, auch männliche wie weibliche Geschlechtshormone, kommen bei beiden Geschlechtern vor, sie unterscheiden sich jedoch in ihrer Intensität und Auftretenshäufigkeit. Wir sprechen daher von geschlechtstypischen Merkmalen.[15]

Die nachfolgend dargestellten körperlichen Unterschiede, die der Sinnesleistungen und Motorik, die zumindest teilweise mit den Unterschieden in den kognitiven Fähigkeiten und sozialen Verhaltensmerkmalen verbunden sind, weisen auf eine biologische Verankerung von Geschlechterunterschieden hin und erschweren somit vorschnelle, häufig plausibel erscheinende Sozialisationserklärungen.

Körperliche Merkmale, Sinnesleistungen und Motorik

«Das niedrig gewachsene, schmalschultrige, breithüftige und kurzbeinige Geschlecht das schöne nennen konnte nur der vom Geschlechtstrieb umnebelte männliche Intellekt» schreibt Schopenhauer in seinen «Psychologischen Bemerkungen über die Weiber». Er nennt damit eine Reihe von augenfälligen körperlichen Unterschieden zwischen Männern und Frauen: Frauen sind im Vergleich zu den jeweiligen Männern ihres Lebensraumes kleiner, haben kürzere Arme und Beine, leisere Stimmen mit höherer Tonlage, geringere Körperkraft, können nicht so schnell laufen usw. Ihre Muskulatur, ihr Kreislauf und ihr Skelett (z. B. breiteres Becken) sind biologisch auf das Austragen und Aufziehen von Kindern vorbereitet. Hormonelle Bedingungen, so zeigen neuere Forschungen immer klarer, beeinflussen nicht nur die rein körperlichen Funktionen, sondern auch Verhalten und Fähigkeiten. Männliche Hormone (Androgene) sollen die größere Verletzbarkeit des männlichen Geschlechts begünstigen: Jungen (schon im Kleinkindalter) und Männer weisen eine höhere Krankheits- und Unfallanfälligkeit sowie eine um mehrere Jahre kürzere Lebenserwartung auf. Ihre deutlich erhöhte (physische) Aggressivität und ihr antisoziales Verhalten (Gewalt und Delinquenz) sind in den meisten Fällen gegen das eigene Geschlecht gerichtet (Chasiotis und Voland 1998).[16] Androgene sollen auch die bei Frauen und Männern postulierte unterschiedliche Lateralisation des Gehirns bewirken, was jedoch nicht als eindeutig geklärt gilt. Relativ gesichert scheint der Befund, daß der Balken (Corpus callosum), der die beiden Hirnhälften verbindet, bei Frauen dicker ausgebildet ist, wobei ungeklärt ist, welche (Verhaltens-)Auswirkungen daraus resultieren (vgl. Reimers 1994).

Ein zentraler Unterschied zwischen Jungen und Mädchen ist deren unterschiedliche Entwicklungsgeschwindigkeit: Schon bei der Geburt haben Mädchen einen allgemeinen Reifungsvorsprung, der in der Pubertät ungefähr zwei bis drei Jahre beträgt. Die Auswirkungen des weiblichen Entwicklungsvorsprungs auf erzieherische und pädagogische Bedingungen sollten stärker beachtet werden, zumal sich u. a. Bildungsinstitutionen am Entwicklungsstand der Jungen orientieren (z. B. Einschulungszeitpunkt). Als ein Indikator für den Entwicklungsstand eines Kindes ist das chronologische Alter somit nicht gut geeignet.

Die Darstellung einiger Befunde zu den Sinnesleistungen beschränkt sich auf solche Ergebnisse, die für eine geschlechtstypische Entwicklung bei Hochbegabten wirksam sein könnten. Für die (geschlechtstypische) Wahl des Berufs oder der Freizeitvorlieben sind möglicherweise kleinste Unterschiede in den Sinnesleistungen oder der Motorik verantwortlich. Phänomene, wie das stärkere Interesse an Fernsehen und Computerspielen bei Jungen und Männern mögen u. a. durch deren höhere visuelle Sensitivität – sowohl bei statischen als auch bei bewegten Reizen – beeinflußt werden: Männer weisen bessere Leistungen bezüglich der Helligkeit und Sehschärfe auf; Frauen sehen peripher und bei Dunkelheit besser. Die Tendenz, schärfer zu sehen als Mädchen, beginnt bei Jungen im Alter von sechs Jahren. Die Abnahme der Sehschärfe setzt bei Frauen im Alter von 35 bis 44 Jahren, bei Männern mit 45 bis 54 Jahren ein. Frauen wählen einen höheren (fast doppelt so hohen) Helligkeitsgrad des Lichtes, bei dem sie sich wohl fühlen, als Männer.

Umgekehrt ist es beim Hören: Frauen hören besser, die Schwellen für reine Töne sind bei ihnen niedriger. Die Abnahme der Hörfähigkeit beginnt bei Männern im Durchschnitt mit 32 Jahren und wird dann ständig schlechter; bei Frauen beginnt der Hörverlust im Mittel mit 37 Jahren. Insgesamt bevorzugen Männer lautere Töne und werden durch Lärm nicht so stark beeinträchtigt. Die geringere Lärmempfindlichkeit (und schlechtere Hörleistung) der Männer scheint nicht nur durch eventuelle Berufserfahrungen beeinflußt; sie macht sich in vielen Familien in Form von heftigen Diskussionen um die Lautstärkeeinstellung von Radio, Fernsehen oder CD-Geräten bemerkbar.

Anamnestische Berichte geben Hinweise darauf, daß eine Reihe von Hochbegabten sehr lärmempfindlich ist: Ob dies bei hochbegabten Mädchen noch stärker ausgeprägt ist als bei hochbegabten Jungen, was für das Spielen und Arbeiten, das Wohlgefühl in Kindergarten und Schule bedeutsam ist, wurde bislang nicht untersucht.

Neben den Unterschieden in den Sinnesleistungen scheint es Unterschiede in der Bevorzugung der Sinnesmodalitäten zu geben. Schon bei Neugeborenen soll eine stärkere visuelle Ausrichtung des männlichen Geschlechts feststellbar sein, während bei neugeborenen Mädchen eine stärkere Diskriminierung im auditiven Bereich zu beobachten sei. Diese Präferenz soll bei älteren Kindern bestehen bleiben: Jungen sind demnach stärker an visuellen Mustern interessiert, während Mädchen mehr auf auditive Sequenzen reagieren (vgl. Merz 1979).

Bezüglich der motorischen Leistungen wurde festgestellt, daß Männer bezüglich der Grobmotorik (solche Leistungen, bei denen ein oft kurzzeitiger Energieaufwand im Vordergrund steht) Frauen von Beginn der Pubertät an überlegen sind. Bei der Feinmotorik (Koordination der Hände und Finger) dagegen zeigen Frauen und Mädchen schon ab dem Vorschulalter bessere Leistungen (Merz 1979). Das könnte bedeuten, daß hochbegabte Jungen mit höherer Wahrscheinlichkeit im Alter von vier bis sechs Jahren größere Schwierigkeiten beim Schreiben und Malen hätten, weswegen ihnen z. B. eine frühere Einschulung seltener ermöglicht würde.

Das Miteinander-Umgehen der Geschlechter:
Soziales und emotionales Verhalten

Geschlechterunterschiede im Sozialverhalten, eine unterschiedliche Art der Interaktion von Jungen und Mädchen mit einem Partner oder einer Partnerin, soll für eine Reihe von geschlechtstypischen Erfahrungen bedeutsam sein. Bei der Untersuchung von Vorschulkindern stießen die Forscherinnen Jacklin und Maccoby (1978) auf ein unerwartetes Ergebnis: Das Sozialverhalten von 33 Monate alten Kleinkindern änderte sich in Abhängigkeit vom Geschlecht ihres gleichaltrigen Spielpartners. Sie spielten mit gleichgeschlechtlichen Partnern sehr viel häufiger. In weiteren Untersuchungen bestätigte sich, daß im Alter von drei bis vier Jahren diese Trennung der Geschlechter beginnt, die von den Kindern selbst initiiert wird. Wenn Vorschulkinder die Wahl haben, spielen und interagieren üblicherweise Mädchen lieber mit Mädchen, Jungen lieber mit Jungen, insbesondere dann, wenn kein wachsamer Erwachsener anwesend ist. Jungen richten dabei sowohl aggressive wie kooperative Akte bevorzugt an gleichaltrige bzw. ältere Jungen, Mädchen werden eher nicht als Partner erwählt (Merz 1979).

Diese Geschlechtertrennung ist am stärksten im Alter von sechs bis elf/zwölf Jahren zu beobachten. Zur Erklärung zieht Maccoby (1990) bestimmte Interaktions- und Kommunikationsstile von Mädchen und Jungen heran, die dazu führen, daß der Umgang mit dem jeweils eigenen Geschlecht als angenehmer erlebt wird. Das Interaktionsverhalten von Mädchen untereinander, das eher in Zweier- und Dreier-Gruppen stattfindet, läßt sich dabei durch freundliche/höfliche Bitten, gegenseitiges Fragen und Unterbreiten von Vorschlägen kennzeichnen. Häufiger Blickkontakt zeigt ein Interesse für die Partnerin an, deren Argumente anerkannt werden. Die Mädchen hören aufmerksamer zu, erklären ihre Übereinstimmung mit der Sprecherin vor ihnen und machen häufiger Pausen, damit die Gesprächspartnerin etwas sagen kann. Mädchen scheinen eher an den Gefühlen und an der Partnerin selbst interessiert zu sein; die stärkere emotionale Bindung wird ersichtlich, wenn die Freundschaft zerbricht, worunter Mädchen mehr leiden sollen als Jungen. Für Mädchen hat das Gespräch u. a. eine sozialbindende Funktion.

Bei Jungen, die in größeren Gruppen spielen und dafür mehr Raum benötigen, ist das Gruppenverhalten durch den Aufbau von Dominanzhierarchien und Konkurrenzverhalten gekennzeichnet (wer ist stärkster, schnellster, bester Junge in der Gruppe). Direkte Forderungen, Befehle, Drohungen und andere Formen auch der physischen Durchsetzung sind häufig beobachtbar. Freundschaften unter Jungen sind eher durch gleiches Interesse an bestimmten Aktivitäten gekennzeichnet. Sie sprechen häufiger gleichzeitig, unterbrechen einander und sind dabei laut; sie hören dem Partner kaum zu. Das Gespräch dient dem Austausch von Information, dabei machen sie Späße, prahlen mit tollen Geschichten und verwirren gern ihren Vorredner. Aufgrund dieser Beobachtungen meint Maccoby (2000), daß das Sprechen bei Jungen vielleicht der Selbstdarstellung und Heraushebung der eigenen Person und der Abwertung der anderen (männlichen) Gruppenmitglieder dient. Jungen fügen sich seltener als Mädchen den Aufforderungen anderer Kinder oder Erwachsener. Fagot (1985) stellte bei Vorschulkindern fest, daß Mädchen eher auf Verstärkungen (Lob, Schelte) durch Mädchen sowie männliche und weibliche Erzieher reagieren, Jungen dagegen eher auf Verstärkung durch andere Jungen, nicht auf Mädchen oder Erzieher/innen.

Bei Konflikten können sich beide Geschlechter durchaus aggressiv verhalten: Mädchen und Frauen bevorzugen dabei ein sogenanntes «relationales» aggressives Verhalten (z. B. Drohungen, Erpressungen: «Du bist nicht mehr meine Freundin»); Jungen und Männer reagieren häufig physisch aggressiv z. B. durch Schlagen und andere intendierte körperliche Verletzungen. Frauen sind nicht das «bessere» Geschlecht, wie manches positive Vorurteil vermuten läßt. Meta-Analysen zum Sozialverhalten Erwachsener ergaben, daß Männer über verschiedene Situationen hinweg hilfsbereiter sind als Frauen. Studien zum verbalen wie nonverbalen Interaktionsverhalten bei Männern und Frauen in sozialen Situationen zeigen, daß Frauen, wie auch schon weibliche Säuglinge, häufiger lächeln und lachen als Männer. Frauen schauen andere Personen häufiger an und werden mehr angeschaut. Sie rücken näher an andere Personen heran, ertragen geringere Distanzen und sind körperlich ruhiger. Sie bewegen seltener als Männer den Körper, die Beine und Füße. Sie brauchen weniger Platz, da sie weniger ausladende Arm- und Beinbewegungen machen. Durch ihre Körperbewegungen wie Kopfnicken und Vorbeugen des Oberkörpers zeigen Frauen mehr Interesse an ihren Gesprächspartnern an und drücken ihre Anteilnahme durch intensivere Mimik und Gestik aus. Sie machen beim Sprechen seltener Fehler und benutzen kaum Pausenfüller (äh … äh).

Entgegen gängiger Stereotype fand man nur eine sehr schwache Tendenz dafür, daß Frauen sich leichter beeinflussen und überzeugen lassen oder ihrem Gesprächspartner häufiger zustimmen. Die besondere weibliche Fähigkeit, nichtsprachliche soziale Reize zu erfassen, d. h., die Bedeutung nichtsprachlicher Signale zu verstehen, wird immer wieder bestätigt. «Männer können besser Landkarten lesen, Frauen besser aus Gesichtern den Charakter lesen» beschreiben Moir und Jessel (1989) diesen Sachverhalt. Frauen erkennen Gesichter auch besser wieder. Sie sind in ihrer Mimik expressiver, drücken ihre Emotionen stärker aus, kommunizieren mit Hilfe des mimischen Ausdrucks effizienter und erkennen die Gefühle anderer besser. Sie sind insgesamt stärker sozial orientiert, sensitiver und responsiver als Männer. Mädchen erscheinen furchtsamer und geben im Jugendalter mehr Scham und Schuldgefühle zu, sie berichten, daß sie ihre Emotionen intensiver erleben (Ruble und Martin 1998).

Welche Konsequenzen für Hochbegabte könnten aus all diesen Befunden folgen? Lächeln und Lachen wird in der Regel als Zeichen von Unterlegenheit gedeutet, Kopfnicken als Zustimmung. Eine hohe soziale Sensibilität und Reagibilität, verbunden mit einer leisen, sanften Stimme, mag im Kontext akademischer Diskussionen und intellektueller Auseinandersetzungen als Unsicherheit und geringes Selbstvertrauen gewertet werden.

Es könnte sein, daß ein derartiges «nachgiebig, zustimmend» erscheinendes Verhalten von einem dominanten, konkurrierenden Partner als mangelnde Sachkompetenz und Unsicherheit interpretiert wird. Das hieße für hochbegabte Mädchen und Frauen, sie würden nicht Ernst genommen, ihre Kompetenz würde eher unterschätzt. Genau diese allgemeine Unterschätzung von hochbegabten Mädchen zeigt sich in der Schule und, eventuell in geringerem Ausmaß, auch in der Familie (vgl. Heller 1990).

Sind Frauen intelligenter? Verbale, mathematische und räumlich-technische Fähigkeiten

Nachdem jahrhundertelang das Vorurteil vorherrschte, Frauen besäßen ein deutlich geringeres Ausmaß an analytischer Intelligenz, und im Buch des Arztes Möbius (1903) der Nachweis des «Physiologischen Schwachsinns des Weibes» gelungen schien, beginnt man heute sogar umgekehrt zu fragen, ob Frauen nicht sogar intelligenter sind als Männer.[17] Die wissenschaftlichen Ergebnisse bezüglich der allgemeinen Intelligenz (g-Faktor) im Sinne einer grundlegenden Denkfähigkeit, wie sie z. B. mit einem Matrizentest (RAVEN) erfaßt wird, lassen keinen Unterschied zwischen den Geschlechtern erkennen (Merz 1979, Lubinski, Benbow und Morelock 2000). Ein Problem bei der Interpretation dieser Befunde besteht allerdings darin, daß Intelligenztests allgemein so konstruiert werden, daß keines der beiden Geschlechter Vor- oder Nachteile erfährt. Bei den ersten Versionen der Intelligenztests Anfang des 20. Jahrhunderts sollen zunächst Mädchen besser abgeschnitten haben als Jungen, woraufhin die Testaufgaben geändert wurden (Chasiotis und Voland 1998). Aufschlußreicher erscheint die Prüfung, ob Geschlechterunterschiede bezüglich der verschiedenen Intelligenzdimensionen zu finden sind, die sich auf verbale, numerisch-quantitative und räumlich-technische Fähigkeiten beziehen. Hinsichtlich dieser Intelligenzdimensionen liegen umfangreiche Ergebnisse der Forschung zum Geschlechtervergleich vor.

Bedeutsame Geschlechterunterschiede in den verbalen Fähigkeiten wurden in den letzten Jahren kaum mehr aufgefunden (vgl. Hyde und Linn 1988). Dennoch ist festzuhalten, daß Mädchen zu einem früheren Entwicklungszeitpunkt bessere Sprachleistungen und auch früher bessere Leseleistungen zeigen. Dieser Leistungsvorsprung der Mädchen bleibt bis zum Ende des Grundschulalters, dem Einsetzen der Geschlechtsreife, erhalten. Im Erwachsenenalter ist ein kleiner, aber sehr stabiler Unterschied im verbalen Bereich zugunsten der Frauen erfaßbar.

Halpern (1992) sieht ausreichend empirische Evidenz für die Aussage, daß das weibliche Geschlecht im Durchschnitt über bessere Sprachfähigkeiten und -fertigkeiten verfügt als das männliche. Dabei werden die Vorteile für Mädchen besonders deutlich bei der Auftretenshäufigkeit von Sprachstörungen sichtbar: bei Stottern und Dyslexie beträgt das Verhältnis 4:1, d.h., viermal so viele Jungen wie Mädchen stottern und haben eine Leseschwäche; bei allgemeinen Sprachstörungen ist das Verhältnis 2,5 : 1.[18]

Bei hochbegabten Schülern der 3. bis 12. Klasse waren die Testwerte für den oberen Leistungsbereich im Wortschatz und mathematischen Problemlösen bei Jungen höher als bei Mädchen; hochbegabte Mädchen erhielten bessere Werte im Sprachgebrauch, dieser Unterschied fiel in den höheren Klassen geringer aus (vgl. Callahan und Reis 1996).

Als Hinweis auf eine weibliche Überlegenheit in den Sprachfähigkeiten können die Ergebnisse der deutschen Bundeswettbewerbe in Fremdsprachen gelten, wobei durchschnittlich ca. 77 % der Teilnehmer Schülerinnen sind. Bei den Bundessiegern sind in den letzten Jahren ca. 61 % Mädchen als Preisträgerinnen hervorgetreten (Wagner 1990).[19]

Ob Geschlechterunterschiede im Bereich mathematischer Fähigkeiten bestehen, wird intensiv diskutiert (vgl. Benbow 1988, Jacklin 1989).

Allgemein gilt, daß Mädchen durchschnittlich früher zählen können (ab drei Jahren) und auch in den ersten Grundschuljahren bessere Rechenleistungen zeigen. «Wenn dagegen weniger ‹Rechnen› als ‹Mathematik› gefragt ist, sind jedoch die Jungen besser.» (Merz 1979, S. 136).

Nach Jacklin (1989) gleichen sich, zumindest in den USA, die Leistungen beider Geschlechter in Mathematik mehr und mehr an. Insgesamt scheint der Forschungsstand den Schluß zuzulassen, daß, zumindest im Mittelbereich der Verteilung, keine bedeutsamen Geschlechterunterschiede in Mathematikleistungen beobachtbar, d. h. die Fähigkeiten hierzu bei Mädchen wie Jungen vorhanden sind.

Bei Schülern mit den höchsten Mathematikleistungen fand sich jedoch eine klare Überlegenheit der Jungen, die allerdings in den letzten Jahren abnahm. Diese Befunde entstammen Untersuchungen von Stanley und Benbow. Die beiden Autoren haben seit 1972 im Rahmen der von ihnen gegründeten Projekts «Study of Mathematically Precocious Youth (SMPY)» 12- bis 13jährige Schülerinnen und Schüler aus dem gesamten Bereich der USA mit dem SAT-M (Scholastic-Aptitude-Test-Mathematik) und dem SAT-V (Scholastic-Aptitude-Test-Verbal) zum Zwecke der Talentsuche getestet. Hierzu werden Kinder eingeladen, deren Intelligenz-(Leistungs-)Testwerte im Bereich der oberen 3 % der Verteilung liegen (vgl. Benbow 1990). Der SAT war zunächst für überdurchschnittlich intelligente 17- bis 18jährige konstruiert worden und soll bei den 12- bis 13jährigen sehr gut mathematisches Denken (mathematical reasoning) beim Lösen neuer mathematischer Probleme erfassen. Benbow und Stanley erhielten für die Teilnehmer der Jahre 1980 bis 1982 im SAT-M für Werte von 700 oder mehr ein Verhältnis von 13:1 Jungen zu Mädchen, wobei die Testwerte der Jungen sehr viel stärker streuen als die der Mädchen.[20] Dieses Ergebnis stimmt mit unseren Beobachtungen überein, wonach sich bei der Analyse der Intelligenztestleistungen der Kinder und Jugendlichen unserer Beratungsstichprobe eine größere Streuung (Variabilität) der Werte bei den Jungen zeigte.

Neuere Ergebnisse weisen auf eine Veränderung hin. Nach Brody, Barnett und Mills (1994) besteht nur noch ein Verhältnis von ca. 6:1 von Jungen zu Mädchen im Bereich der mathematischen Hochbegabung. Mädchen erreichen häufig in Mathematik zwar die besseren Schulnoten, in den speziellen Tests jedoch niedrigere Punktwerte als Jungen. Als Erklärung nimmt Kerr (2000) einen «reflexiven Stil des Problemlösens» bei Mädchen an, der durch längere Bearbeitungszeiten für korrekte Lösungen der Aufgaben gekennzeichnet ist. Bei den einschlägigen Tests existieren Zeitlimits, und diese Zeitbegrenzungen scheinen weibliche Testpersonen stärker in ihrer Leistungsfähigkeit zu beeinträchtigen als männliche. Entsprechende Befunde erhielten Wieczerkowski und Jansen (1990) mit einer deutschsprachigen Version des SAT-M. Da die von ihnen untersuchten leistungsstärksten Mädchen eine längere Bearbeitungszeit benötigten und bei einem Testverfahren ohne Zeitbegrenzung keine Unterschiede zu den Jungen gefunden wurden, erklären sie das schlechtere Abschneiden der mathematisch hochbegabten Mädchen damit, daß diese «weniger dazu bereit sind, ihre volle Leistungsbefähigung in Konkurrenz gegen die Zeit (und gegen Jungen) adäquat abzubilden» (a. a. O., S. 137). Die Autoren vermuten daher, daß mathematisch hochbegabte Mädchen tendenziell im SAT-M unterschätzt werden (vgl. auch Stapf 2002).

Die Berufswahlentscheidungen sind durch diese Leistungsunterschiede in Mathematik allein nicht zu erklären, da die Zahl der Männer, die in Mathematik, Ingenieurwissenschaften und Informatik promovieren, deutlich höher ist, als nach den Leistungsunterschieden in den Test zu erwarten wäre (vgl. Fox und Zimmermann 1985). Eng verknüpft mit den Sinnesleistungen und der Signalverarbeitung könnten die Leistungen im räumlichen Vorstellen sein, ein Bereich, in dem in vielen empirischen Studien Unterschiede zwischen den Geschlechtern gefunden werden. Räumliches Vorstellen umfaßt verschiedene Aufgabenkategorien. Geschlechterunterschiede fanden sich durchgängig insbesondere bei Aufgaben, die eine «mentale Rotation» erforderten, bei denen zwei- oder dreidimensionale Figuren (oft Würfel) gedanklich gekippt oder gedreht werden müssen, um festzustellen, ob z. B. zwei aus unterschiedlichen Blickwinkeln gezeigte Figuren identisch sind (s. Amelang und Bartussek 1985).

Bezüglich der Kategorie «mentale Rotation» geben Linn und Petersen (1985) an, daß Geschlechterunterschiede zugunsten der Jungen etwa ab dem Alter von zehn Jahren gefunden werden. In neueren Arbeiten konnte Casey (1996) zeigen, daß die Fähigkeit, Information mit Hilfe räumlichen Denkens zu verarbeiten, positiv mit der Fähigkeit zusammenhängt, mathematische Probleme effizient zu lösen (Halpern 1997).

Auf die Zusammenhänge zwischen räumlichem Vorstellen und Mathematikleistung eingehend argumentiert Merz (1979, S. 141), daß «Leistungsunterschiede beim räumlichen Vorstellen … verständlich machen, warum sich – bei uns – deutlich mehr Mädchen für ein Mathematik- als ein Physikstudium entscheiden, wenn man nur annimmt, daß bei der Studienfachwahl auch realistische Einschätzungen der eigenen Leistungsfähigkeit eine Rolle spielen». Auch die Unterlegenheit bei Prüfungen zum Technischen Verständnis führt Merz teilweise auf die genannten Unterschiede beim räumlichen Vorstellen zurück.

Die Auswertung der AID-Intelligenztestprofile von 158 Kindern unserer Beratungsstichprobe ergab bei 6–11jährigen keinen Geschlechterunterschied im räumlichen Vorstellen, weder bei hochbegabten noch bei durchschnittlich begabten, die Unterschiede wurden erst bei 12–14jährigen statistisch bedeutsam.

Die besseren Leistungen bei Jungen und Männern im räumlich-abstrakten Vorstellen allein können allerdings die Unterschiede in den Berufskarrieren nicht erklären, da ein höherer Berufsstatus auch bei solchen Fächern besteht, bei denen Frauen tendenziell bessere Leistungen zeigen. Könnte es sein, daß Frauen, auch mathematisch hochbegabte, gar nicht unter allen Umständen Karriere machen wollen?

Interessen und Lieblingsbeschäftigungen

Als man Albert Einstein fragte, was er am liebsten den ganzen Tag tun würde, soll er sinngemäß geantwortet haben: «Denken». Die freiwillig gewählten Tätigkeiten und Interessen weisen auf die Fähigkeiten eines Menschen hin: er tut das, was ihm nicht zu schwer fällt, ihn aber auch nicht unterfordert, also langweilig für ihn ist.

Fähigkeiten erklären aber nur einen Teil der unterschiedlichen Interessen und Beschäftigungsvorlieben. Das Geschlecht spielt ebenfalls eine Rolle.

In der frühen Kindheit, mit ungefähr zwei Jahren, lassen sich bereits geschlechtstypische Spielzeugpräferenzen beobachten, die relativ stabil bleiben. Jungen bevorzugen männliches und geschlechtsneutrales Spielzeug, Mädchen hingegen geschlechtsneutrales Spielzeug (Eisenberg et al. 1985).[21] Schon in diesem Alter zeigt sich, daß Mädchen flexibler und in ihren Präferenzen weniger festgelegt sind.

In Kindergärten und auf Spielplätzen lassen sich für Mädchen und Jungen unterschiedliche Spielvorlieben beobachten: Die Mehrzahl der Mädchen malt, bastelt «schöne Dinge», spielt mit Puppen und nimmt sich fürsorglich der Kleinsten im Kindergarten an. Mädchen spielen Hüpfspiele wie «Gummitwist» und «Himmel und Hölle». Jungen dagegen toben und rangeln gerne, spielen Fußball, schauen sich im Fernsehen bevorzugt Action- und Abenteuerfilme an und interessieren sich für Legos, Autos und anderes technisches Spielzeug und Geräte, die sie häufiger als Mädchen erkunden und manipulieren (vgl. Stapf 1993, Ruble und Martin 1998).

Diese Spielzeugvorlieben, bei denen eine stärkere Person-Orientierung der Mädchen und eine Sach-Orientierung der Jungen erkennbar ist, entsprechen den Stereotypen, genauer, die Stereotypen entsprechen den beobachteten Verhaltensweisen der Kinder, die nicht (ausschließlich) auf Erziehung, Nachahmung oder Identifikationsprozessen beruhen.

Bei Jugendlichen und Erwachsenen ist ebenfalls die stärkere soziale Orientierung der Mädchen und Frauen sowie eine Ausrichtung auf die Anwendung, den Sinn und den Zweck von Tätigkeiten nachweisbar.

Diese Unterschiede in den Werthaltungen gelten auch für Hochbegabte. Daran anknüpfend, führen Lubinski, Benbow und Morelock (2000) den niedrigen Frauenanteil in den mathematisch-naturwissenschaftlichen Fächern (physical sciences) nicht auf externe, gesellschaftliche «Barrieren» zurück, sondern auf Unterschiede in den persönlichen Wahlen und Präferenzen, also auf intrapsychische Barrieren.

Weibliche wie männliche Hochbegabte zeichnen sich im Vergleich zu durchschnittlich Begabten durch hohe starke theoretische wie forschende Interessen aus. Im Gegensatz zu der Sachorientierung hochbegabter Männer, deren Konzentration auf ein «Hauptziel», den Beruf, deren intensive Beschäftigung mit einem Bereich («a single-minded devotion», Eccles 1985, S. 264) haben hochbegabte Frauen neben relativ geringeren räumlichen und technischen Fähigkeiten gleichzeitig starke soziale, ästhetische und künstlerische und weniger theoretisch/forschende Interessen. Dies entspricht einer Präferenz bei der Berufswahl für «organische» Fächer im Gegensatz zu «anorganischen» Fächern, womit vor allem Mathematik, Physik und Ingenieurswissenschaften gemeint sind. Da Lubinski et al. (2000) in ihrem Modell als Grundlage für die Zufriedenheit in einem Beruf u. a. eine Korrespondenz zwischen Fähigkeiten, Interessen und Tätigkeitsanforderungen des Berufs annehmen, sind danach solche hochbegabten Personen für die Naturwissenschaften und Technik geeignet, die über hohe mathematische, räumliche und technische Denkfähigkeiten sowie ein hohes theoretisches Forschungsinteresse verfügen, nicht selten verbunden mit einem geringen Bedürfnis nach sozialem Kontakt. Frauen sollten demnach bei einer Karriere als Mathematikerin oder Physikerin weniger Zufriedenheit erleben, da diese Berufe nicht in dem Maße ihren Bedürfnissen nach sozialen, künstlerischen oder erzieherischen Tätigkeiten und deren Anwendung entsprächen wie Männern. Ob und inwieweit diese Modellvorstellungen tragfähig sind und der Komplexität des Gegenstandes gerecht werden, sollte bei jüngeren Kindern, nicht nur bei Jugendlichen, geprüft werden.

Wie ähnlich oder unähnlich sind die Interessen und Spielvorlieben hochbegabter Jungen und Mädchen im Vorschulalter? Eine Untersuchung der Interessen und Vorlieben an einer kleinen Stichprobe von Vorschul- und Grundschulkindern mittels eines Elternfragebogens zur kindlichen Interessenentwicklung ergab, daß im Vergleich mit durchschnittlich begabten die hochbegabten Mädchen neben der stärkeren Präferenz für «alleine spielen» vor allem Unterschiede bei eher «typisch» weiblichen Beschäftigungen auffielen: Sie spielen beispielsweise seltener mit Puppen und Spielzeugtieren (Handte 1987).

Dies stimmt mit anamnestisch erhobenen Daten unserer Beratungsstichprobe überein: bei hochbegabten Mädchen wurden häufiger als bei durchschnittlich begabten Mädchen sogenannte «männliche» Interessen für Planeten, Politik sowie anspruchsvolle intellektuelle und ästhetische Beschäftigungen (Denksportaufgaben, klassische Musik) angegeben, aber seltener als bei Jungen. Durchgängig nennen Eltern bei ihren hochbegabten Töchtern im Vorschul- und Grundschulalter ein starkes Interesse an Lesen und Schreiben, Musik und Tieren. Technik, Mathematik und Schach werden nur selten genannt.

Ein weiterer Unterschied zeigte sich bei hochbegabten Vorschulkindern deutlich: Jungen nennen selbst oft sehr eigenwillige «Hobbys», Sammelleidenschaften und Beschäftigungen, die sie fast «monomanisch» über einen längeren Zeitraum hinweg höchst intensiv betreiben: Straßenpläne ausarbeiten, Maschinen erfinden, Beschäftigung mit Zahlen und Rechenaufgaben. Eine derartige «Verbissenheit» in ein Thema, was diese Kinder dann zu herausragenden Experten macht, wurde in keinem Fall (bei über 300 Kindern) bei einem der von uns untersuchten Mädchen erwähnt. Die Interessen der Mädchen erscheinen dagegen als eher farblos und unauffällig.

Bei der Beobachtung und Befragung von hochbegabten Kindern werden weitere Unterschiede deutlich: Neben Comics und Witzbüchern lesen Jungen doppelt so häufig Sachbücher und Nachschlagewerke, bevorzugt für Naturwissenschaften, Geographie, Geschichte. Mädchen lesen sehr viel und bevorzugen Mädchen- und Jugendromane sowie Pferdebücher.[22]

Bei mathematisch hochbegabten Vor- und Grundschülerinnen (wie bei allen Mädchen) ist das Interesse für Computer deutlich weniger stark ausgeprägt als bei Jungen. Die jeweils zehn höchstbegabten Grundschüler/innen unserer Beratungsstichprobe nannten folgende Berufswünsche:

Mädchen	Jungen
Kindergärtnerin	Formel-1-Rennfahrer
Bäuerin	Pilot
Tierpflegerin	Polizist
Tierpflegerin	Feuerwehrmann
Tierärztin	Lehrer
Zoologin	Computerfachmann
Ärztin	Physiker
Lehrerin	Chemiker
Kinderbuchautorin	Biologe
«Herr Doktor»	Ornithologe
	Wetterbiologe
	Weltraumforscher
	Wissenschaftler
	Erfinder

Der elterliche Berufsstatus beider Gruppen war gleich, Mehrfachnennungen waren möglich.

Die Beantwortung eines Fragebogens mit Spielzeuglisten, auf
denen Eltern Spielzeugbesitz sowie die Spielzeugnutzung ankreuzen sollten, ergab nach Rost und Hanses (1993) zwischen
hochbegabten und durchschnittlich begabten Drittkläßlern
kaum Unterschiede. Nur für Spielzeugnutzung fand sich ein
bedeutsamer Befund: Hochbegabte benutzten seltener jungen-
typisches Spielzeug. Beim Spielzeugbesitz deuten «typisch gegengeschlechtliche Spielzeuge» auf gewisse Interessenähnlich-
keiten hin: Jungen besaßen auch Webrahmen, Springseile,
Kasperle-Puppen, die Mädchen auch Computer. Die hochbegabten Mädchen spielten mehr mit Werkzeugkästen als die
nicht hochbegabten, die Jungen dagegen weniger mit Werkzeugkästen als die durchschnittlich begabten Jungen. Insgesamt verwendeten die hochbegabten Jungen weniger jungen-
typisches Spielzeug.[23]
Den Erkenntnissen der allgemeinen Intelligenzforschung
entsprechend werden mit zunehmender Intelligenz die Geschlechterunterschiede geringer. Hochbegabte Mädchen ähneln demnach in ihren kognitiv-intellektuellen Interessen und
Verhaltensweisen eher hochbegabten Jungen als durchschnittlich begabten Mädchen, lassen aber bei vielen Interessen,

Werthaltungen und Verhaltensweisen typisch weibliche Eigenarten erkennen (Person-Orientierung). Dadurch ergibt sich eine Art «Zwischenstellung», die in den üblichen Kindergärten und Schulen, wo selten mehr als ein hochbegabtes Kind in einer Klasse ist, entweder auf eine Isolierung des Mädchens hinausläuft oder einen Anpassungsdruck an die Interessen und Beschäftigungen der durchschnittlich begabten Mädchen erzeugt (Fox und Zimmermann 1985).

Auch bei den Jugendlichen, die Handte (1987) mit dem Interessenfragebogen (DIT) befragte, deutete sich eine stärkere Interessenangleichung zwischen hochbegabten Jungen und Mädchen an, wobei letztere mehr technisch-naturwissenschaftlich-mathematisch interessiert waren als die Mädchen der durchschnittlich begabten Kontrollgruppe.

Während vor allem die jüngeren Mädchen typisch weibliche Beschäftigungen ablehnen, also den Jungen ähneln, fällt bei den älteren Kindern, deutlich ab der Pubertät, das breitere Interessen-, Fähigkeiten- und Vorliebenspektrum der Mädchen auf («multipotentiality», vgl. Kerr 2000). Bei älteren Mädchen, die zur fachpsychologischen Beratung von den Eltern gebracht werden, z. B. wegen Überspringens einer Gymnasialklasse, klagen Eltern nicht selten darüber, daß ihre Töchter «überall so gut seien», daß sie sich für nichts «richtig» entscheiden können.

Ähnliche Beobachtungen finden sich bei Jugendlichen, die der Mathematischen Schülergesellschaft (MSG) der ehemaligen DDR angehörten, deren Ziel u. a. die Befähigung zur Teilnahme an der Mathematik-Olympiade war. Ein Drittel der Teilnehmer waren Mädchen. Es bestanden keine Begabungsunterschiede zwischen Mädchen und Jungen, wohl aber Unterschiede im Arbeitsstil: größere Sauberkeit, Ordentlichkeit und Übersichtlichkeit der Arbeiten von Mädchen (vgl. Nietzsch 1990).

Nietzsch berichtet, daß Jungen frühzeitiger fachlich festgelegt sind auf einen bestimmten Bereich, etwa das Mathematikstudium. Die geförderten Mädchen dagegen wählen häufig Medizin, biologische Fächer oder Sprachwissenschaften. Und obwohl sie in den Computerzirkeln mit dem gleichen Engagement und der gleichen Intensität arbeiten, studieren sie selten technische Fächer. Weiterhin fiel auf, daß die mathematisch hochbegabten Mädchen Themen wählen, die einen Bezug zu anderen Fachrichtungen haben: z. B. Mathematische Physik, Biostatistik oder Medizin (vgl. oben: «organische Fächer»).

Viele hochbegabte Jugendliche weisen ein großes Interessenspektrum auf. Aber hochbegabte Mädchen scheinen häufiger als hochbegabte Jungen so vielseitig begabt zu sein, daß sie hinsichtlich ihres zukünftigen Berufs die «Qual der Wahl» haben.

Selbstvertrauen und Selbstbewertung

Aufgrund der bislang geschilderten Eigenarten des weiblichen Geschlechts sollten Mädchen Tätigkeiten mit hohen feinmotorischen oder verbalen Anteilen, geringem Lärm, wenig Schmutz- und Geruchsbelästigungen bevorzugen. Es wäre verständlich, wenn sie bei einigen technisch-mathematischen Problemen und solchen Aufgaben, die räumliches Vorstellungsvermögen erfordern, häufiger als Jungen Streß und Leistungsdruck erleben, was ihre Leistungen bei diesen Aufgaben beeinträchtigen würde. Hinzutreten könnte eine erlebte höhere Irritierbarkeit und Bewertungsängstlichkeit, über die mathematisch hochbegabte Mädchen berichten. Dies senkt ihre Leistungen stärker als die der Jungen, die allgemein dazu neigen, ihre Leistungen aufzuwerten.

Die bei Männern in verschiedenen Bereichen beobachtete Tendenz zur Überschätzung der eigenen Fähigkeiten kommt auch bei Hochbegabten zum Tragen. Hochbegabte Jungen werten ihre Leistungen eher auf, Mädchen dagegen lassen eher eine Unterschätzung ihrer Möglichkeiten erkennen (vgl. Heller 1992).

Diese geschlechtstypischen Selbstbewertungsstile sind möglicherweise durch die jeweiligen geschlechtstypischen Erfahrungen und Verhaltensweisen beeinflußt, die Mädchen und Jungen schon ab dem Vorschulalter in ihrer sozialen (Peer-) Umwelt machen (vgl. Maccoby 2000).

Der Bedeutung möglicher Sozialisationseinflüsse zur Erklärung der Unterschiede in den SAT-M-Testleistungen von hochbegabten Mädchen und Jungen ist Benbow (1990) nachgegangen. Sie fand nur geringe Unterschiede zwischen Mädchen und Jungen bezüglich der Einstellungen, Werte, Ermutigung durch Eltern, Spielzeugpräferenzen, Lebensstilerwartungen und Vorerfahrung mit Mathematik. Der einzige deutliche und konsistente Unterschied war ein geringeres Selbstvertrauen der hochbegabten Mädchen in ihre eigene Leistungsfähigkeit.

Dabei ist das allgemeine Selbstwertgefühl und die Akzeptanz der eigenen Person von hochbegabten Mädchen denen der Jungen vergleichbar, wie Gröner und Holzinger (1995) in ihrer Diplomarbeit bei sieben bis sechzehn Jahre alten hochbegabten Mädchen (N = 42) und Jungen (N = 43) fanden. Unterscheidet man davon jedoch das leistungsbezogene Selbst im Sinne der Wahrnehmung der eigenen Fähigkeiten und deren Einschätzung, so weisen Jungen ein höheres Leistungsselbst auf als Mädchen. Das gilt auch für nicht als hochbegabt identifizierte Jugendliche. Hochbegabte Mädchen jedoch, die wissen, daß sie hochbegabt sind und damit von der Familie und in der Schule akzeptiert werden, unterschieden sich in ihrer Selbstdarstellung nicht von den Jungen. Die Höhe der Leistungsmotivation war bei beiden Geschlechtern vergleichbar.

Dieses Ergebnis klärt einige Widersprüche auf, die in verschiedenen Studien auftauchen und von der Stichprobe abhängen: Für identifizierte Mädchen, die aus Förderklassen, Hochbegabtenschulen oder Forschungsprojekten stammen, bzw. nicht identifizierte Mädchen werden unterschiedliche Ergebnisse berichtet. Bei identifizierten Mädchen ergeben sich danach kaum Geschlechtereffekte. Eine vorschnelle Generalisierung dieses Befundes, eine Übertragung auf nicht identifizierte oder gar die Gesamtheit aller hochbegabten Mädchen ist jedoch unzulässig (vgl. Rost 2000).

In Übereinstimmung mit den Selbsteinschätzungen der hochbegabten Jugendlichen stehen die Merkmalszuschreibungen von Eltern und Lehrern. Sie halten hochbegabte Mädchen für fleißiger, anstrengungsbereiter, aber weniger begabt in

Mathematik und Naturwissenschaften als Jungen, die wiederum ihre Mitschülerinnen als weniger begabt ansehen. Da sehr gute Mathematikleistungen als prototypisch für hohe Intelligenz und Denkfähigkeit gelten, hat diese Einschätzung weitreichende Konsequenzen.

Dementsprechend meinen Lehrer, daß hochbegabte Jungen «kritischere Denk- und Problemlösefähigkeiten besitzen» (Cooley, Schauvin und Karnes 1984, zit. nach Kerr 2000, S. 654) und rechnen sie daher seltener zu den Klassenbesten (Heller 1990).

Mädchen, auch hochbegabte, schreiben ihre augenfällig guten Leistungen, ihre Erfolge in höherem Maße ihrer Anstrengung, Glück oder der Aufgabenleichtigkeit zu. Jungen führen ihren Erfolg gemäß ihrer Tendenz zur Überschätzung auf ihre (hohe) Begabung zurück.

Damit könnte zusammenhängen, daß Mädchen bei schwerer werdenden Aufgaben schneller resignieren, die Aufgaben nicht bearbeiten, ja nicht einmal probieren, was zu einer zufällig richtigen Lösung führen könnte. Dieser Zweifel an der eigenen Begabung würde auch erklären, warum Mädchen Hochbegabtenförderprogramme bei nachgewiesenermaßen gleichen Fähigkeiten eher verlassen als Jungen.

An den ungünstigen Zuschreibungsmustern, die ab der Pubertät stärker auftreten, ändert auch die Mädchen zugestandene höhere sprachliche und soziale Kompetenz nichts.

Als Erklärung bietet Kerr (2000) gesellschaftliche Erwartungen an, nach denen bis zur Adoleszenz eine hohe Intelligenz bei Mädchen als eine positive Eigenschaft angesehen wird, danach, wenn gegengeschlechtliche Partnerbeziehungen bedeutsam werden, negativ bewertet würden. In diesem Zeitraum wäre für Mädchen die (körperliche) Attraktivität wichtiger, eine herausragende (mathematische) Intelligenz würde als unweiblich angesehen und könnte die Attraktivität und damit die Chancen verringern, einen Partner zu finden. Bei dieser plausibel erscheinenden Argumentation sollten jedoch die direkt wirksamen hormonellen Einflüsse nicht außer acht gelassen werden.

Aufgrund ihrer hohen sozialen Sensibilität nehmen Mädchen Ablehnungen intensiv wahr: Durch Anpassungen an die Erwartungen ihrer sozialen Umwelt versuchen sie, dem entgegenzutreten. Sie spielen ihre intellektuellen Fähigkeiten herunter, werden im Unterricht ruhiger, kapseln sich eher ab, ziehen sich zurück.

Als ein Hinweis auf eine negativere Selbstwahrnehmung und Selbstunsicherheit bei jugendlichen Mädchen mag die in einigen Fällen von Eltern vor der Beratung gestellte ernsthafte Frage gelten, ob ihre Tochter «zu klug oder zu dumm sei», um in der Schule erfolgreich zu sein Diese Frage wurde uns bei männlichen Jugendlichen nie gestellt.

Mädchen werden seltener als hochbegabt erkannt

In herausragenden beruflichen Positionen in Wissenschaft, Wirtschaft oder Politik sind hochbegabte Frauen statistisch signifikant seltener vertreten, als es aufgrund ihrer geistigen Fähigkeiten zu erwarten wäre. Doch nicht erst im Erwachsenenalter, schon ab dem Vorschulalter fällt auf, daß in hochbegabungsrelevanten Einrichtungen der Anteil der Mädchen in Förderkursen, Hochbegabtenkindergärten und -schulen oder Beratungsstellen deutlich geringer ist als der von Jungen. Für das Aufsuchen der Hochbegabtenberatungsstellen besteht ein Geschlechterverhältnis von 1 : 2 bzw. 1 : 3, d. h. zwei- bis dreimal so viele Jungen wie Mädchen, wobei der Anteil der Mädchen relativ stabil bleibend ca. 30 % beträgt (Heller 1990). Dabei berichten Prado und Wieczerkowski (1990) sowie Stapf (1990) unabhängig voneinander, daß ein großer Teil der Mädchen nur zufällig bei der Untersuchung des Bruders als überdurchschnittlich begabt entdeckt wurde.

Die Chance der Mädchen, als hochbegabt identifiziert zu werden, erweist sich immer wieder als deutlich niedriger als die hochbegabter Jungen. Dabei spielt die allgemeine Tendenz von Eltern, dem Schulerfolg von Söhnen eine größere Bedeutung zuzumessen, eine wichtige Rolle. In vielen Fällen suchen die Eltern von Jungen, oft die Mütter, sehr aktiv nach psychologischer Hilfe für die Söhne. Sie setzen sich für die kognitive

Förderung der Töchter weniger stark ein und glauben seltener an deren sehr hohe Begabung.

Hochbegabte Mädchen verhalten sich oft unauffälliger. Sie haben weniger «spektakuläre», auf eine Hochbegabung hinweisende Interessen. Diese Eigenarten und Verhaltensweisen verringern meines Erachtens die Wahrscheinlichkeit, daß sie als hochbegabt identifiziert und gefördert werden. Sie stören seltener als Jungen in Kindergarten und Schule. Sie scheinen oft, nicht immer, besser zu «funktionieren». Stärker als hochbegabte Jungen sind sie darauf bedacht, ihren «Freundinnen» und Mitschülerinnen zu gleichen, was ihnen vielleicht auch aufgrund ihrer höheren Sozialkompetenz besser gelingt.

Erste Befunde untermauern teilweise diese Vermutungen: Bei Jungen unserer Beratungsstichprobe fanden wir in 76 % der Fälle störendes Verhalten wie Clownerien. Bei Mädchen, die viel stärker als Jungen über die Langeweile in der Schule klagen und signifikant häufiger als Jungen ältere Spielpartner bevorzugen, wurden von den Eltern nur in 24 % der Fälle Verhaltensauffälligkeiten als Anlaß für eine psychologische Untersuchung angegeben.

Anders als bei Jungen und Männern taucht bei hochbegabten Mädchen und Frauen das Problem auf, einen passenden Lebens- und Ehepartner zu finden. Da sie nach unseren Erfahrungen sehr hohe geistige wie moralische Ansprüche an die Kandidaten stellen, bleiben u. a. aus diesen Gründen hochbegabte Frauen oft ohne feste Partner.

Die Chancen für eine positive Entwicklung hochbegabter Mädchen können sich durch folgende Bedingungen erhöhen, wobei aufgrund individueller Persönlichkeitseigenarten die Entwicklung einzelner Mädchen sehr unterschiedlich verlaufen kann:

– Eine frühe Identifikation und daraus folgend eine frühe Einschulung hochbegabter Mädchen (eher mit fünf Jahren als mit sechs Jahren) erscheint förderlich.
– Eine Aufklärung von Eltern und Lehrern über das geringere Selbstvertrauen der Mädchen vor allem bzgl. männ-

licher Domänen (Mathematik und Naturwissenschaften) sowie Stärkung des Selbstbewußtseins u. a. durch Zuschreibungen der sehr guten Leistungen auf die Fähigkeiten der Mädchen (vgl. Ziegler 2002).

– Eine Akzeptanz auch geschlechtsuntypischer Interessen sowie soziale Unterstützungen durch Eltern, Erzieher und Lehrer, die zu Fördermaßnahmen führen, sollten verstärkt gezeigt werden.

– Mädchen und junge Frauen sind gezielter an «Hochbegabten-Gruppen» wie Mensa, DGhK, «Jugend forscht» und andere Wettbewerbe heranzuführen.

– Während der Ausbildung und Berufstätigkeit muß eine gute Kinderbetreuung gewährleistet sein, diese erst ermöglicht hochbegabten Frauen, Familie und Kinder mit der sehr langen Ausbildung und einem fordernden Beruf zu vereinbaren (s. Scarr 1990).

Zur Entwicklung hochbegabter Kinder

Ohne profundes Wissen über ihre Entwicklung bleiben Aussagen zur Persönlichkeit Hochbegabter unvollkommen. Eigenarten und Verhalten erwachsener Personen sind besser zu verstehen, wenn die Prozesse ihrer Entwicklung bekannt sind. Sie bilden die Grundlage für ein umfassendes Verständnis der kindlichen Persönlichkeit. Aufbauend auf entwicklungspsychologischen Kenntnissen können Hemmnisse wirksamer verhindert und notwendige Förderungen gezielter dargeboten werden. Dadurch kann die Entfaltung der kindlichen Potentiale erleichtert und Fehlentwicklungen vorbeugend entgegengewirkt werden.

Ein Vorschulkind vor Unterforderung durch eine rechtzeitige Einschulung zu bewahren, wäre ein Beispiel für eine «präventive» Fördermaßnahme. Entwicklung, als Prozeß lebenslang stattfindender körperlicher und psychischer Veränderungen, beginnt mit der Befruchtung einer Eizelle und endet mit dem Tod. Wollte man die gesamte Entwicklung Hochbegabter erfassen, wären systematische Untersuchungen von Geburt an bis zum Lebensende erforderlich, was aus forschungspragmatischen Gründen kaum möglich ist. Tausende von Neugeborenen müßten untersucht und frühestmöglich identifiziert werden, um dann eine genügend große Gruppe Hochbegabter mit entsprechender Kontrollgruppe bis zum Lebensende zu beobachten (vgl. Gottfried et al. 1994).

Der Mangel an entwicklungspsychologischem Wissen wird zwar beklagt und Forderungen nach systematischen Längsschnittstudien mit entsprechenden Kontrollgruppen gestellt, aber selten in die Tat umgesetzt (Horowitz und O'Brien 1985, Stapf und Stapf 1988).

Die meisten Hochbegabtenstudien sind Querschnittstudien, bei denen die hochbegabten Kinder zu einem bestimmten Zeitpunkt untersucht und mit anderen Kindern (Vergleichsgruppen) verglichen werden. Gemittelte Gruppenwerte, auch wenn sie an zwei Zeitpunkten erhoben wurden, sagen wenig über die Entwicklung der Kinder aus: Was benötigt wird, sind Angaben über individuelle Entwicklungsprozesse und -verläufe, die erst die Beantwortung folgender Fragen gestatten wie: Was wird aus einem Kind, das mit fünf Jahren als hochbegabt identifiziert und früh eingeschult wurde, wie ergeht es ihm in der Grundschule, im Gymnasium? Wie erlebt eine Schülerin, die mit acht Jahren eine Klasse übersprang und ins Gymnasium überwechselte, ihre Mitschüler in der Pubertät? Bleiben ihre Leistungen gut oder sind große Leistungsschwankungen zu verzeichnen?

Die Erforschung der Entwicklungsverläufe Hochbegabter im Vergleich zu Nicht-Hochbegabten gestattet die Überprüfung einer mutmaßlichen besonderen «Verletzlichkeit» bzw. «Robustheit» Hochbegabter. Nur die früh einsetzende, fortlaufend wiederholte Erfassung der die Entwicklung «erleichternden» bzw. «erschwerenden» äußeren Bedingungen bei den als dispositionell unterschiedlich ausgestatteten hochbegabten Kindern, erlaubt Aussagen über mögliche Entwicklungsbesonderheiten Hochbegabter. Unter der Annahme einer wechselseitigen Beeinflussung von Organismus- und Umweltbedingungen wären für dispositionell «anfällige» Kinder, d.h. für solche mit «schwierigem Temperament», bei widrigen Umweltbedingungen negative Entwicklungen zu erwarten. Dabei ist nicht geklärt, ob Hochbegabte stärker als durchschnittlich Begabte über besondere Widerstandskräfte bzw. sogenannte «selbstheilende Kräfte» verfügen. In Deutschland durchgeführte Studien – Münchner Hochbegabungsstudie (Heller 1992), Marburger Hochbegabtenprojekt (Rost 1993, 2000) – sind längsschnittlich angelegt, d.h., die Kinder werden zu verschiedenen Zeitpunkten untersucht. Sie setzen aber nicht bereits im Vorschulalter, sondern erst mit dem Grundschulalter ein (1. bzw. 3. Klasse).

Da anfällige Kinder bei Vorliegen extrem hemmender Bedingungen im Grundschul- oder Jugendalter möglicherweise nicht mehr als hochbegabt erkennbar sind, muß eine Hochbegabtenforschung früh einsetzen, um die entsprechenden Erkenntnisse zu erarbeiten. Sie sollte im Vorschulalter beginnen, und zwar bei den ca. drei bis vier Jahre alten Kindern. Eine Zeit, in der z.B. Eltern vermehrt Fragen zu ihren hochbegabten Kindern stellen, die eine wissenschaftlich abgesicherte Beratung erfordern.

Entwicklungspsychologische Besonderheiten bei Hochbegabten: Asynchrone Entwicklungen?

Die kindliche Entwicklung verläuft in den verschiedenen Persönlichkeitsbereichen selten vollständig synchron. Kinder weisen unterschiedliche Entwicklungsgeschwindigkeiten in bezug auf ihre kognitiven, motivationalen, sozialen, emotionalen sowie körperlich-motorischen Eigenarten auf. Sogar innerhalb der geistigen Entwicklungsdimensionen, für die, gemäß des Stufenmodells von Piaget, eine Synchronie anzunehmen wäre, fand sich über die verschiedenen Wissensbereiche hinweg «wenig Evidenz für die Annahmen einer Synchronie der Veränderungen» (Sodian 1995, S. 626), ein Befund, der gegen das Piagetsche Stufenmodell spricht.

Bei hochbegabten Kindern, die in einem Bereich über sehr hohe Fähigkeiten verfügen, wären demnach große Diskrepanzen (Asynchronien) zwischen einzelnen Bereichen denkbar, vor allem dann, wenn sie in einem anderen, nicht kognitiven Bereich eher niedrige Fähigkeiten aufweisen (vgl. Stapf und Stapf 1988, Feger und Prado 1998).

Individuelle Entwicklungen Hochbegabter, über die vorwiegend biographische Berichte und Einzelfallstudien Auskunft geben, können prinzipiell in zweierlei Hinsicht asynchron verlaufen (vgl. Stapf und Stapf 1988):

– Hochbegabte entwickeln sich innerhalb der verschiedenen Bereiche ihrer Persönlichkeit unterschiedlich (intraindividuelle Asynchronie).
– Hochbegabte entwickeln sich im Vergleich zu Gleichaltrigen unterschiedlich (interindividuelle Asynchronie).

Nach kritischer Sicht der Befunde kamen wir (Stapf und Stapf 1988) zu der Ansicht, daß im kognitiven und psychosozialen Bereich die Entwicklung Hochbegabter intraindividuell eher synchron verläuft. Kognitive und soziale Fähigkeiten (Kompetenzen) sowie motivationale und Temperamentseigenarten, soweit sie leistungsbezogen sind, operieren auf einem vergleichbaren Entwicklungsniveau.

Mutmaßungen über eine allgemein stärkere Verletzlichkeit Hochbegabter aufgrund von Asynchronien (Terrassier 1985) konnten bislang nicht bestätigt werden.

Unklar erscheint die Befundlage indes in Hinblick auf die körperlich-motorische Entwicklung Hochbegabter, die sich von durchschnittlich Begabten hierin nicht unterscheiden, wobei «der physische Entwicklungsstand in keiner Altersstufe eine verallgemeinerbare Beziehung zum Niveau der kognitiven Entwicklung aufweist» (Roedell et al. 1989, S. 11). Das bedeutet, daß kognitive und motorische Persönlichkeitsmerkmale zunächst eher unabhängig voneinander sind. Intellektuell hochbegabte Kinder können (dispositionell) über sehr hohe wie sehr niedrige körperlich-motorische Fähigkeiten in der Fein- wie Grobmotorik verfügen.

Annahmen über eine beschleunigte motorische Entwicklung bei Hochbegabten beruhen auf Angaben von Terman, der die hochbegabten Kinder seiner Studie als motorisch früher entwickelt beschreibt. Dieses Ergebnis läßt sich jedoch mit einem möglichen Stichprobeneffekt erklären. Termans Stichprobe enthält einen hohen Anteil von Kindern aus Familien mit überdurchschnittlich hohem sozio-ökonomischen Status, die damals deutlich besser ernährt waren als die Kinder aus ärmeren Gesellschaftsschichten, was deren körperliche Entwicklung beeinflußt haben kann. Neuere Beobachtungen sprechen für eine körperlich-motorische Entwicklungsgeschwindigkeit, die sich nicht von der durchschnittlich Begabter unterscheidet, d. h. für eine interindividuelle Synchronie.

Auffällig, weil leicht beobachtbar, sind eher intraindividuelle asynchrone Entwicklungen bei Hochbegabten in bezug auf ihre motorischen Fertigkeiten, und zwar der Grob- wie Feinmotorik. Wenn ihre motorischen Fertigkeiten in der Regel ungefähr denen ihrer Alterskameraden entsprechen, ihre Denkfähigkeiten aber schon sehr weit entwickelt sind, ist der

Unterschied zwischen geistiger und motorischer Entwicklung groß. Weist ein hochbegabtes Kind sogar eine verzögerte motorische Entwicklung auf, was im Vorschulalter insbesondere bei Jungen nicht selten beobachtet wird, erscheint die Kluft zwischen dem, was das Kind «im Kopf hat» und dem, was es mit den Händen oder Fingern davon umsetzen kann, «riesengroß» (vgl. Webb 1993).

Erfahrungsgemäß nehmen hochbegabte Kinder diese Diskrepanzen intensiv als Mangel wahr und leiden unter ihrem «Versagen». Da ihr Denken so viel weiter entwickelt ist als ihre Feinmotorik, können sie z. B. eine Geschichte, die sie sich ausdenken, nicht niederschreiben. Eine solche deutlich erlebte Diskrepanz zwischen kognitiven und motorischen Verhaltensmöglichkeiten, aufgrund derer sie selbstgesteckte Ziele nicht erreichen können, führt zu starken Enttäuschungen. Sie hat auch für die weitere Entwicklung negative sozial-emotionale wie motivationale Auswirkungen. Hochbegabte Vorschulkinder reagieren nicht selten auf diese entwicklungs- wie dispositionell bedingten motorischen Schwächen, indem sie von ihnen nicht perfekt beherrschte Tätigkeiten wie Malen oder Ausschneiden verweigern. Das kann zu Spannungen mit den Erzieherinnen und anderen Kindern führen. Belastend auf die Eltern-Kind-Beziehung wirkt sich dies in speziellen Fällen dann aus, wenn hochbegabte Kinder für ihre Spiele und Lieblingsbeschäftigungen (z. B. Schreiben, Pläne-Zeichnen) geschickte Hände benötigen. Für die Erwachsenen, die an ihr «vernünftiges» Kind gewöhnt sind, völlig überraschend, reagieren hochbegabte Vorschul- und Grundschulkinder mit starken Wutausbrüchen, wenn sie wegen ihrer (normalen) körperlichen Unzulänglichkeiten die Dinge nicht wie geplant umsetzen können. Je mehr sie versuchen, ihre «Ungeschicklichkeit» zu bezwingen, d. h. eine bestimmte Maschine zu bauen oder ein Blatt in bestimmter Weise zu falten, um so größer wird ihre Enttäuschung und damit ihr Zorn (vgl. Webb 1993). Appelle an die «Vernunft» überfordern die Kinder in dieser Situation, deren Zorn sich in Beschimpfungen (meist) der Mütter und Zerstörung von Gegenständen äußern kann. Diese heftige Reaktion, Ausdruck einer Hilflosigkeit und maßlosen Enttäuschung, wird fälschlicherweise als Hinweis auf eine emotionale Unreife interpretiert.

Ein häufiger auftretendes jähzorniges Verhalten ist jedoch zugleich als ein Temperamentsmerkmal anzusehen. Solcherart Verhalten ist auch bei Jugendlichen und Erwachsenen als Schreien, Beschimpfen, Türen-Zuschlagen usw. zu beobachten, es würde aber kaum als «unreifes Verhalten» bezeichnet werden. Da Erblichkeit beim Temperament eine Rolle spielt, findet sich eine Tendenz zu jähzornigem Verhalten häufig bei einem näheren Verwandten ((Groß-)Elternteil, Onkel, Cousine).

Als «sozial-emotionale» Unreife ebenfalls fehlgedeutet wird bei vielen hochbegabten Vorschulkindern die beobachtbare, sehr enge Beziehung zu ihren Müttern. Diese im Laufe der Entwicklung entstandene, oft lang andauernde Bindung scheint erklärbar dadurch, daß Mütter oft die einzigen Personen sind, die ihre Kinder begreifen, sich in dieses Kind einfühlen können und wollen, deren Bedürfnisse verstehen und ihnen nachkommen. Die «Kompliziertheit» des hochbegabten Kindes, seine Gegensätzlichkeit (auf der einen Seite redet und denkt es ähnlich wie ein Erwachsener, auf der anderen Seite weint und tobt es wie ein Kleinkind) ist freilich selbst für sehr einfühlsame Mütter nicht immer leicht nachvollziehbar.

Eine Reihe entwicklungsbezogener Schwierigkeiten Hochbegabter wird nicht durch intraindividuelle, vielmehr durch interindividuelle Asynchronien bedingt, d.h. durch auffällige Unterschiede zwischen ihnen und den anderen Kindern. Beim Zusammentreffen mit Gleichaltrigen, meist zum ersten Mal beim Eintritt in den Kindergarten, erleben viele, vor allem Höchstbegabte, daß sie «anders» sind. Am deutlichsten zeigen sich die Unterschiede beim Sprechen. Hochbegabte Vorschulkinder argumentieren und diskutieren sehr eloquent. Sie benutzen eine komplexere Sprache mit Nebensätzen und Fremdwörtern, mit deutlich größerem Wortschatz als die Gleichaltrigen. Es verwundert daher nicht, daß die anderen Kinder sie nicht verstehen. Aber sie verstehen auch nicht, daß sie von den Gleichaltrigen nicht verstanden werden.

Asynchronien, ebenso wie die Entwicklungsgeschwindigkeiten, fallen von Kind zu Kind sehr unterschiedlich aus. Da die Entwicklung bei Mädchen im Vergleich zu Jungen beschleunigt ist, denn sie sind auch im Vorschulalter feinmotorisch schon sehr geschickt, fallen asynchrone Entwicklungen bei ihnen eventuell nicht so stark auf.

Frühreif: Ein verwirrender Begriff

In der amerikanischen Literatur findet man häufiger den Begriff «precocious» bei der Beschreibung von hochbegabten Kindern. In deutschen Arbeiten ist von einer «vorauseilenden» Entwicklung die Rede. Das kann insofern irreführend sein, als es den Eindruck erweckt, diese Kinder seien «nur» entwicklungsmäßig weiter oder schneller entwickelt als andere Kinder.

Hochbegabte erscheinen als «vorauseilend», weil sie geistige, moralische und soziale Kompetenzen zeigen, über die oft erst deutlich ältere Kinder oder Erwachsene verfügen. Aber den meisten Erwachsenen gelingt es niemals, so abstrakt zu denken wie hochbegabte Kinder!

Im Alltag ist diese Tatsache nicht einfach erkennbar, weil hochbegabten Kindern in vielen Bereichen Kenntnisse und Erfahrungen, bestimmte Strategien und die Übung fehlen, die sie in ihrem noch kurzen Leben nicht erlangen konnten. Daher sind ihnen viele Erwachsene (noch) beim Lösen wissens- und erfahrungsgebundener Probleme überlegen, wie bei schulischen Aufgaben, die z. B. die Kenntnis von Rechenregeln erfordern, oder Aufgaben, die eine Beherrschung körperlich-motorischer Fertigkeiten voraussetzen.

Eine allgemeine höhere Entwicklungsgeschwindigkeit ist empirisch nicht belegt. Es gibt keine gesicherten Befunde dafür, daß Hochbegabte etwa die Pubertät früher erreichen als andere Jugendliche. Vielmehr gibt es hochbegabte Früh- wie Spätentwickler, wie Biographien berühmter Wissenschaftler zu bestätigen scheinen (Prause 1986).

Wenn das Verhalten hochbegabter Kinder als frühreif bezeichnet wird, kann der Eindruck erweckt werden, das hohe Niveau des Denkens, der Sprache, der mathematischen Vorstellungskraft, auf dem schon Vorschulkinder operieren, könnte nach einigen Jahren auch von anderen Kindern erreicht werden. Oberflächlich betrachtet mag dies so aussehen, z.B. bei sehr leichten Aufgaben (Sprechen in der Alltagssprache, Lösen leichter Rechenaufgaben usw.). Erfahrungsgemäß bleiben die Unterschiede in der Intelligenz zwischen hochbegabten Vorschulkindern, Schulkindern oder Jugendlichen und den durchschnittlich begabten aber bestehen. Wenn die hochbegabten Kinder richtig diagnostiziert wurden, bleibt der Abstand zwischen ihren geistigen Fähigkeiten und denen der anderen Kinder relativ stabil (Weinert 2001).

Hochbegabte Säuglinge und Kleinkinder

Von Geburt an sind erhebliche Intelligenzunterschiede zwischen Menschen vorhanden, erkennbar an der bedeutsamen Beziehung zwischen dem Aufmerksamkeitsverhalten drei bis vier Monate alter Babys und ihrer im Vorschul- und Schulalter erfaßten Intelligenz. Da diese Unterschiede relativ stabil bleiben, wird aus einem klugen Neugeborenen ein kluger Erwachsener, wenn nicht außerordentliche Ereignisse (Krankheit, Unfall, extremer Mangel an Anregung oder Anforderungen) die im Regelfall bestehende Entwicklungskontinuität stören. Diesen Schluß lassen die Befunde der Terman Studie zu: «all the evidence indicates that with few exceptions the superior child becomes the superior adult» (Oden 1968, zitiert nach Subotnik und Arnold 1994, S. 6).

Der wissenschaftliche Nachweis dafür, daß aus einem hochbegabten Säugling ein hochbegabter Erwachsener wird, ist allerdings schwer zu erbringen; es spricht vieles dafür! Es fehlen bislang Meßverfahren, um im Säuglings- und Kleinkindalter (0 bis 3 Jahre) die Intelligenz so präzise zu erfassen, daß sich z.B. sehr intelligente Babys von hochbegabten eindeutig unterscheiden ließen.

Aus der Intelligenzforschung ist bekannt, daß das Wahrnehmungsverhalten von Säuglingen brauchbare Hinweise auf deren geistige Leistungsfähigkeit liefert. Wie Babys ihre Umwelt fixieren, vor allem, wie lange sie neue Reize betrachten, gibt Aufschluß darüber, wie schnell, wie gut und wie präzise sie neue Dinge von bekannten unterscheiden können. Das heißt, sie haben die Informationen der Umwelt richtig verarbeitet und behalten. Intelligentere Säuglinge brauchen zur Verarbeitung neuer Reize weniger Zeit als nicht so intelligente. Das hängt mit ihrer Fähigkeit zusammen, Ordnung und Regelhaftigkeit, systematische Strukturen in der Umwelt zu erkennen (i. e. Intelligenz). Wenn solche Strukturen «begriffen» wurden, zeigen Babys einen Ausdruck der Freude, sie lächeln bei ihren «Problemlösungen».

Wie lassen sich erste Anzeichen für eine sehr hohe Intelligenz, eine intellektuelle Hochbegabung entdecken? Berichte von Eltern später als hochbegabt identifizierter Kinder, die ausführlicher nach Beobachtungen in der Neugeborenen- und Säuglingszeit befragt werden, enthalten übereinstimmende Angaben über eine erstaunliche Wachheit der Neugeborenen, die, «kaum auf der Welt, interessiert, mit großen offenen Augen herumschauen, sehr früh den Blickkontakt mit den Eltern suchen, sehr früh den Kopf heben und drehen» (vgl. Stapf und Stapf 1988).

Wenn auch solche Berichte immer mit Vorsicht aufzunehmen sind, so läßt die Tatsache, daß diese Schilderungen nur von solchen Eltern erfolgen, deren Kinder später als hoch- oder höchstbegabt identifiziert wurden, gewisse diagnostische Schlußfolgerungen zu. Bei den sich als gut bis durchschnittlich intelligent erweisenden Kindern, deren Eltern auch mit der Frage nach einer möglichen Hochbegabung zur Beratung kamen, erhielten wir keine derartigen Schilderungen.

In der Literatur bekannt wurde die Entwicklung eines hochbegabten Mädchens, Felicia, die von Geburt bis zum Alter von acht Jahren regelmäßig im Vergleich mit zwei anderen, nicht hochbegabten Neugeborenen beobachtet wurde (Brown zitiert nach Lewis und Michalson 1985). Ihre Hochbegabung war erst mit acht Jahren festgestellt worden. Felicia ließ von Geburt an eine starke Expressivität, wache Aufmerksamkeit und ein ungewöhnlich hohes Maß an Eigengerichtetheit erkennen. Lewis und Michalson (1985) berichten, daß sie wach blieb, ohne zu schreien, sie verhielt sich sehr interaktiv gegenüber ihrer sozialen Umwelt, angespannt aktiv und schnell reagierend gegenüber Umweltreizen. Die anderen Babys waren deutlich schläfriger, eher reaktiv, d. h., sie suchten seltener von sich aus Reize. Felicia reagierte mit einem positiven Affekt auf visuelle Reize, sie hörte abrupt auf zu schreien, um (neue) Reize visuell zu explorieren. Sie zeigte ein geringes Maß an grobmotorischer Aktivität.

Wie Eltern der bei uns untersuchten hochbegabten Kinder, beschreiben auch die Eltern von Felicia deren weit geöffnete Augen. Es fiel auf, daß sie im Gegensatz zu den anderen Kindern, aus eigenem Antrieb, sehr intensiv in ihrem Bett herumschaute, ihre Umwelt aufmerksam und neugierig aufnahm.

Ein Vergleich der Vorschulkinder unserer Beratungsstichprobe ergab, daß die Eltern der Kinder, die sich später als hochbegabt erwiesen, im Unterschied zu Eltern von nicht hochbegabten Kindern signifikant häufiger eine außergewöhnliche Wachheit ihrer Kinder in den ersten beiden Lebenswochen beobachteten. In einigen Fällen berichten Eltern Hochbegabter spontan, sie seien von Geburtshelfern, Hebammen, Ärzten daraufhin angesprochen worden, daß ihr Kind «ganz besonders wach und aufmerksam erscheine». Nicht bekannt ist, wie vielen Eltern von nicht hochbegabten Kindern ähnliches gesagt wird.

Felicia war, wie viele Hochbegabte, kein einfach zu handhabendes Baby. Sie forderte ihre Eltern sehr stark, wobei Brown angibt, daß die Mutter als eher passive Partnerin sehr einfühlsam auf sie einging.

Anstrengend sind viele Hochbegabte schon als Babys. Sie zeigen nicht selten schon Unwillen, schreien, protestieren intensiv, weil sie sich im stoffverhangenen Stubenwagen oder die Sicht versperrenden Kinderwagen langweilen.[24] Sie sitzen am liebsten in einem Sitz oder Wippe, möglichst oben auf einem Tisch, von wo aus sie die Familie und das, was um sie herum geschieht, verfolgen können. Sie wollen aufrecht getragen werden, den Kopf gestützt, den Blick frei über die Schulter der Erwachsenen, damit sie ungestört ihre Umwelt erkunden können.

Wie elterlichen Berichten zu entnehmen ist, haben viele, nicht alle hochbegabten Babys und Kleinkinder ein geringeres Schlafbedürfnis als andere Kinder. Sie werden später häufig nachts wach oder schlafen sehr spät ein, können nicht einschlafen, sind nicht müde. Eltern vermuten nicht selten, daß Kind scheine «Angst zu haben, etwas zu verpassen». Trotz des wenigen Schlafs sind sie jedoch gut leistungsfähig. Ihr geringeres Schlafbedürfnis ist kein Anzeichen für irgendeine Art «psychischer» Störung, eher ein Hinweis auf ein rege «arbeitendes» Gehirn.

Später, im Vorschul- und Schulalter, ist über das Schlafverhalten weniger bekannt als aus der frühen Kindheit, vielleicht weil Eltern nicht mehr merken, ob ihre Kinder nachts wach sind, sehr lange im Bett lesen, sich irgendwie beschäftigen.

Eine Untersuchung der hirnelektrischen Aktivität im Schlaflabor an einer sehr kleinen Stichprobe (N = 5) hochbegabter und (N = 17) durchschnittlich begabter Schulkinder (Grubar 1985) schien unterschiedliche Schlafmuster, bei Hochbegabten sehr hohe Raten von REM-Schlaf, zu ergeben, was allerdings als sehr vorläufiges Resultat anzusehen ist und weitere Überprüfungen erfordert.

Neben einer besonderen Neugier war bei Felicia später die Freude am Lernen, eine hohe Motivation, z. B. Spaß bei Intelligenztests, klar erkennbar. Diese Freude bei der Testdurchführung zeigen fast alle bei uns untersuchten Klein- und Vorschulkinder, es sei denn, sie sind hochgradig (mißerfolgs-) ängstlich oder extrem schüchtern und sozial ängstlich.

Die Komplexität der Sprache und des Sprechens, das sie sehr schnell erlernen ist ein wichtiges Merkmal Hochbegabter. Lewis und Michalson (1985) entnahmen elterlichen Berichten, daß hochbegabte Kinder erste Worte früh sprechen und sehr früh Sprache verstehen. Eltern geben auch an, daß Hochbegabte keine Babysprache verwenden. Einfallsreiche Wortschöpfungen fallen auf, wie bei einem knapp Zweijährigen, der, als er zum ersten Mal einen Springbrunnen sah, rief: «Mama, ein Wassersprung».

In dem Tübinger Elternfragebogen zur Entwicklung von Vorschulkindern (TÜEF) geben Eltern Hochbegabter im Vergleich zu durchschnittlich Begabten an, daß ihre Kinder sehr früh ihr erstes Wort sprechen, in einigen Fällen schon mit sieben Monaten, sowie die Verwendung längerer und komplizierterer Sätze. Eine Babysprache wurde bei Hochbegabten nie beobachtet, dafür eine außergewöhnliche Beherrschung der Grammatikregeln.

Neugeborene, Säuglinge und Kleinkinder lassen neben großen Intelligenzunterschieden u. a. deutliche Motivations- und Temperamentsunterschiede erkennen, die das Verhalten beeinflussen. Viele der genannten kognitiven Eigenheiten Hochbegabter werden durch nichtkognitive Merkmale und körperliche Bedingungen verdeckt (z. B. Koliken, Neurodermitis, Allergien).

Hochbegabung läßt sich – zumindest derzeit – bei Neugeborenen und Säuglingen nicht eindeutig diagnostizieren. Die Meßinstrumente sind zu unscharf und die weitere Entwicklung dieser jungen Kinder hängt noch stark von ihrer sozialen Umwelt ab (s. Lewis und Michalson 1985).

Hochbegabte Vorschulkinder

Die Verhaltensmerkmale, die mit einer außergewöhnlich hohen Intelligenz im Säuglings- und Kleinkindalter verbunden sind, lassen sich naturgemäß auch im Vorschulalter (3–6jährige) beobachten. Sie sind allerdings aufgrund von Erfahrung, dem Wachstum des Gehirns, das ungefähr im Alter von drei Jahren einen Wachstumsschub erfährt, und der damit verbundenen Zunahme des Wissens über die Welt, über Denk- und Gedächtnisstrategien und vor allem durch die Zunahme der sprachlichen Kompetenzen gekennzeichnet. Hochbegabte Vorschulkinder zeigen ihre geistigen Möglichkeiten fast immer mit dem wichtigsten intellektuellen Werkzeug, über das der Mensch verfügt und ihn von anderen Lebewesen unterscheidet, der Sprache. Sie begreifen und erwerben aufgrund ihrer analytischen Fähigkeiten Sprachregeln (Grammatik) sehr schnell, ihr Wortschatz ist sehr groß. In dem von uns verwendeten Elternfragebogen (TÜEF) schätzten Eltern hochbegabter Vorschulkinder im Vergleich zu Eltern durchschnittlich begabter die Ausdrucksfähigkeit ihrer Kinder als höher, die Verwendung von Fremdwörtern und sprachlichen Oberbegriffen als signifikant häufiger ein.

Sehr viele Hochbegabte, aber nicht alle, sprechen besonders früh. Wenn sie zu sprechen beginnen, dann lernen sie außergewöhnlich schnell, ihr Sprechen ist dem Erwachsener vergleichbar.

Ähnlich verhält es sich mit dem Lesenlernen. Wenn auch viele Hochbegabte früher anfangen zu lesen als durchschnittlich Begabte, fanden sich in einer Untersuchung von Durkin (1966) Frühleser mit Intelligenzquotienten zwischen 82 und 170. In einem Vorschulprojekt der Universität von Washington (Seattle-Projekt) erbrachten hochbegabte Vorschulkinder (IQ 145) im Vergleich zu durchschnittlich begabten bei verschiedenen akademischen Fertigkeiten als Dreijährige Leistungen, die dem Niveau fünfjähriger durchschnittlich Begabter, als Vierjährige dem von durchschnittlichen Schulanfängern entsprachen. In einer Stichprobe durchschnittlich Intelligenter entsprach die beste Leistung eines Kindes in einem Lesetest dem Niveau der ersten Klasse, die beste eines hochbegabten Kindes dem der vierten Klasse, wobei der Antrieb und das Bedürfnis z. B. zum Lesen allein von den Kindern ausging. Der Einfluß der Erwachsenen ist hierbei eher gering (Roedell et al. 1989).

Der Vorsprung der Frühleser blieb in jedem Fall erhalten. Auch die von uns untersuchten hochbegabten Vorschulkinder der Beratungsstichprobe lesen, rechnen, schreiben und benutzen Computer früher als die nicht hochbegabten. Auffällig ist, daß in allen sprachlichen Bereichen, die Unterschiede nur für Jungen statistisch signifikant ausfallen. Die Unterschiede innerhalb der Hochbegabtengruppe waren erstaunlich groß (Roedell et al. 1989).

Nach unseren Erfahrungen kann ein (eher untypisches) Desinteresse am Lesen bei Hochbegabten nicht selten auf eine eventuelle Sehschwäche (z. B. Weitsichtigkeit, latentes Schielen) oder eine Dyslexie (Leseschwäche) hinweisen. Oft findet sich in der Verwandtschaft (Eltern, Großeltern, Onkel, Cousinen) jemand, der eine mehr oder minder ausgeprägte Leseschwäche besitzt. Da das Lesen für den Schulerfolg und den Erwerb von Wissen in unserer Kultur äußerst wichtig ist, sind eine frühe Diagnose (z. B. der Sehschwäche) frühstmöglich zu erstellen und präventive Maßnahmen zu ergreifen.

White (1985) beobachtete Vorschulkinder im Rahmen des «Harvard Preschool Projects» und stellte fest, daß hochbegabte Dreijährige in ihrer Sprachentwicklung deutlich weiter waren als nicht hochbegabte. Ihre hohen geistigen Fähigkeiten waren daran zu erkennen, daß sie deutlich besser mit Abstraktionen umgehen konnten, komplexere Aktivitäten planten und durchführten, sowie mehr Informationen in einer bestimmten Zeit verarbeiteten. In einer hoch ablenkenden Umgebung waren sie sehr aufmerksam und konzentriert auf die sie interessierende Tätigkeit. Aufschlußreich erscheint die Beobachtung Whites, daß das Leben dieser Kinder sich in einem größeren Zeitfenster abzuspielen scheint. Sie antizipierten erstaunlich genau auch zukünftige Ereignisse. Ihr Sozialverhalten spiegelte ihre hohe Intelligenz wider. Sie waren schon als Kleinkinder sehr gut in der Lage, Erwachsene als eine Quelle (Ressource) für sich zu nutzen. Dabei half ihnen ihre gute Fähigkeit, die Perspektive anderer Personen einnehmen zu können und ihr sprachlich differenziertes Ausdrucksvermögen. Zudem erreichen sie früher als andere Kinder eine höhere Stufe des moralischen Urteilens und besitzen eine extreme Empfindsamkeit gegenüber Werten und moralischen Normen (Abroms 1985).

Lewis und Louis (1991) kommen nach Durchsicht der Forschungsliteratur sowie elterlicher Berichte zu dem Schluß, daß frühe sprachliche Fähigkeiten, sehr hohe Gedächtnisfertigkeiten und abstraktes Denkvermögen die wichtigsten Indikatoren für eine intellektuelle Hochbegabung (im Vorschulalter) sind, wobei hohe Sprach- oder Gedächtnisfähigkeiten ohne herausragende Denkfähigkeit nicht unbedingt auf intellektuelle Hochbegabung hinweisen.

Neben den intellektuellen Fähigkeiten und den damit verbundenen sozialen Kompetenzen nennt Webb (1993) u. a. Merkmale hochbegabter Kinder wie «Wahrheitsliebe», «Fairplay», «Sensitivität und Empathie für Andere», «Sinn für Humor», «hohe Erwartungen, Selbstkritik und Kritik gegenüber anderen».

Bei hochbegabten (Vorschul-)Kindern lassen sich häufig und in hoher Ausprägung folgende Verhaltensmerkmale erkennen, die anhand der einschlägigen Literatur sowie unserer Befunde und Beobachtungen zu hochbegabten Kindern zusammengestellt wurden. Dabei sind die Unterschiede zu überdurchschnittlich intelligenten Kindern häufig nicht groß, die Übergänge fließend:[25]

- gute Beobachtungsgenauigkeit
- überragende Lern- und Begriffsleistungen
- hohe Lerngeschwindigkeit bei sie interessierenden Aufgaben
- Erkennen von Strukturen und Regeln
- außergewöhnliche Gedächtnisleistungen
- schneller (früher) Spracherwerb, richtige Anwendung komplizierter Sprachregeln (Grammatik)
- intensive (freiwillige) Beschäftigung mit Symbolen
- hohes Konzentrationsvermögen (Fokussierung) und Beharrungsvermögen bei zumeist selbst gestellten Aufgaben
- hohe Sensibilität (u. a. bei Lärm-, Geruchs- Farbempfindung sowie bei Ungerechtigkeit)
- Gefühl der Andersartigkeit
- Eigenwilligkeit im Sinne der «Selbststeuerung»
- Abneigung gegen physische Auseinandersetzung, Bevorzugung verbaler Provokation und Konfliktlösungen

Die Befragung von Eltern unserer Beratungsstichprobe mit dem TÜEF vor der testpsychologischen Untersuchung ihrer Vorschulkinder bestätigte eine Reihe der genannten Merkmale: Neben den kognitiven Merkmalen, die sich auch in den Intelligenztestleistungen zeigen, geben die Eltern für Hochbegabte im Vergleich zu durchschnittlich Begabten statistisch wesentlich häufiger eine bessere Gedächtnisspanne und früheres Interesse an Symbolen wie Zahlen und Buchstaben an. Eltern der Hochbegabten nannten ein rascheres Begreifen,

Erkennen von Einzelheiten, größeres Interesse an Büchern, stärkeres «Gefesseltwerden» von bestimmten Aufgaben (Konzentration), mehr ungewöhnliche Ideen und Einfälle. Der Eigenwille erwies sich nur bei den hochbegabten Mädchen, verglichen mit nicht hochbegabten, als stärker, das Einfühlungsvermögen war nur bei den hochbegabten Jungen höher als bei nicht hochbegabten Jungen.

In den Anamnesen wird häufig von einer hohen Lärmempfindlichkeit Hochbegabter und ihrer ausgeprägten Sensibilität gegenüber Ungerechtigkeit berichtet. Gross' Beschreibungen (1992) über drei höchstbegabte Kinder und deren Entwicklung stimmen mit diesen Berichten weitgehend überein.

Anzumerken ist, daß nicht alle diese Eigenarten bei allen hochbegabten Kindern zu beobachten sind, sondern zum Teil in unterschiedlicher (etwas geringerer) Ausprägung auch bei überdurchschnittlich begabten Kindern bestehen. Die Mehrzahl der genannten Eigenarten ist verständlicherweise dem kognitiven Bereich zuzuordnen.

Eine eindeutige Identifikation als hochbegabt aufgrund der genannten Verhaltensmerkmale können weder Laien noch Psychologen vornehmen. Sie geben lediglich Hinweise auf eine möglicherweise vorliegende intellektuelle Hochbegabung.

Passung: Ein entwicklungspsychologisches Modell, das auch für Hochbegabte paßt

Das Passungsmodell, in den letzten Jahren im Rahmen der Temperamentsforschung von Thomas und Chess (1980) weiterentwickelt, geht von der Annahme aus, daß Kinder dann eher Verhaltensstörungen, unangemessenes Verhalten entwickeln, wenn ihre Persönlichkeitseigenarten, Fähigkeiten und Bedürfnisse nicht mit den Vorstellungen und Verhaltensweisen der Umwelt übereinstimmen.

«Übereinstimmung (goodness of fit) wird erzielt, wenn die Eigenschaften, Erwartungen und Anforderungen der Umwelt im Einklang stehen mit den Möglichkeiten und Fähigkeiten sowie den Charakterzügen und dem Verhaltensstil des Organismus. Wenn diese Konsonanz zwischen Organismus und Umwelt vorhanden ist, kann eine optimale, positiv fortschreitende Entwicklung stattfinden» (Thomas und Chess 1980, zitiert nach Zentner 1993, S. 125).

Die psychische Entwicklung eines Individuums ist weder von Umwelteinflüssen noch Anlage (z. B. Intelligenz, Temperament des Kindes) allein bestimmt, sondern zusätzlich von der Passung zwischen beiden.

Die Temperamentskonstellationen, wie «einfaches» oder «schwieriges» Temperament, beziehen sich auf den Bereich der normalen Verhaltens- und Fähigkeitsvariation. Temperamentsunterschiede stellen somit Variationen innerhalb normaler Grenzen einschließlich des «schwierigen Temperaments» dar (Zentner 1993). Sie schließen klinisch relevante Verhaltensstörungen nicht mit ein (wie Autismus, Aufmerksamkeitsstörung (ADS) oder Psychosen).

Fehlentwicklungen gehen damit weder auf «pathologische» Eigenarten und Verhaltensweisen von Eltern (oder anderen äußeren Einflüssen) oder Kindern zurück, sondern auf eine «Unvereinbarkeit der normalen Variationen der beiden» (Zentner 1993, S. 126). Von einem dispositionell sehr lebhaftem Kind ein sehr ruhiges Verhalten zu erwarten, aus ihm ein sehr «stilles» Kind machen zu wollen, wäre danach für die Entwicklung dieses Kindes und die Eltern-Kind-Beziehung nicht günstig.

Empirische Überprüfungen des Passungsmodells haben erste Befunde erbracht, die die Annahme erlauben, daß Diskrepanzen zwischen Kind und Umwelt eine gewisse Voraussage der psychischen Entwicklung des Kindes (i. e. einer schlechteren Anpassung, des Auftretens von Verhaltensproblemen) gestatten.

Bei Kindern mit extremen Merkmalsausprägungen wie einer Hoch- oder sogar Höchstbegabung ist die Wahrscheinlichkeit einer Nicht-Passung sehr groß. Das gilt ebenso bei intellektuell Hochbegabten in einer Umwelt mit geringen geistigen Anforderungen.

Aufgrund vielfältiger Erfahrungen und Befunden der Hochbegabtenforschung kann davon ausgegangen werden, daß mit relativ hoher Wahrscheinlichkeit hochbegabte Kinder in ihren üblichen Kindergarten- und Schulumwelten auf für sie nicht passende Anforderungsbedingungen stoßen (Cropley et al. 1988).

Da die Erwartungen von Erwachsenen, Erzieherinnen und Lehrern gegenüber Klein- und Grundschulkindern im allgemeinen nicht dem entsprechen, was bei Hochbegabten zu beobachten ist, unterschätzen sie deren geistige Fähigkeiten und Bedürfnisse. Die Anforderungen und Anregungen, ausgerichtet auf durchschnittlich Begabte, sind somit eher zu niedrig. Verhaltensauffälligkeiten wie Verweigerung des Kindergarten- oder Schulbesuchs, Stören beim Spiel und im Unterricht, sogenanntes hyperaktives Verhalten, Unruhe, schlechte Laune und Unausgeglichenheit bis hin zu aggressivem Verhalten oder psychosomatischen Beschwerden wie Bauch- oder Kopfweh, Tagträumen und Rückzug können u. a. Anzeichen für eine Nicht-Passung sein. Wie vielfach bei Beratungsfällen beobachtet, sind diese Verhaltensauffälligkeiten Reaktionen auf Unterforderung und verschwinden beispielsweise, wenn das Kind vorzeitig eingeschult wird, eine Klasse überspringen kann (Heinbokel 1996).

Die Übertragung und Anwendung des Passungsmodells auf die Entwicklung Hochbegabter erfordert eine systematische Untersuchung u. a. der in unserem Bedingungsgefüge genannten vermittelnden Umweltbedingungen, um passende Umwelten suchen bzw. schaffen zu können (Kindergärten, Schulklassen für Hochbegabte usw.). Nicht die Veränderung der kindlichen Verhaltensweisen oder Persönlichkeit (Therapie), sondern die Anpassung der Umweltgegebenheiten beispielsweise durch Veränderung der Erwartungen von Eltern und Lehrern an die berechtigten Verhaltensweisen und Bedürfnisse der Kinder, steht im Vordergrund (vgl. Zentner 1993).

Um Passung herstellen zu können, ist eine frühe Identifikation sehr hilfreich. Im Einzelfall ermöglicht eine umfassende psychologische Diagnostik die Analyse der kindlichen Umwelten, die nötig ist, damit Eltern, Erzieher und Lehrer Beratung und Hilfe im Umgang mit diesen ungewöhnlichen Kindern erfahren können.

Die Nützlichkeit des Passungsansatzes wird in der praktischen Beratungsarbeit mit Eltern deutlich: Einerseits ist damit elterlichen (meist mütterlichen) Schuldgefühlen zu begegnen. Andererseits kann ihnen erklärt werden, daß sie nicht allein durch ihre Erziehung das kindliche Fehlverhalten «verursachen».

Psychologische Diagnostik und Beratung
bei Hochbegabung

Das Erkennen der außergewöhnlichen Intelligenz, der Bedürfnisse und Entwicklungsbesonderheiten Hochbegabter ist eine wichtige Voraussetzung für die Schaffung förderlicher Entwicklungs- und Lebensbedingungen. Dazu gehört die Beratung der hierbei einflußreichen Erwachsenen mit Hilfe einer psychologischen Diagnostik, die eine Identifikation als hochbegabt ermöglicht.

Die Notwendigkeit einer Hochbegabtendiagnostik und -beratung verstärkt sich bei Veränderung beispielsweise der schulischen Bedingungen durch Absenken des Leistungs- und Bildungsniveaus. Der Bedarf an dieser speziellen Bildungs- und Begabungsberatung in Deutschland mag auch auf ein zunehmendes Interesse sowie größere Akzeptanz des Themas sowie vermehrte «Aufklärung» über Hochbegabung zurückzuführen sein; Anzeichen dafür ist die Gründung der Deutschen Gesellschaft für das hochbegabte Kind 1978, die Errichtung einer Beratungsstelle für Hochbegabte in Hamburg 1984 und die Durchführung der «World Conference on Gifted and Talented Children» ebenfalls in Hamburg 1985 (vgl. Stapf 1997).

Die Zunahme des Beratungsbedarfs wird deutlich, wenn man die in den Jahren 1986–1990 an die Tübinger Arbeitsgruppe «Begabungs- und Persönlichkeitsentwicklung» gerichtete Anzahl von zwei bis drei Anfragen pro Woche mit denen des Zeitraums von 2000–2001 vergleicht, in dem ca. 20 bis 30 Beratungsanfragen pro Woche eintrafen (vgl. Stapf 2001). Obwohl es inzwischen in Deutschland eine Reihe von Beratungseinrichtungen zu Hochbegabung etwa in Braunschweig, Hamburg, Hannover, Marburg, München, oder Tübingen gibt, haben viele aufgrund der starken Nachfrage relativ lange Wartezeiten.[26] Eltern müssen bedauerlicherweise gerade in dringlichen (schwierigen) Fällen auf andere Einrichtungen wie Schulpsychologische Beratungsstellen oder allgemeine Psychologische Beratungsstellen verwiesen werden.

Warum wenden sich Eltern an Beratungsstellen für Hochbegabte?

Im allgemeinen gilt, daß Kinder, für die psychologische Beratung in Anspruch genommen wird, nicht reibungslos «funktionieren». Schwierigkeiten bei der Erziehung, Entwicklungsstörungen wie Bettnässen oder Stottern, aggressives Verhalten sowie schulische Leistungsprobleme sind Anlässe für die Ratsuche bei Psychologen.

Wenn Eltern von (möglicherweise hochbegabten) Schulkindern Psychologische Beratungsstellen in Anspruch nehmen, stehen zunächst Lern- und Leistungsprobleme im Vordergrund: sie sind häufig der Anlaß für eine Identifikation oder Diagnose. Die Eltern wollen wissen, ob eine intellektuelle Hochbegabung bei ihrem Kind vorliegt, die unter Umständen mit den Auffälligkeiten oder Schwierigkeiten des Kindes zusammenhängt.

Die Klärung dieser Fragen erfolgt mit Hilfe einer Einzelfalldiagnose; sie ist die Beratungsgrundlage und zentraler Bestandteil der Hochbegabungsdiagnostik.

Als weitere Aufgabe einer Hochbegabungsdiagnostik gilt die Identifikation zum Zwecke der Hochbegabtenförderung, die erforderlich ist, um die als hochbegabt Identifizierten den jeweils für sie angemessenen, speziellen Förderprogrammen zuweisen zu können, sowie der Zuteilung zu einer Gruppe (Hochbegabte vs. durchschnittlich Begabte) im Rahmen von Forschungsvorhaben (vgl. Heller 1987).

Die Gründe und konkreten Anlässe für das Aufsuchen einer Beratungsstelle für Hochbegabte sind vielfältig: In allen Fällen besteht die Vermutung, daß bei dem Kind eine intellektuelle Hochbegabung vorliegt. Die Eltern wünschen, daß diese Vermutung kompetent überprüft, bestätigt oder verworfen wird.

Häufig werden sie hierzu von Lehrkräften, Erzieherinnen oder Kinderärzten, die diese Vermutung äußern, ermutigt oder nachdrücklich aufgefordert. Insbesondere für Eltern, aber auch Lehrer oder Erzieherinnen, ist es wichtig zu wissen, ob das Kind hochbegabt ist oder nicht, weil sie es «richtig» behandeln wollen. Sie möchten keine Fehler begehen, da sie befürchten, «Unterlassungen» könnten sich negativ auf die weitere Entwicklung des Kindes auswirken. Oft entschuldigen sich Eltern für die Annahme, ihr Kind könnte hochbegabt sein. Sie betonen, daß sie nicht glauben, ihr Kind sei hochbegabt, sondern vermuten, daß es nur «ein wenig klüger ist als andere Kinder». Robinson und Robinson (1992) berichten demgemäß, daß Prestige oder elterlicher Ehrgeiz keine Motive für die Durchführung einer testdiagnostischen Untersuchung sind. Erfahrungen unserer Beratungsarbeit bestätigen dies: Eltern fürchten sogar die Diagnose «hochbegabt». Sie möchten gerne ein sehr kluges, aber kein hochbegabtes Kind!

Das Wohlergehen der Kinder und der Wunsch nach praktischen Entscheidungshilfen (z.B. zum Einschulungszeitpunkt, Schulwechsel) sind die wesentlichen Gründe für eine Hochbegabtenberatung, weiterhin schulische Lern- und Leistungsprobleme sowie verschiedene Verhaltensauffälligkeiten.

Abhängig vom Alter der Kinder verändern sich die Schwerpunkte nur wenig, wie die zwischen 1986 und 1996 erhobenen elterlichen Angaben von ca. 450 Kindern unserer Beratungsstichprobe zeigen. Zusätzlich zu der Bitte um «Abklärung der Begabung» nannten Eltern häufig ein das Kind oder die Familie belastendes Problem, welches meist der konkrete Anlaß für die Ratsuche war.

Folgende Gründe für die Ratsuche wurden angegeben (die Formulierungen wurden möglichst wortgetreu übernommen, Mehrfachnennungen waren möglich):

Bei *Vorschulkindern*
– Vorzeitiges Einschulen
– Abklärung der Begabung, um das Kind adäquat zu fördern
– Sozialverhalten («soziale Unreife», Kontaktschwierigkeiten mit Gleichaltrigen, soziale Isolierung)
– Verweigerung des Kindergartenbesuchs
– Unlust im Kindergarten wegen geistiger Unterforderung

Bei *Grundschülern*
– Schulische Leistungsprobleme: Leistungsverweigerung, Leistungsabfall im Vergleich zu den augenscheinlichen Begabungen
– Langeweile im Unterricht, geistige Unterforderung, Schulunlust

- Sozialverhalten: Ablehnung durch Lehrer und Peers
- Störverhalten im Unterricht, Abschalten, Hyperaktivität, Schullaufbahnberatung, Schulwechsel
- Überspringen einer Klasse

Bei *Schülern der 5.–12. Klasse*
- Schulleistungsprobleme: Langeweile, intellektuelle Unterforderung, Schulunlust
- Störverhalten im Unterricht
- Sozialverhalten (Außenseiter, Streber)
- Abklärung der Begabung
- Förderungsmöglichkeiten

Ein Vergleich der von Eltern genannten Anlässe und Problembereiche zwischen durchschnittlich begabten und hochbegabten Kindern ergab kaum Unterschiede. Bei den später als hochbegabt diagnostizierten Kindern werden etwas häufiger das Abklären der intellektuellen Begabung sowie Überspringen und spezielle Förderungsmöglichkeiten angesprochen. Eltern dieser Kinder begründen des öfteren in längeren Briefen, warum sie eine Abklärung der Begabung benötigen. Sie haben nicht selten schon eine Reihe leidvoller Erfahrungen mit (wenig hilfreichen) Beratungen hinter sich.

Bei Mädchen geben die Eltern unserer Beratungsstichprobe deutlich seltener das Stören im Unterricht als Beratungsanlaß an. Das berichten auch Heller und Elbing (1996), die bei Jungen als häufigsten Beratungsanlaß «Probleme im Sozialverhalten» nennen, während bei Mädchen die «Hochbegabungsdiagnose» an erster, bei den Jungen an zweiter Stelle steht.

Für das Erkennen von intellektueller Hochbegabung steht eine fachlich ausgewiesene Diagnostik der kindlichen Intelligenz im Mittelpunkt. Andere Merkmale oder Eigenarten der Kinder, auch wenn sie bei Hochbegabten häufig zu beobachten sind, wie Schulunlust oder Langeweile, tragen zur eigentlichen Diagnose zunächst nichts bei.

Es zeigte sich, daß gerade die durchschnittlich begabten Kinder unserer Beratungsstichprobe angaben, viel stärker an Langeweile in der Schule zu leiden als die hochbegabten. Klagen über Langeweile oder Verhaltensauffälligkeiten für sich allein genommen, d. h. ohne Kenntnis des Intelligenzstandes, bieten keinen Hinweis auf eine Hochbegabung.

In Deutschland wird von Schulbehörden zur Absicherung ihrer Entscheidung häufig ein psychologisches Gutachten angefordert, wenn eine vorzeitige Einschulung oder das Überspringen einer Klasse beantragt wird. Dennoch wird von Eltern die Erstellung eines Gutachtens nicht sehr häufig als Beratungsanlaß genannt. Lediglich Eltern der Münchner Beratungsstelle führen «Gutachten», erwartungsgemäß eher bei ihren Töchtern, als Beratungsanlaß an (Elbing und Heller 1996).

Die Analysen der Berichte über verschiedene Beratungseinrichtungen ergeben eine relativ gute Übereinstimmung hinsichtlich der wichtigsten Beratungsanlässe, die nachfolgend angeführt sind (vgl. Feger und Prado 1998, Elbing und Heller 1996, Prado und Wieczerkowski 1990, Stapf 1990):

- Hochbegabungsdiagnose
- Probleme im Sozialverhalten
- Unterforderung (in Kindergarten und Schule)
- Schullaufbahnberatung
- Fördermöglichkeiten

Mit diesen Fragen wenden sich Eltern von möglicherweise hochbegabten Kindern und Jugendlichen an die Beratungsstellen. Ist das eine (neumodische) Zeiterscheinung «überbesorgter», gar ehrgeiziger Eltern oder tun sie ihren Kindern wirklich etwas Gutes, wenn sie um die Feststellung der Begabung ihrer Kinder ersuchen?

Nutzen der (Früh-)Erkennung

Entgegen der Ansicht mancher Kritiker ist, bei Abwägen aller Vor- und Nachteile, der Nutzen einer Identifikation deutlich größer als ihr Schaden (Heller 1987). Vor allem dann, wenn im Anschluß an die zutreffende Diagnose professionelle Beratungen und Interventionen erfolgen.

Der unmittelbare Nutzen ist in vielen Fällen diagnostizierter Hochbegabung relativ rasch erkennbar: z. B. ein verbessertes elterliches Verständnis für das Kind als Voraussetzung für ein konfliktfreieres Zusammenleben, die Schaffung förderlicher Lern- und Sozialumwelten, die in einer Reihe von Fällen mit einem positiveren Selbstwertgefühl und besserem Selbstverständnis der Kinder und Jugendlichen einhergeht.

Auswirkungen einer «Etikettierung», die allein durch die Bezeichnung eines Kindes als hochbegabt auftreten sollen, wurden bislang empirisch nicht nachgewiesen (Robinson 1993). Sie lassen sich im Einzelfall bei der Beratung von Eltern und Kind auffangen, indem der Umgang mit dieser Diagnose und deren Bedeutung in Familie und Verwandtschaft, Kindergarten oder Schule besprochen wird.

Noch im Erwachsenenalter kann die Feststellung einer Hochbegabung für die betroffenen Personen und ihr weiteres Leben hilfreich sein. Sie verstehen sich selbst danach besser, ändern möglicherweise ihr Leben in beruflicher Hinsicht und bauen ein positiveres Selbstkonzept auf.

Äußerst nützlich im Sinne einer Prävention ist eine frühe Feststellung der Hochbegabung, optimal etwa im Alter von 4;6 bis 5;3 Jahren, um die erforderlichen Maßnahmen in Kindergarten (Besuch der Vorschule) und Schule (z. B. den rechtzeitigen Einschulungstermin) in die Wege leiten zu können.

Lewis und Louis (1991) sprechen sich eindringlich für eine frühe, im Vorschulalter vorzunehmende Identifikation und Anwendung von Frühförderprogrammen aus, da ihrer Ansicht nach ein Risiko besteht, daß der Hochbegabung entsprechende Leistungen nicht mehr erbracht werden können, wenn Kinder nicht in früher Kindheit ihren Fähigkeiten gemäß angeregt und gefördert werden.

Singer (1999), ein Hirnforscher und Neurobiologe, plädiert unter Hinweis auf Entwicklungszeitfenster für eine frühe Identifikation der Begabungen bei Vorschulkindern mittels Tests, und fordert, daß diese schon im Vorschulalter gemäß ihrer individuell unterschiedlichen Begabungsausstattung gefördert werden sollten.

Weinert (1992, S. 199), der im Gegensatz zu Singer vor einer frühen Identifikation («Etikettierung») warnte, geht von folgendem aus: «Die Bereitstellung günstiger Entwicklungsanreize, ausreichender Lernangebote und vielfältiger Gestaltungsmöglichkeiten sollte eigentlich möglich und selbstverständlich sein, auch wenn keine Frühdiagnose hoher Begabungen vorliegt.» Wie u. a. die Beratungsanlässe bei Vorschulkindern zeigen, reichen für Hochbegabte die geistigen Anregungen in Kindergärten nicht immer aus (vgl. Kapitel: Hochbegabte im Kindergarten).

Eine begabungsangemessene Erziehung und Förderung ist bei einer frühen Identifikation eindeutig besser gewährleistet (vgl. Urban 1992). Eigene Erfahrungen mit hochbegabten Vorschulkindern, bei denen in manchen Fällen schon nach einigen Monaten ohne angemessene geistige Anregung eine Stagnation der kognitiven Entwicklung (bis hin zu Entwicklungsrückschritten) zu erkennen war, bestätigen die Bedeutsamkeit einer frühen Identifikation und daraus folgender präventiver Maßnahmen wie der rechtzeitigen Einschulung. Vor allem eine große Demotivierung und allgemeine Unlust begleiten eine frühe Unterforderung, die Lernen und Weiterentwicklungen erschweren.

Ein frühes Erkennen ist besser als ein (zu) spätes, aber soll denn jedes Kind, das «klüger zu sein scheint als andere Kinder», hinsichtlich seiner Intelligenz untersucht werden? Sicherlich nicht. Aber in den Fällen, in denen Eltern verunsichert sind, sich Meinungen oder (Vor-)Urteile in die eine oder andere Richtung gebildet haben, ist es sinnvoll, sich fachlichen Rat durch Überprüfung der bestehenden Vermutungen zu holen.

Auf die offensichtliche Nützlichkeit psychologischer Beratung weist die Tatsache hin, daß Eltern, die eines ihrer Kinder untersuchen ließen, in sehr vielen Fällen auch eine Beratung für die (meist nicht hochbegabten) Geschwister wünschen. Sie erkannten, daß die psychologisch-diagnostische Untersuchung für sie und ihr Kind aufschlußreich und hilfreich nicht nur bei schulischen Entscheidungen ist, sondern auch für das gegenseitige Verstehen und Miteinander-Umgehen in der Familie.

Bei der Einzelfallberatung wird der Diagnostiker in den meisten Fällen gefragt, ob das Kind hochbegabt ist. Diese Frage kann ohne psychologische Intelligenztests nicht befriedigend geklärt werden. Allerdings reichen Tests allein nicht aus. Sie tragen, im Vorschul- und Schulalter wie bei Erwachsenen, in jedem Fall substantiell zur Klärung der Frage, insbesondere zur Genauigkeit der Diagnose bei. Aber Tests können nicht die ganze Arbeit allein erledigen (s. Robinson und Robinson 1992). Die wichtigste Arbeit, die Auswertung, Interpretation und Beurteilung der Testergebnisse leisten die Diagnostiker, von deren Fähigkeit und Wissen vor allem das Gelingen des Diagnostizierens abhängt.

Der diagnostische Prozeß

Um ein Kind als hochbegabt erkennen zu können, ist vor jeglicher Beratung eine gründliche psychologische Diagnostik durchzuführen. Diese umfaßt die Untersuchung der geistigen Leistungsfähigkeit sowie der Persönlichkeitsmerkmale und Verhaltensweisen des Kindes unter Abklärung aller relevanten Einflußbedingungen, die für eine professionelle Beratung erforderlich sind.

Eine psychologische Diagnose ist der Prozeß, der mit Hilfe verschiedener Meßinstrumente (Verfahren) systematisch und zielgerichtet Informationen über psychische Eigenschaften des zu untersuchenden Menschen gewinnen will. Er besteht aus mehreren Teilprozessen, die sich in Anlehnung an Kubinger (1995, S. 1) folgendermaßen beschreiben lassen:

1. Klärung der Fragestellung
2. Auswahl der diagnostischen Verfahren
3. Anwendung und Auswertung der diagnostischen Verfahren
4. Interpretation der Ergebnisse, Entscheidung über eine Handlungsempfehlung und Intervention
5. Beratung und Gutachtenerstellung
6. Festlegung der Intervention

Alle Schritte wird ein Diagnostiker bei psychologischen Diagnosen vornehmen. Eine Beratung sowie Erstellung eines Gutachtens, aus dem kurz und klar verständlich die wesentlichen

Befunde sowie die daraus folgenden Interventionen (Maßnahmen) hervorgehen, sind in jedem Fall zu fordern. Nach unseren Erfahrungen erhalten Eltern nicht immer ein schriftliches Gutachten, sie sollten dies vor der Untersuchung genau abklären.

In der mündlichen Beratung werden die Befunde wie auch die zu ergreifenden Maßnahmen in der Regel ausführlicher mit den Eltern besprochen und erläutert. Wenn es erforderlich ist, wird der Diagnostiker in Absprache mit den Eltern und nach Entbindung von der Schweigepflicht, der Psychologen wie Ärzte unterliegen, mit Lehrern, Erziehern oder Jugendamtsvertretern über die notwendigen Maßnahmen sprechen.

Selbst bei dieser vereinfachten Darstellung des Prozesses wird deutlich, daß an verschiedenen Stellen komplizierte, oft weitreichende Entscheidungen zu treffen sind (vgl. ausführlicher: Heller 1991).[27] Zunächst ist zu prüfen, ob die Kompetenz des betreffenden Diagnostikers zur Klärung der Fragestellung ausreicht. Danach muß die Frage präzisiert und entschieden werden, welche Verfahren einzusetzen sind, um die benötigten Informationen über das Kind und seine Leistungsfähigkeit zu erlangen.

Für diese Entscheidungen (und deren Ausführungen) sind grundlegende Kenntnisse aus allen Bereichen der Psychologie ebenso erforderlich wie methodisches Wissen und spezielle Kenntnisse über die einschlägigen Meßverfahren, deren meßtechnische Qualität und Einsatzmöglichkeiten. Die in der psychologischen Diagnostik üblichen Verfahren werden auch in der Hochbegabtendiagnostik angewendet. Eigene für Hochbegabte konstruierte (deutschsprachige) Tests gibt es bislang nicht. Zunächst mag es ausreichen, die bisher vorliegenden Verfahren um solche schwierigen Aufgaben zu ergänzen, die im oberen Intelligenzbereich trennscharf sind, d.h., es beispielsweise zu ermöglichen, Hochbegabte und Höchstbegabte klar voneinander abzugrenzen, was mit den derzeit in Deutschland vorhandenen Meßinstrumenten nicht der Fall ist.

Nach allem, was wir über intellektuell Hochbegabte wissen, wären hoch abstrakte, komplexe Denkaufgaben (ohne

Zeitbegrenzung) wohl geeigneter, Hochbegabte von Höchstbegabten eindeutig zu unterscheiden. Nimmt man dagegen relativ einfache (geistig wenig anspruchsvolle) Aufgaben oder solche Verfahren, die im oberen Intelligenzbereich wenig trennscharf sind, wie z. B. den Zahlenverbindungstest (ZVT), und bestimmt die Personen als hochbegabt, die Leistungen in dem obersten Bereich, üblicherweise die obersten (2–3 %) der Stichprobe, erbringen, dann sind alle sehr klugen, hochbegabten und höchstbegabten Personen in dieser Gruppe zu finden.[28]

Deswegen ist es unbedingt nötig zu wissen, mit welchem Intelligenztest eine Hochbegabung diagnostiziert wurde, da Intelligenztests für die Erfassung von Hochbegabung unterschiedlich gut geeignet sind. Diese Eignung wird durch die theoretischen Bestimmungen, die Definition von Hochbegabung, festgelegt.

Psychologische Tests:
Intelligenz- und Leistungstests

Psychologische Tests, insbesondere Intelligenztests, gelten trotz mancher Kritik als die besten Meßinstrumente zur Erfassung menschlicher Eigenschaften, Fähigkeiten und Fertigkeiten. Ein psychologischer Test wird definiert als «ein wissenschaftliches Routineverfahren zur Untersuchung eines oder mehrerer empirisch abgrenzbarer Persönlichkeitsmerkmale mit dem Ziel einer möglichst quantitativen Aussage über den relativen Grad der individuellen Merkmalsausprägung» (Lienert und Raatz 1994). Aufgrund spezieller Konstruktionsverfahren gestatten psychologische Tests Aussagen über den Leistungsstand einer Person im Vergleich zu einer Eichstichprobe. Bei der Konstruktion und Anwendung von Tests sind Kriterien (Gütekriterien) sowie Kenntnisse darüber wichtig, wie gut derartige Meßinstrumente sind.

Psychologische Tests unterliegen strengen Gütekriterien, über deren Kenntnis Diplom-Psychologen im Regelfall verfügen. Die Güte eines Tests wird vor allem hinsichtlich der folgenden drei Hauptgütekriterien bestimmt (ausführlicher hierzu u. a. Kubinger 1995, Lienert und Raatz 1994):

Objektivität eines Tests: «Darunter versteht man den Grad, in dem die Ergebnisse eines Tests unabhängig vom Untersucher (Testleiter) sind» (Lienert und Raatz 1994, S. 7), d. h., die Person des Testleiters sollte einen möglichst geringen Einfluß auf das Testergebnis ausüben.

Reliabilität (Zuverlässigkeit): Damit ist die Meßgenauigkeit gemeint, d. h. die formale Exaktheit der Merkmalserfassung, die Zuverlässigkeit, mit der das Ergebnis richtig ist. Wiederholte Messungen bei der gleichen Person mit dem gleichen Verfahren sollten zu möglichst gleichartigen Ergebnissen führen. Dabei muß das Merkmal selbst relativ stabil sein, wie dies bei der Intelligenz der Fall ist.

Validität (Gültigkeit): Sie gibt den Grad der Genauigkeit an, mit dem ein Test dasjenige Persönlichkeitsmerkmal, das er messen soll, tatsächlich mißt (vgl. Lienert und Raatz 1994). Wenn man die kognitive Leistungsfähigkeit bei Kindern erfassen will, sollte man sie beispielsweise keinesfalls ausschließlich Figuren oder Männchen zeichnen lassen, da hier in starkem Ausmaß feinmotorische Fertigkeiten erfaßt werden.

Ein weiteres, für die Testpraxis wichtiges (Neben-)Kriterium ist die Normierung. Ein Test erfüllt dieses Gütekriterium dann, wenn für sein Bezugssystem zur Relativierung des individuellen Testergebnisses folgende Bedingungen gegeben sind: die individuelle (quantitative) Leistung einer Person wird auf die Ergebnisse einer Bezugsstichprobe (meist altersgleicher, aber auch nach Schulklassen gleichen Personen) bezogen. Dabei ist zu beachten, daß die Normen gültig sind, d. h. nicht veraltet, und daß die für die Erstellung der Normen herangezogene Stichprobe repräsentativ ist (vgl. Kubinger 1995).

Intelligenztests, deren Normierung länger als 10 bis 15 Jahre zurückliegt, überschätzen die Leistungen (sogenannter Flynn-Effekt), was möglicherweise mit einem Übungsgewinn zusammenhängt. Heute weit verbreitete (Computer)-Spiele, vorzugsweise im figuralen Bereich, sowie einige schulische Aufgaben üben Fertigkeiten ein, die das Lösen von bestimmten Testaufgaben erleichtern (vgl. Flynn 1987, Neisser et al. 1996).

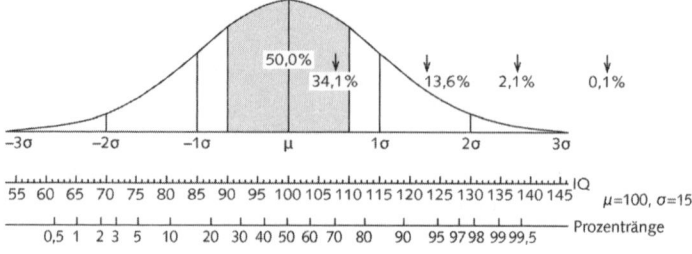

Abb. 3: Verschiedene Normwerte: IQ und Prozentränge (nach Kubinger und Wurst (2000), AID 2 Manual)

Bei der Diagnose von intellektueller Hochbegabung steht die Frage nach dem Ausmaß der kognitiven Fähigkeiten im Mittelpunkt. Somit ist die Durchführung eines Intelligenztests unverzichtbar, wobei ein sehr hoher Testkennwert in einem nach den genannten Testgütekriterien als brauchbar ausgewiesenen Intelligenztest sich als guter Indikator für das Vorliegen einer Hochbegabung erweist. Durch Transformationen der Testwerte unter Bezug auf die Normierungsstichprobe werden die Normwerte erstellt, die angeben können, wie die jeweilige Testperson im Vergleich zu ihrer Bezugsgruppe abgeschnitten hat. Am anschaulichsten zeigt dies der Prozentrang (PR), bei dem der Prozentsatz derjenigen Personen bestimmt wird, die gleiche bzw. bessere oder schlechtere Leistungen zeigen (vgl. Kubinger 1995, S. 56 f.). Abbildung 3 zeigt die heute üblichen normierten Testwerte: Intelligenzquotienten (IQ) und Prozentränge, die in den meisten Fällen ermittelt und den Eltern, Kindern und Jugendlichen genannt werden. Traditionell wird bei Prozenträngen etwa ab PR 97 von Hochbegabung gesprochen, wobei nochmals betont sei, daß alle im folgenden angeführten Verfahren in diesem Bereich nicht sehr trennscharf messen.

Nachfolgend werden einige im deutschsprachigen Raum anwendbare Intelligenztestverfahren vorgestellt, die zur Diagnose von intellektueller Hochbegabung bei Einzelfallberatungen in den letzten Jahren häufig eingesetzt wurden. Für die angeführten Testverfahren werden die zur Einschätzung der Brauchbarkeit wichtigen Angaben genannt, ihre Gütekriterien (Reliabilität und Validität) werden als ausreichend gegeben angesehen.

Die meisten Testverfahren enthalten Aufgaben mit Zeitbegrenzung (speed tests) und ohne (power tests). Vermerkt wird nur, wenn keinerlei Zeitbegrenzung besteht. Je höher der «Speed-Anteil» bei eher wenig komplexen/abstrakten Aufgaben ist, desto weniger scheint meines Erachtens der Test zur Identifikation von intellektueller Hochbegabung geeignet.

Die Darstellung nach den Altersstufen Vorschulkinder (2–6 Jahre), Schulkinder (6–12 Jahre) und ältere Schüler und Jugendliche (13–19 Jahre) bietet sich u. a. aufgrund der bei der Testkonstruktion verwendeten Normierungen an.

Anwendung von Intelligenztests bei Vorschulkindern

Diagnostische Untersuchungen bei Vorschulkindern erfordern ein gutes entwicklungspsychologisches Wissen, weil sonst bei den sehr intelligenten Kindern die Gefahr besteht, ihre geistigen Fähigkeiten zu unterschätzen. Diese Fehleinschätzung könnte sich insofern auf die Testdurchführung auswirken, als die Kinder nicht ernst genommen und damit nicht ausreichend herausgefordert werden.

Bei der Durchführung von Tests erweisen sich hauptsächlich die motivationalen Befindlichkeiten dieser jungen Kinder als mögliche Störfaktoren. Vorschulkinder kommen mit sehr unterschiedlichen Voreinstellungen, Arbeitshaltungen und Motivationen zur psychologischen Untersuchung. Sie haben oft noch nicht gelernt, auf Verlangen oder direkte Anweisungen hin sofort eine ganz bestimmte Leistung zu erbringen, wie dies in der Schule üblich ist.

Daher ist die Vorbereitung auf den Test häufig entscheidend. Da die von den Eltern vermittelten Einstellungen und Erwartungen bezüglich der psychologischen Untersuchung das kindliche Arbeits- und Anstrengungsverhalten beeinflussen, sind die kindlichen Erwartungen mit den Eltern abzusprechen bzw. vor Testbeginn abzuklären und gegebenenfalls zu korrigieren. Falls Eltern beispielsweise nur ein «Spiel» in

Aussicht gestellt haben, ist zu betonen, daß das Kind sich anstrengen muß und alles sagen soll, was es weiß.

Erfahrungsgemäß tendieren hochbegabte Kinder bei Aufgaben, die sie unterfordern (auch bei einem Test), dazu, ihre Mitarbeit zu verweigern. Mißerfolgsängstliche und schüchterne Kinder neigen zumindest bei dem ersten Untersuchungstermin nicht selten zu Blockaden und/oder Resignation, wenn sie nicht auf Anhieb die richtige Lösung ganz sicher wissen («Das weiß ich nicht»).

Häufig bestehen jüngere Kinder darauf, daß ein Elternteil bei der Testdurchführung anwesend ist. Den Eltern muß dann die strikte Anweisung gegeben werden, sich nicht in die Testdurchführung einzumischen oder diese zu kommentieren, da dadurch die Ergebnisse verfälscht würden. Erfahrungsgemäß sollte unbedingt versucht werden, ohne Elternteil den Test durchzuführen, da die Kinder allein eher besser mitarbeiten.

Folgende Verfahren werden zur Erfassung der kognitiven Leistungsfähigkeit von Vorschulkindern eingesetzt:

CFT 1 (Grundintelligenztest Skala 1, Cattell, R.B., Weiß, R.H., und Osterland, J. 1977, 5. Auflage 1997)

• Altersbereich	5;3–5;5 Jahre (nur Orientierungsnormen) 5;6–9;5 Jahre, 1.–3. Schuljahr
• Normen erhoben	1976 (Vorschulnormen), 1995 (Klassennormen)
• Eichstichprobe	N = 1500
• Höchster Wert (Normtabelle)	IQ 145 (PR 100)
• Durchführung	Gruppen- und Einzelverfahren

Der CFT 1 soll die Fähigkeiten des Kindes anhand von sprachfreiem, figuralem Material erfassen. Er besteht aus fünf Untertests, die prüfen, inwieweit das Kind Denkprobleme lösen, Beziehungen herstellen, Regeln erkennen, Merkmale identifizieren und rasch wahrnehmen kann. Da der CFT keine sprachlichen Aufgaben enthält, gilt er als «kultur-fair», d. h., der Einfluß der jeweiligen kulturellen Bedingungen soll sich weniger stark auf die Testleistung auswirken.

Der Einfluß feinmotorischer Fertigkeiten ist bei den Untertests «Substitutionen» und «Labyrinthe» zu beachten; unklar ist bei Kindergartenkindern der große Unterschied zwischen Alters- und Klassennormen. Bei der Interpretation der Ergebnisse ist zu beachten, daß die Normen von 1976 stammen; dadurch werden die Leistungen der Vorschulkinder eher überschätzt.

K-ABC (Kaufman-Assessment Battery for Children, dt. Fassung: Melchers, P., und Preuß, U. 1991)

• Altersbereich	2;6–12;5 Jahre
• Normen erhoben	1986–1989
• Eichstichprobe	N = 3098
• Höchster Wert (Normtabelle)	Standardwert 160 (PR 99,9), kein IQ
• Durchführung	Individualtest

Der Test umfaßt fünf Skalen und unterscheidet Problemlösen, erfaßt durch Aufgaben, die die «Skala Intellektueller Fähigkeiten» enthält, von Faktenwissen, das in die Untertests der «Fertigkeitenskala» eingeht. Die Skala «Intellektuelle Fähigkeiten» setzt sich aus der Skala «Einzelheitlichen Denkens» und der Skala «Ganzheitlichen Denkens» zusammen; sie wird als Maß der Gesamtintelligenz des K-ABC verstanden. Allerdings korreliert die Gesamtleistung der «Fertigkeitenskala» u. a. höher mit dem Intelligenztest AID (s. unten) als die Skala «Intellektueller Fähigkeiten», was darauf hinweist, daß beide einen hohen Anteil an g (allgemeiner Intelligenz) enthalten.

Im K-ABC werden für die Skalen keine Intelligenzquotienten, sondern Standardwertpunkte oder Prozentränge ermittelt, letztere auch für jeden Untertest, was einen Leistungsvergleich zwischen den Untertests erlaubt. Dabei erreichen als hochbegabt diagnostizierte Kinder Leistungsmaxima in den Untertests «Bildhaftes Ergänzen», «Dreiecke» und «Rätsel». Relativ schlechte Leistungen zeigten diese Kinder im Untertest

«Gestaltschließen», bei dem unvollständig gezeichnete Gegenstände «erraten» werden müssen (Melchers und Preuß 1991). Hochbegabte raten in Leistungssituationen nicht gerne, sie sagen dann lieber «ich weiß nicht» oder geben sehr allgemeine (abstrakte) Antworten wie «Fantasiedinge» u. ä., die jedoch im Sinne der Testautoren falsch sind.

Die bei uns als hochbegabt diagnostizierten Vorschulkinder zeigen vor allem herausragende Leistungen in den Untertests: «Räumliches Gedächtnis» und «Rechnen». Trotz ihrer häufig sehr weit unterdurchschnittlichen Werte im sogenannten Wissenstest «Gesichter und Orte», der vor allem Kenntnisse über Märchen(-titel) abfragt, die sie nicht interessieren bzw. von denen ihre Eltern sie wegen der dort geschilderten Grausamkeiten fernhalten, erlangen sie meist auf der «Fertigkeitenskala» ihre höchsten Werte (vgl. Schmid 1999). Die Untertests «Gestaltschließen» und «Gesichter und Orte» erweisen sich demnach bei hochbegabten Kindern nicht als valide.

Einschränkend sei angemerkt, daß die Aufgaben hochbegabten Kindern teilweise als zu spielerisch (kindisch) erscheinen; sie fühlen sich oft nicht genügend gefordert. Bei Schulkindern, bei denen von einer überdurchschnittlichen Intelligenz auszugehen ist, wenden wir daher den K-ABC nicht an.

Insgesamt ist auf die Durchführungsanweisung der Testautoren genau zu achten, das Abbruchkriterium wird von manchen Testleitern zu großzügig angewendet, wobei es zu starken Überschätzungen der Kinder kommt.

HAWIVA-III (Hannover-Wechsler-Intelligenztest für das Vorschulalter – III, Ricken, G., Fritz, A., Schuck, K. D., und Preuß, U. 2007)

• **Altersbereich**	2;6–6;11 Jahre
• **Normen erhoben**	2004–2005
• **Eichstichprobe**	N = 1322
• **Höchster Wert** (Normtabelle)	IQ 153 (PR 99,9)
• **Durchführung**	Einzeltest

Der HAWIVA-III ist eine Übersetzung und Adaptation des WPPSI-III von D. Wechsler. Er soll die allgemeinen und spezifischen intellektuellen Fähigkeiten von Kindern ermitteln. Er ist untergliedert in die zwei Altersbereiche 2;6–3;11 und 4;0–6;11 Jahre mit jeweils unterschiedlicher Reihenfolge und Anzahl der Untertests, die zu folgenden Skalen zusammengefaßt werden: Verbalteil, Handlungsteil, Verarbeitungsgeschwindigkeit, Gesamtskala und Allgemeine Sprachskala.

Kritisch anzumerken ist, daß der HAWIVA-III über keinen Untertest mehr zur Erfassung der numerischen (rechnerisch-mathematischen) Fähigkeiten verfügt. Nach unseren Erfahrungen mißt er im oberen Intelligenzbereich nicht ausreichend trennscharf und ist somit für eine Hochbegabungsdiagnostik nur bedingt brauchbar. Die Aufgaben vieler Untertests sind auch für die jüngeren Hochbegabten zu einfach; es zeigen sich deutliche Deckeneffekte. Die Skala zur Verarbeitungsgeschwindigkeit erfaßt zudem eher feinmotorische Fertigkeiten als kognitive Fähigkeiten.

Die Verwendung folgender Intelligenztests kann zur Diagnose von Hochbegabung nicht empfohlen werden:

Die **CPM** (Coloured Progressive Matrices, dt. 1980): Die Normen sind veraltet, sie überschätzen die Leistung. Das Verfahren erscheint im oberen Intelligenzbereich nicht ausreichend trennscharf. Der Test ist für hochbegabte Kinder insgesamt zu leicht.

Die deutschen Versionen der Binet-Tests wie **Binetarium, Kramer-Binet, Stanford-Binet** sind alle veraltet und verfügen nicht über ausreichende Testgütekriterien.

Mit Vorschulkindern sind immer Einzeltests durchzuführen. Während der Einzeltestdurchführung durch einen geschulten Testleiter können die Arbeitshaltung, die Motivation (Ehrgeiz) und Anstrengungsbereitschaft, aber auch ein möglicher Perfektionismus, Leistungsängstlichkeit und das (Leistungs-) Selbstvertrauen des Kindes gut beobachtet werden.

Nur bei einer präzisen Beobachtung und Beschreibung des kindlichen Verhaltens mit ausführlichen Notizen über das Testverhalten ist eine angemessene Interpretation des erlangten Testkennwertes sinnvoll.

Bei Vorschulkindern unterliegt die im Test gezeigte Leistung in stärkerem Maße Schwankungen (u. a. durch situative

Einflüsse und Motivationsbedingungen) als bei älteren Testpersonen. Daher ist in der Regel die Durchführung eines zweiten Intelligenztests (nach zwei bis vier Wochen) zur Absicherung der Befunde zu empfehlen. Bei allen genannten Vorschulverfahren, vor allem bei den ersten Aufgaben, können die Kinder so unterfordert sein, daß sie abschalten und sich nicht mehr wirklich anstrengen, was zu einer Leistung führt, die den Fähigkeiten nicht entspricht.

In diesen Fällen können den Vorschulkindern im zweiten Testdurchgang Tests vorgegeben werden, die für Schulkinder konstruiert wurden (z. B. AID 2; HAWIK III). Die dann nach den Normen von Sechsjährigen erhaltenen Testkennwerte ergeben eine sehr strenge Schätzung der Fähigkeiten, die nur vorsichtig zu interpretieren sind, aber oft zumindest die Aussage erlauben, daß das Kind weit überdurchschnittlich intelligent ist. Das ist bei einer Verweigerung der Mitarbeit in einem zu «langweiligen» Test nicht so einfach möglich.

Die Instruktionen müssen bei sehr intelligenten Kindern zügiger, kürzer und prägnanter vorgegeben werden als von den Testautoren vorgesehen, um einer Demotivierung (Abschalten aus Langeweile und Unterforderung) vorzubeugen.

Hochbegabte Vorschulkinder wollen als kompetente Partner ernst genommen werden, auch wenn sie schüchtern, zurückhaltend und wortkarg sind. Nonverbale Signale (wie Kopfnicken, Blickkontakt, Blickabwendung usw.) helfen ihnen, ihre Zurückhaltung zu überwinden. Andere hochbegabte Kinder wiederum, die eher distanzlos erscheinen, müssen in ihre Schranken verwiesen werden, sie spüren mit großer Raffinesse und Überlegenheit die Grenzen des Testleiters auf.

Intelligenztests für Schulkinder

Vor der Durchführung der Testverfahren sind auch bei Schulkindern (6;0 bis 12;11 Jahre) ausführlicher die Erwartungen und Vorstellungen bezüglich der psychologischen Untersuchung zu erfragen, um mögliche Vorurteile, negative Einstellungen oder Ängste abzubauen. Hochbegabte durchschauen sehr leicht die Absichten ihres Gegenübers und können sich auch im Test «verstellen». Wenn sie beispielsweise mit der Überzeugung zur Untersuchung kommen, daß sie bei einer sehr guten Testleistung wegen Überspringens ihre Klasse verlassen müssen, dies aber auf keinen Fall möchten, dann werden sie schlechte Ergebnisse «produzieren».

Wie bei Vorschulkindern spielen Sympathie und Antipathie bei diesen sensiblen Kindern eine große Rolle. Der Testleiter muß sie als kompetente Partner akzeptieren, durchaus jedoch Grenzen setzen und klare Anforderungen stellen. Dann verhalten sie sich in der Regel sehr kooperativ.

Folgende Verfahren werden zur Untersuchung hochbegabter Schulkinder verwendet, wobei die ersten beiden Verfahren wegen ihrer Bedeutung im deutschsprachigen Raum etwas ausführlicher beschrieben werden:

AID 2 (Adaptives Intelligenz Diagnostikum 2, Kubinger, K., und Wurst, E. 2000)

• Altersbereich	6;0–15;11 Jahre
• Normen erhoben	(Teil-)Normen von 1995–1997 und 1982–1983
• Eichstichprobe	N = 977 Kinder (Teil-Normen, neu), N = 2144 Kinder (alt)
• Höchster Wert (Normtabelle)	IQ-Äquivalent 147 (PR 99,9) (Gesamtwert: untere Grenze der Intelligenzquantität)
• Durchführung	Individualtest

Der AID 2 ist ein Individualtest für Kinder und Jugendliche zur Erfassung komplexer und basaler Kognition («Intelligenz»). Bei thematischer Anlehnung an das Testkonzept von Wechsler und dessen Untertestaufgaben (11 Untertests, 3 Zusatztests), favorisieren die Testautoren eine Profilinterpretation in bezug auf möglichst viele Fähigkeiten. Wohl auf Drängen vieler Praktiker wurde vom Testautor ein (blaues) Beiblatt mit einer Transformationsformel nachgereicht, die eine Umrechnung auf einen Intelligenzquotienten gestattet.

Die testtheoretischen Analysen der meisten Untertests erfolgten auf der Grundlage der Probabilistischen Testtheorie; die Vorgabe der Aufgaben geschieht adaptiv (branched testing), d. h., je nach vorangegangener Leistung erhält ein Kind nachfolgend andere, seinem Leistungsvermögen angepaßte Aufgaben. Der Vorteil ist, daß sich Hochbegabte nicht allzu lange mit für sie sehr leichten Aufgaben langweilen müssen; sie erhalten dann relativ schnell schwerere Fragen. Alle Personen bekommen die gleiche Anzahl von Aufgaben, der Untertestabbruch erfolgt nicht erst nach einer Reihe ungelöster Aufgaben, wie beim HAWIK III, was demotivierend wirken kann. Allerdings muß der Testleiter immer sofort entscheiden, ob die Lösung richtig oder falsch war, d. h., seine Durchführungskompetenz und Erfahrung muß hoch sein. Die Dauer der Durchführung beträgt, ähnlich wie beim HAWIK III, ca. 70 bis 90 Minuten.

Die Auswertung der AID-Testkennwerte bei N = 220 hochbegabten und N = 144 durchschnittlich begabten Kindern unserer Beratungsstichprobe ergab folgende Interkorrelationen der T-Wertesumme mit den T-Werten der einzelnen Untertests: die niedrigsten Korrelationen zeigten sich bei Hochbegabten bezüglich der Untertests «Soziale und Sachliche Folgerichtigkeit» (.31), «Synonyme Finden» (.34) und «Antizipieren und Kombinieren-figural» (.36), wohingegen bei durchschnittlich begabten Kindern die beiden letzteren Untertests eher hoch (.47, .44) mit dem Gesamtwert korrelierten. Bei dem Untertest «Soziale und Sachliche Folgerichtigkeit» fiel häufig bei der Interpretation der Testleistungen auf, daß hier hochbegabte Kinder erwartungswidrig niedrige Leistungen zeigen. Bei der Diagnose «Hochbegabung» und Interpretation des Gesamttestergebnisses sollte die Leistung in diesem Untertest nicht sehr stark ins Gewicht fallen.

HAWIK III (Hamburg-Wechsler-Intelligenztest für Kinder; Tewes, U., Rossmann, P., und Schallberger, U. 1999, 3. Auflage)

• Altersbereich	6;0–16;11 Jahre
• Normen erhoben	1995–1998
• Eichstichprobe	N = 1570 Kinder (Teil-Normen)
• Höchster Wert (Normtabelle)	IQ 155 (PR 99,9) (Verbal- und Handlungstest) IQ 160 (PR 99,9) (Gesamttest)
• Durchführung	Individualtest

Der HAWIK III ist ein Individualtest zur Erfassung geistiger Fähigkeiten, der, auf Spearmans Zwei-Faktoren-Theorie beruhend, von einen g-Faktor (allgemeine Intelligenz) und spezifischen geistigen Fähigkeiten (s) ausgeht, die mit Hilfe von 13 Untertests erfaßt werden.

Wechsler unterschied bei allen seinen Tests drei Gesamtleistungswerte: Verbal-IQ, Handlungs-IQ und Gesamt-IQ. Die Wechsler-Tests werden wohl weltweit am häufigsten eingesetzt und sind auch im deutschsprachigen Raum sehr beliebt.

Das vorliegende Manual enthält, was sonst bei deutschsprachigen Tests kaum üblich ist, Aussagen zur Hochbegabungsdiagnostik. Die Autoren betonen, bei einem Einsatz des HAWIK III müsse für die Diagnose von Hochbegabung berücksichtigt werden, «daß der HAWIK III für den Normalbereich geeicht wurde und daß er daher in den Extrembereichen nicht so gut differenziert. Bei hochbegabten Kindern und Jugendlichen, deren Testleistungen zwei bis drei Standardabweichungen über der Altersnorm liegen, kommt es häufig zu einem sogenannten Deckeneffekt. Diese Kinder lösen in manchen Untertests alle Aufgaben, so daß nicht festgestellt werden kann, wo die oberen Grenzen ihres Leistungsvermögens wirklich liegen. Der Gesamt-IQ liefert in solchen Fällen eher eine Unterschätzung ihrer wirklichen Begabung» (Tewes, Rossmann und Schallberger 1999, S. 31).

In Übereinstimmung mit den Testautoren stellen wir immer wieder fest, daß der HAWIK III für Hochbegabte zu leicht ist, bei mutmaßlich sehr intelligenten Jugendlichen verwenden wir ihn nur bis zum Alter von ca. 13 Jahren.

KFT 4–12+R (Kognitiver Fähigkeitstest für 4.–12. Klasse, Revision, Heller, K. A., und Perleth, Ch. 2000)

• Altersbereich	4.–12. Klasse
• Normen erhoben	1995–1997 (Jahrgangs- und schulspezifische Normen)
• Eichstichprobe	N = 6765 Kinder und Jugendliche
• Höchster Wert (Normtabelle)	IQ 145 (PR 99,9)
• Durchführung	Individual- und Gruppentest

Der KFT 4–12+R dient der Erfassung kognitiver Fähigkeiten, die insbesondere für schulisches Lernen relevant sind. Er besteht aus neun Untertests, die Aufgaben aus den Bereichen: sprachliches Denken («Wortschatz», «Wortklassifikation», «Wortanalogien»), quantitative (numerische) Fähigkeiten («Mengenvergleiche», «Zahlenreihen», «Gleichungen bilden») und figurales (nonverbales) Denken («Figurenklassifikation», «Figurenanalogien», «Faltaufgaben») umfassen. Die Analysen ergaben einen hohen Anteil an allgemeiner Intelligenz (g).

Nach Angabe der Testautoren weisen die mit dem KFT 4–12+R gewonnenen Testwerte bei der Münchner Hochbegabungsstudie auf eine gute Übereinstimmungsvalidität mit Schulleistungen sowie auf eine gute Prognose des Schulerfolgs hin.

Nach unseren Erfahrungen mit dem KFT 4–13, der ein Vorgänger des KFT 4–12+R ist, haben «Underachiever» in diesem Test Probleme in den quantitativen Untertests, bei denen sie teilweise, den schulischen Fertigkeiten entsprechend, unterdurchschnittliche Leistungen zeigen. In diesen Fällen ist ein weiterer Intelligenztest anzuwenden, um die Diagnose abzusichern.

CFT 20-R (Grundintelligenztest Skala 2 – Revision; Weiß, R. H., unter Mitarbeit von Weiß, B. 2006)

• Altersbereich	8;6–19 Jahre
• Normen erhoben	2003
• Eichstichprobe	N = 4400 Kinder und Jugendliche
• Höchster Wert (Normtabelle)	IQ 160 (PR 100)
• Durchführung	Individual- und Gruppentest

Der CFT 20-R ist eine Revision des CFT 20, der eine deutsche Adaptation des Culture-Fair-Intelligence-Tests von R. B. Cattell (1960) darstellt. Ziel der Entwicklung des Culture-Fair-Tests war, ein Verfahren zur Diagnose der grundlegenden geistigen Leistungsfähigkeit («general mental capacity», g-Faktor) zu entwickeln, das frei von Einflüssen des soziokulturellen und erziehungsspezifischen Hintergrundes ist.

Das Verfahren besteht aus zwei Testteilen, die jeweils vier Untertests umfassen: «Reihenfortsetzen», Klassifikationen», «Matrizen» und «Topologien», die durch Wortschatz- und Zahlenfolgeaufgaben ergänzt werden können.

Als ergänzendes Verfahren ist der CFT 20-R zur Diagnose von Hochbegabung laut Testautor geeignet, wenn man beachtet, daß sehr leistungsfähige Probanden bei Teil 2 schlechter als bei Teil 1 abschneiden. Er kann bei muttersprachlich nicht deutsch sprechenden Kindern gute Hinweise auf das Vorliegen einer überdurchschnittlichen Intelligenz geben.

SPM (Standard Progressive Matrices, dt. Matrizen-Test, Manual von Heller, K. A., Kratzmeier, H., und Lengfelder, A. 1998)

• Altersbereich	7–19 Jahre (Schüler), 19–40jährige Studierende, Erwachsene über 60 Jahre
• Normen erhoben	1996–1997
• Eichstichprobe	N = ?, keine eindeutigen Angaben
• Höchster Wert (Normtabelle)	T-Werte 74–80 (PR 99,5)
• Durchführung	Individual- und Gruppentest

Die SPM sollen das Ausmaß der allgemeinen Intelligenz (g) im Sinne Spearmans erfassen. Neben induktiver Denkfähigkeit scheinen Faktoren der räumlichen Vorstellung beteiligt zu sein. Der Test besteht aus 60 sprachfreien Aufgaben mit ansteigendem Schwierigkeitsgrad, die ein Muster/Figuren zeigen, das Lücken enthält. Die Testperson muß unter vorgegebenen Antworten das Teilstück herausfinden, welches das Muster richtig ergänzt. Dabei gibt es keine Zeitbegrenzung.

Es werden Normen für Erstkläßler angeboten, die für (knapp) sechsjährige Vorschulkinder zu verwenden sind. Die alten Normen des SPM überschätzen deutlich und messen nach unseren Erfahrungen im oberen Bereich nicht sehr trennscharf.

Folgende Verfahren sind zur Diagnose der Hochbegabung nicht geeignet:

KFT 1–3 (Kognitiver Fähigkeitstest, 1.–3. Klasse, Heller, K., und Geisler, H.-J. 1983, Handanweisung)

• Altersbereich	6;0–12;0 Jahre
• Normen erhoben	1978–1979
• Eichstichprobe	N = 4592 Kinder
• Höchster Wert (Normtabelle)	IQ: 145 (PR: 99,9)
• Durchführung	Individual- und Gruppentest

Mit dem KFT 1–3 soll die kognitive Lernfähigkeit von Schülern der ersten bis dritten Grundschulklasse ermittelt werden. Der Test umfaßt ebenfalls vier Untertests («Sprachverständnis», «Beziehungserkennen», «Schlußfolgerndes und Rechnerisches Denken») mit in großen Teilen dem KFT-K sehr ähnlichen Aufgaben.

ZVT (Zahlen-Verbindungs-Test, Oswald, W. D., und Roth, E. (1978) 2., überarbeitete Auflage (1997))

• **Altersbereich**	**Gruppenversuch: 8–16 Jahre**
	Einzelversuch: 8–60 Jahre
• **Normen erhoben**	**k. A.**
• **Eichstichprobe**	**N = 2109 Jugendliche und Erwachsene**
• **Höchster Wert**	**IQ 145 (PR 100)**
(Normtabelle)	
• **Durchführung**	**Individual- und Gruppentest**

Der Test besteht aus vier Zahlenmatrizen, die jeweils aus 90 unterschiedlich angeordneten Ziffern bestehen. Diese müssen von 1 bis 90 durch Striche verbunden werden.

Als Leistungsmaß wird im Einzelversuch die Testbearbeitungszeit und im Gruppenversuch die Bearbeitungsgrenze erhoben.

Der ZVT soll die basale kognitive Verarbeitungsgeschwindigkeit erfassen Die Leistung im ZVT unterliegt einem bedeutsamen Einfluß motivationaler und insbesondere feinmotorischer Faktoren, wofür u. a. die Alters- und Geschlechtereffekte sprechen – Mädchen erreichen höhere Werte (Rost und Hanses 1993) – sowie die (relativ hohen) Zusammenhänge mit psychomotorischen Tests (Hany 1992, S. 52).

Der ZVT ist somit zur Diagnose von Hochbegabung nicht geeignet, wie sich bei einer Überprüfung an unserer Beratungsstichprobe sowie in der Münchner Hochbegabungsstudie herausstellte, deren Autoren zu folgendem Fazit gelangten: «Trotz reliabler Meßeigenschaften taugt der ZVT somit nicht zur Erfassung komplexer Fähigkeitsmerkmale bzw. zur Vorhersage komplexer Leistungskriterien» (Hany 1992, S. 51).

Intelligenztests für ältere Schüler und Jugendliche

Bei älteren Schülern und Jugendlichen (ab 13 Jahren) setzen wir folgende Verfahren ein:

APM (Advanced Progressive Matrices, Raven, J. C., Court, J., und Raven Jr., dt. Heller, K. A., Kratzmeier, H., und Lengfelder, A. (1998): neues Manual mit aktuellen Normen)

• Altersbereich	12–19 Jahre (Schüler), 19–40jährige Studierende, Erwachsene über 60 Jahre
• Normen erhoben	1979, 1997
• Eichstichprobe	N = 2011 Jugendliche (Ausgangsstichprobe 1979)
• Höchster Wert (Normtabelle)	IQ 145 (PR 99,9)
• Durchführung	Individual- und Gruppentest

Die Aufgaben der APM entsprechen in Darbietung und Grundstruktur denen der SPM, sind aber wesentlich komplexer.

Um die Vertrautheit mit der Lösungsmethode zu kontrollieren, erfaßt Teil I der APM die kognitiven Vorgänge, die auch von den SPM erfaßt werden, Teil II erfaßt alle analytischen und integrierenden Operationen, die an höheren Denkprozessen beteiligt sind. Er soll eine klare Unterscheidung zwischen Menschen mit überdurchschnittlichen kognitiven Fähigkeiten ermöglichen.

Zur Bestimmung der kognitiven Fähigkeiten werden Teil I und II als Speed-Test mit 50 Minuten Zeitlimit vorgegeben.

I-S-T 2000 R (Intelligenz-Struktur-Test, Amthauer, R., Brocke, B., Liepmann, D., und Beaducel, A. 2001)

• Altersbereich	15–60 Jahre
• Normen erhoben	1999 und später
• Eichstichprobe	N = ca. 5800 Jugendliche und Erwachsene (alle Revisionen)
• Höchster Wert (Normtabelle)	IQ 145 (PR 100)
• Durchführung	Individual- und Gruppentest

Der I-S-T 2000 R ist eine Revision des I-S-T 70 und eine Weiterentwicklung des I-S-T 2000, dessen theoretische Grundlage ein hierarchisches Rahmen- bzw. Protomodell der Intelligenzstrukturforschung darstellt.

Der I-S-T 2000 R besteht aus einem Grundmodul, das die folgenden Intelligenzfähigkeiten erfassen soll: verbale Intelligenz (V), numerische Intelligenz (N), figurale Intelligenz (F), Merkfähigkeit und schlußfolgerndes Denken (SD).

Ein Erweiterungsmodul umfaßt die folgenden Intelligenzmaße: verbal kodiertes Wissen (VW), numerisch kodiertes Wissen (NW), figural kodiertes Wissen (FW), schlußfolgerndes Denken (gf; fluide Intelligenz bzw. schlußfolgerndes Denken ohne Wissensanteile) sowie Wissen (gc; kristallisierte Intelligenz bzw. Wissen ohne Anteile schlußfolgernden Denkens).

Das Erweiterungsmodul erfaßt somit von der Sozialisation als relativ unabhängig geltende Intelligenzfaktoren (sog. fluide Intelligenz) sowie Aufgaben für die kristalline Intelligenz, die eher wissensbezogene, stark sozialisationsabhängige Intelligenzfähigkeiten repräsentiert.

I-S-T 2000 R 2 (Intelligenz-Strukur-Test 2000 R 2, Liepmann, D., Beaducel, A., Brocke, B., und Amthauer, R. 2007).

Diese erweiterte und überarbeitete Auflage als IST 2000 R enthält Normen für Jugendliche ab 15 Jahren und Erwachsene.

ISA (Intelligenz Struktur Analyse, Fay, E., Trost, G., und Gittler, G., 1998; Ergänzung und Erweiterung der Normen, Bulheller, S., und Häcker, H. 2000)

• Altersbereich	14–40 Jahre
• Normen erhoben	1997–1999
• Eichstichprobe	N = 3813 Jugendliche und Erwachsene
• Höchster Wert (Normtabelle)	T 80 (PR 100)
• Durchführung	Individual- und Gruppentest

Mit der ISA liegt eine weitere Revision des IST 70 vor. Der Test ermöglicht eine differenzierte Erfassung wichtiger Fähigkeitsbereiche der Intelligenz (verbale, numerische, figuralräumliche Intelligenz und Gedächtnisleistung). Die Aggregation der Ergebnisse bezüglich der einzelnen Fähigkeiten ergibt ein Maß für die allgemeine Intelligenz.

I-S-T 70 (Intelligenz-Struktur-Test, 1970): Er sollte wegen der veralteten Normen nicht mehr verwendet werden.

BIS-4 (Berliner Intelligenzstruktur-Test, Form 4, Jäger, A. O., Süß, H. M., und Beauducel, A. 1997)

• Altersbereich	16–19 Jahre
• Normen erhoben	vermutlich 1992–1996 vorläufige Normen für 16–19-jährige Gymnasiasten/ Realschüler
• Eichstichprobe	N = 478 Jugendliche
• Höchster Wert (Normtabelle)	Standardwert 130
• Durchführung	Einzel- und Gruppentest

Theoretische Grundlage ist das hierarchisch und bimodal konzipierte Berliner Intelligenzstrukturmodell (BIS) von Jäger et al. (1997). Jäger geht von einer bimodalen Klassifikation in Operationen und Inhalten aus: An der Spitze der Fähigkeitshierarchie steht die «Allgemeine Intelligenz» (g), darunter liegen die folgenden sieben Fähigkeitskonstrukte, und zwar die vier operativen Fähigkeiten Verarbeitungskapazität, Einfallsreichtum (eine Kreativitätskomponente, vgl. Holling und Kanning 1999), Bearbeitungsgeschwindigkeit und Merkfähigkeit sowie die drei inhaltsgebundenen Fähigkeiten des sprachgebundenen Denkens, des zahlengebundenen Denkens und des anschauungsgebundenen, figural-bildhaften Denkens.

Der BIS-4 umfaßt mit 45 Aufgabentypen ein große Bandbreite von Intelligenzleistungen. Durch die Vielfalt und angemessene Komplexität der Aufgabenstellungen wird auch bei überdurchschnittlich intelligenten Jugendlichen die Leistungsmotivation selbst bei einer Gesamttestdauer von ca. 150 Minuten (Kurzform 47 Minuten) aufrechterhalten.

Die Durchführung bei einem höchstbegabten Fünfzehnjährigen zeigte, daß dieser sich durch die Aufgaben des BIS angemessen gefordert fühlte.

BIS-HB (Berliner Intelligenzstrukturtest für Jugendliche: Begabungs- und Hochbegabungsdiagnostik, Jäger, A. O., Holling, H., Preckel, F., Schulze, R., Vock, M., Süß, H. M., und Beauducel, A. 2006)

• **Altersbereich**	12;6–16;5 Jahre
• **Normen erhoben**	Januar 2002–Januar 2003
• **Eichstichprobe**	N = 1328 Jugendliche
• **Höchster Wert** (Normtabelle)	Normwert 145
• **Durchführung**	Einzel- und Gruppentest

Der BIS-HB ist eine Adaptation des BIS-4 und erfaßt wie dieser die oben genannten Intelligenzdimensionen. Auch hier wird als Gesamtheit aller geistigen Fähigkeiten von einer Allgemeinen Intelligenz (AI bzw. BIS-g) ausgegangen.

Er erlaubt sowohl eine differenzierte Erfassung spezifischer intellektueller Fähigkeiten als auch eine Abschätzung des allgemeinen intellektuellen Fähigkeitsniveaus im Bereich hoher Begabung. Deckeneffekte sind daher eher selten zu erwarten.

Bei einer Testdauer von ca. drei Stunden (bei zwei Pausen von je 15 Minuten) ist es ein aufwendiges Verfahren, die Anwendung der Kurzform allein ist dennoch eher nicht anzuraten.

Die Normwerte des BIS-HB wurden so bestimmt, daß der Mittelwert der Bezugsgruppe 100 und die Standardabweichung 15 Punkte beträgt. Somit entspricht z. B. einem BIS-4-Wert von 120 Punkten (Mittelwert 100, Standardabweichung 10 Punkte) ein Normwert von 130 Punkten im BIS-HB. Der Prozentrang (PR) beträgt in beiden Fällen ca. 97,7. Die Angabe des Prozentranges ist daher gerade für psychologische Laien nützlicher als die Angabe von Standard- oder Normwerten (beim BIS-HB explizit nicht als IQ bezeichnet).

Abschließende Hinweise

Bei der Einzelfalldiagnostik ist es von großem Vorteil, daß der Test immer als Einzeltest (nicht Gruppentest) durchgeführt wird, da nur hierbei die Beobachtung der Arbeitshaltung, Leistungsmotivation, Anstrengungsbereitschaft oder Mißerfolgsängstlichkeit möglich ist. Bei Testverfahren aus der Wechsler-Reihe, zu denen auch der AID zählt, können zum Teil Strategien und die Art des Problemlösens beobachtet werden, der Testleiter kann teilweise nachvollziehen, wie die (Denk-)Leistung zustande gekommen ist, was für eine differenzierte Hochbegabungsdiagnose sehr wichtig sein kann.

Es ist selbstverständlich das Ziel, die wahren Fähigkeiten des Kindes zu erfassen. Eltern wie Kind ist niemals damit gedient, die Diagnose in Richtung Hochbegabung zu beschönigen. Wenn begründete Zweifel an einer Hochbegabung – trotz sehr hoher Testleistung – bestehen, dann ist eher von einer weit überdurchschnittlichen Intelligenz und nicht Hochbegabung auszugehen. Dies kann z. B. der Fall sein, wenn ein Kind einen hohen Gesamtprozentrangwert aufgrund eines einzigen, sehr hohen Untertest-Wertes erlangt, wobei sich herausstellte, daß die hierfür erforderlichen Fähigkeiten durch ein intensives, spezielles Training erworben worden waren.

Allgemein ist bei Grenzfällen ein strenger, eher restriktiver Umgang mit der Diagnose Hochbegabung zu empfehlen. Einerseits bedeutet die Diagnose für die Familien und das Kind eine gewisse Belastung, sie setzen sich oft selbst sehr unter Druck, dieses Kind dann speziell fördern zu müssen, andererseits lehnen viele Kinder und Eltern diese Bezeichnung ab. Sie wollen und sollen «normal» sein, so sein wie alle anderen Kinder. Eine kompetente, einfühlsame Beratung der Familie, für die spezielle und umfassende Kenntnisse über hochbegabte Kinder nötig sind, ist somit in jedem Falle unabdingbar.

Spezielle Leistungstests

Im Rahmen einer Hochbegabungsdiagnostik ist bei der Einzelfallberatung neben den Intelligenztests der Einsatz weiterer Verfahren erforderlich. Zusätzlich zu den Intelligenztests werden häufig spezielle Leistungstests (z. B. Rechentests, Lese- und Rechtschreibtests, Tests zur motorischen Koordination, zum Aufmerksamkeits- und Konzentrationsverhalten) je nach individueller Fragestellung meist bei einem nachfolgenden Untersuchungstermin eingesetzt. Sie dienen der Abklärung spezieller Schwächen oder Eigenarten wie hohe Ängstlichkeit, niedrige Leistungsmotivation oder geringe feinmotorische Fertigkeiten, die auch bei Vorliegen einer sehr hohen Intelligenz möglicherweise die Schulleistung negativ beeinflussen (vgl. «Underachiever»). Anzumerken ist, daß bei sehr begabten und hochbegabten Kindern u. a. in geistig unterfordernden Situationen eine motorische Unruhe zu beobachten ist, die nicht selten als «Hyperaktivität» («ADHD») fehldiagnostiziert wird.

Ebenfalls abhängig von der speziellen diagnostischen Fragestellung verwenden wir zusätzlich psychometrische Persönlichkeitsverfahren, meist Fragebogen, die ebenfalls den genannten Testgütekriterien unterliegen, was bei den sogenannten Projektiven Verfahren (z. B. Sceno, Formdeute-Verfahren) nicht der Fall ist, weswegen wir sie nicht zu diagnostischen Zwecken einsetzen.

Da die Erfassung von «Kreativitätswerten» wie auch Angaben über soziale Begabungen bei der empirischen Überprüfung zu einer zuverlässigen Diagnose von intellektueller Hochbegabung nichts beitragen (Heller 1992, Rost 1993), erheben wir, auch wegen der geringen Testgüte von Kreativitätstests, keine sogenannten «Kreativitätsmaße».

Die Anwendung, Auswertung und Interpretation eines psychologischen Tests erfordert sehr gutes psychologisches Wissen, eine fundierte Ausbildung und Erfahrung im Bereich der Diagnostik.[29]

Die Durchführung psychologischer Tests durch Laien ist nur dann zu befürworten, wenn diese eine spezielle Ausbildung (z.B. als Psychologisch Technischer Assistent, PTA) erhalten haben und die diagnostische Untersuchung von Psychologen geleitet wird, der die Testdaten für die Diagnose und sein Gutachten interpretiert.

Anamnese, Exploration und Verhaltensbeobachtung

Bei keiner diagnostischen Fragestellung erschöpft sich psychologische Diagnostik in einer Test-Diagnostik. Vielerlei Verfahren sind einzusetzen, um die Daten zu gewinnen, die zur Klärung der Fragestellung nötig sind.

Neben Testverfahren spielen anamnestisch erhobene Daten z.B. über die Entwicklung der Kinder, ihr aktuelles Verhalten, ihre Interessen usw. eine wichtige Rolle. Bei der Diagnose und Prognose ist die Entwicklung des Kindes, sind biographische Daten über die körperliche wie psychische Entwicklung, Daten zu seiner Lebensumwelt, die aktuellen Interessen und Motivationen sowie sein kognitiver Leistungsstand (auch Noten usw.) zu berücksichtigen. Sie können über Befragung und Verhaltensbeobachtung gewonnen werden. Zeugnisse, Klassenarbeitshefte, Zeichnungen, Gedichte und Geschichten, die das Kind eigenständig verfaßt hat, sollten eingesehen werden.

Bei Vorschul- und Grundschulkindern dienen Eltern als wichtige Informationsquelle, da ein exploratives Gespräch mit den Kindern selbst kaum durchführbar ist. Diese Informationen, ebenso wie Lebens- und Leistungsdaten (Schulnoten, Teilnahme an Kursen bei Musik- und Sportschulen, Angaben über soziale Verhaltensweisen und Spielverhalten, Ängste usw.) geben Aufschluß und sind Interpretationshilfen der objektiv gewonnenen Test- und Leistungsdaten. Sie stützen zusätzlich die Prognose über künftiges Verhalten des Kindes und die Wirksamkeit der gewählten Intervention, z.B. vorzeitige Einschulung.

Familienanamnestische Daten, die den genetischen Einflüssen nicht nur bezüglich der Intelligenz, sondern aller Merkmale und Verhaltensweisen Rechnung tragen, können die Diagnose stützen. Weiterhin gibt die Beobachtung und Befragung des Kindes, sowie die Erfassung der Eltern-Kind-Interaktion Aufschluß über die kindliche Gesamtpersönlichkeit in den verschiedenen Kontexten (vgl. Heller 1987). Eine differenzierte und kompetente fachärztliche Prüfung der Seh- und Hörfähigkeit muß insbesondere im Vorschul- und Grundschulalter vorgenommen werden. Die schulärztliche Untersuchung bei der Einschulung ist sehr oberflächlich und schließt gravierende Seh- und Hörschwächen nicht aus.

Auch der Einsatz dieser Verfahren verlangt eine gute psychologische Ausbildung z. B. in der Durchführung von Anamnesen und Explorationen. Der kompetente Diagnostiker kennt mögliche Verzerrungseffekte, Halo- oder Gedächtniseffekte, die beispielsweise die Glaubwürdigkeit der anamnestisch gewonnenen Daten beeinträchtigen können.

Schätz-(Rating-)Skalen, Fragebogen und Checklisten

Im deutschen Sprachraum sind keine Rating-Skalen verfügbar, die valide oder reliabel eine Diagnose von Hochbegabung gestatten (vgl. Rost 1991). Es ist auch zukünftig nicht davon auszugehen, daß sich ein als kompliziert erweisender Prozeß wie das Diagnostizieren einer intellektuellen Hochbegabung durch Beurteilung oder Einschätzung einer Person ersetzen läßt.

In eigenen Untersuchungen zur Identifikation hochbegabter Vorschulkinder haben wir einen Fragebogen für Eltern (TÜEF, Tübinger Fragebogen für Eltern) entwickelt, der mit der Beantwortung einiger Fragen in Form von Rating-Skalen hochbegabte von nicht hochbegabten Kindern unterscheiden ließ (Stapf 1992). Derzeit wird dieser Fragebogen an weiteren Kindern überprüft und verbessert. In einer Untersuchung an über 1000 jordanischen Vorschulkindern wurde unser ins Arabische übersetzte Fragebogen eingesetzt; auch hier zeigten sich enge Beziehungen zwischen den von den Eltern angegebenen Werten und den Intelligenztestwerten der Kinder (Breik 1997, Schmid 1999).

Auch ein von uns erstellter Fragebogen für Erzieherinnen (TÜEZ, Tübinger Fragebogen für Erzieherinnen) zur Beurteilung von Vorschulkindern zeigt, daß Erzieherinnen bedeutsame Unterschiede in den geistigen Fähigkeiten zwischen hochbegabten und nicht hochbegabten Kindern wahrnehmen (Lang 2000).

Als diagnostische Verfahren sind derartige Erhebungsinstrumente jedoch nicht geeignet, da die Fehlerwahrscheinlichkeit sehr hoch ist. Sie können jedoch als Screening-Verfahren zur Grobauslese u. a. zu Forschungszwecken oder als Hilfe bei der Anamnese verwendet werden.

Bei Checklisten handelt es sich meist um eine (eher beliebige) Auflistung von Merkmalen und Verhaltensweisen, wobei nicht bekannt ist, in welchem Ausmaß und welcher Häufigkeit die einzelnen Merkmale bei hochbegabten, überdurchschnittlich und durchschnittlich begabten Kindern vorkommen. Sie sind in keinem Fall als Instrumente zur Diagnose geeignet, solange ihre Gültigkeit nicht geklärt und empirisch erwiesen ist, daß mit derartigen Checklisten erhobene Kennwerte hochbegabte von nicht hochbegabten Kindern eindeutig trennen. Ebenso wie Fragebogen und Rating-Skalen können sie bei Eltern oder Lehrern als Screening-Verfahren mit aller Vorsicht eingesetzt werden, oder wie Rost (1991) vorschlägt, als pädagogisches Hilfsmittel zur Beobachtung und Beschreibung hochbegabter Kinder dienen.

Danach ist es sinnvoll, Eltern, Erziehern oder Lehrern die in der Literatur aufgeführten Befunde über Merkmale und Verhaltensweisen hochbegabter Kinder mit den entsprechenden methodischen Einschränkungen zugänglich zu machen (vgl. Stapf 1998).

In der Literatur finden sich eine Reihe solcher «Merkmalslisten», die nicht darüber hinweg täuschen sollten, daß es sich um eine teilweise recht beliebige Auswahl der jeweiligen Autoren handelt (vgl. Webb 1993). Eine eindeutige Identifikation als hochbegabt aufgrund der in den Checklisten genannten Verhaltensmerkmale ist weder Laien noch Psychologen möglich.

Nominationsverfahren

Auf den ersten Blick erscheint es bestechend einfach, Hochbegabte dadurch zu entdecken, daß man sie selbst (Selbstnominierung) bzw. andere Personen (Fremdnominierung) einfach fragt, ob sie sich oder bestimmte andere für hochbegabt halten. Wissenschaftliche Überprüfungen ergaben, daß Fremdnominierungen z. B. durch Lehrer, Erzieher oder Peers nicht als brauchbare Verfahren zur Diagnose von Hochbegabung anzusehen sind (vgl. Holling und Kanning 1999). Die Fehlerquellen u. a. wegen fehlender Normen sind sehr groß: z. B. kann das Lehrerurteil aufgrund der Abhängigkeit von dem jeweiligen Klassen-Leistungsniveau stark verzerrt werden.

Dementsprechend ist u. a. die für Forschungszwecke vorgenommene Vorauswahl von Schülern aufgrund von Lehrerurteilen fehlerbehaftet, da beispielsweise Schüler mit schlechten Schulleistungen von Lehrern nicht als hochbegabt erkannt werden (vgl. die Diskussion: Hany und Heller 1991, Rost 1991).

Auch die Selbstnominierung, bei der eine Person sich selbst eine Hochbegabung zuschreibt, kann nicht als valide angesehen werden: Einerseits würden sich viele Hochbegabte ohne gesicherte testpsychologisch fundierte Diagnose nicht als hochbegabt bezeichnen, andererseits «vermuten» einige Personen zu Unrecht (eher Jugendliche oder Erwachsene), sie seien hochbegabt. Bei Befragungen einiger bei uns untersuchter Jugendlicher (vor Bekanntgabe des Testergebnisses) wurde deutlich, daß als hochbegabt diagnostizierte Jugendliche sich eher selten als hochbegabt einschätzen, während weit überdurchschnittlich intelligente (nicht hochbegabte) Jugendliche, die sich als weniger selbstkritisch erwiesen, dies eher von sich annahmen.

Tatsächlich sind die Grenzen zwischen Hochbegabung und sehr weit überdurchschnittlicher Intelligenz fließend, was die Diagnose erschwert. Sie setzt eine hohe Kompetenz bei den Diagnostikern voraus, die alle Informationen über das Kind und seine Umwelt zu einem kohärenten Bild zusammenfügen müssen, um zu einer richtigen Diagnose zu gelangen.

Diagnostische Kompetenz

Psychologisch-diagnostische Kompetenz läßt sich bestimmen als Resultat allgemeiner und spezifischer Fähigkeiten und Fertigkeiten, die aus fachlicher Ausbildung und Erfahrung herrühren und einen Psychologen befähigen, Psychodiagnostik akkurat und effizient auszuüben. Nach Booth (1995) wird dafür u. a. benötigt:

– Kompetenzwissen (Entscheidung, ob die diagnostische Aufgabe von ihm gelöst werden kann)
– Technologisches Wissen (Kenntnisse, die zur Auswahl des geeigneten Erhebungsinstruments führen)
– Psychologisches Fachwissen

Prinzipiell ist diese Kompetenz aufgrund der fachlichen Ausbildung in einem Diplomstudiengang bei allen Psychologen gegeben.

Hochbegabungsdiagnostik erfordert, wie jede psychologische Diagnostik, Kenntnisse über die aktuellen Verfahren, ihre Grenzen und Möglichkeiten (technologisches Wissen). Ebenso sollten sozialisationstheoretische Erkenntnisse über die schulischen wie familiären Mechanismen und Prozesse, die für die Umsetzung der kindlichen Fähigkeiten in seiner aktuellen Umwelt bedeutsam sind, bekannt sein. Nur dann kann eine richtige Diagnose gestellt werden, aus der eine Prognose sowie zufriedenstellende Beratung resultieren.

Weiterhin werden für die Qualifikation eines Testleiters als diagnostisch kompetent Kenntnisse und psychologisches Fachwissen benötigt, die Melchers und Preuß (1991, S. 5) in dem Durchführungshandbuch zum K-ABC spezifizieren: «Generelle Anforderungen an einen Versuchsleiter sind natürlich, daß er in Theorie und Forschung, in den Bereichen der Entwicklungspsychologie und Statistik, in kognitiver, Erziehungs- und Neuropsychologie gute Kenntnisse hat und über eine Ausbildung und Erfahrung in diagnostischer Verhaltensbeobachtung und individueller Intelligenzprüfung verfügt.»

Praktisch tätige Psychologen/innen, die über diese Kenntnisse nicht verfügen, verweisen in der Regel die Eltern an entsprechende Beratungsstellen. Dennoch sollten Eltern im gegebenen Fall zunächst das Kompetenzwissen erfragen, d.h. zunächst abklären, ob der von ihnen gewählte Diagnostiker/Berater über Erfahrungen mit Intelligenzdiagnostik bei Kindern und Jugendlichen sowie ausreichendes Grundlagenwissen über Hochbegabung verfügt.

Eine eindeutige Diagnose «Hochbegabung» können im Regelfall weder Eltern oder Lehrer noch Erzieher oder Ärzte stellen. Die Güte einer Diagnose hängt von den oben genannten Fähigkeiten und Fertigkeiten ab, über die aufgrund ihrer speziellen Ausbildung im Fach Psychologische Diagnostik in der Regel nur Psychologen verfügen.

Daß aus der Diagnose eine ebenso kompetente Beratung folgen muß, erscheint trivial, ist aber aufgrund einschlägiger Erfahrungen zu erwähnen.

Es sollte nicht verschwiegen werden, daß es schwierige Fälle gibt, bei denen eine eindeutige, sichere Diagnose nicht möglich ist. Dies ist dann mit den Eltern, dem Kind oder Jugendlichen ausführlich zu erörtern.

Eine Fehldiagnose in der Weise, daß einem nicht hochbegabten Kind eine Hochbegabung zugeschrieben wird, hat u.a. neben der Überforderung dieses Kindes und der Eltern negative Auswirkungen. Besondere Sorgfalt und verantwortungsvolles Handeln ist somit geboten. In einem derartigen Fall erscheint es meines Erachtens sinnvoll, bei der Beratung eher von einer sehr hohen Ausprägung der Intelligenz zu sprechen und Eltern sowie Lehrern entsprechende Handlungs- und Interventionsempfehlungen zu geben.

Immer wieder melden sich bei uns Eltern mit hochbegabten Kindern, die zwar eine Diagnose erhielten, aber keinerlei Beratung. Diese «Ratlosigkeit der Berater» (vgl. Stapf 1997) mag aus der langen Vernachlässigung des Themas Hochbegabung u.a. in der Ausbildung von Psychologen und Pädagogen resultieren. Aber eine Diagnose ohne Beratung verunsichert Eltern und Kinder zutiefst und ist damit nicht hilfreich.

Aufgaben psychologischer Beratung:
Vorbeugen ist besser als heilen

Nach der «Wiederentdeckung» der Hochbegabung in Deutschland entstand ein verstärktes Bedürfnis, sich hierzu Information und Wissen zu verschaffen. Einem Mangel an Information und Unsicherheit soll Ratsuche abhelfen. Dem Wunsch nach Beratung wird durch Bücher, Broschüren und Zeitschriften zum Thema Hochbegabung nachgekommen. In den letzten Jahren erschienen zahlreiche populäre Ratgeber auf dem Markt, die es, ebenso wie ratgebende Fernseh- und Rundfunksendungen, Journale und Internetangebote dem Ratsuchenden schwer machen, pseudowissenschaftliche Offerten von seriösen psychologischen und pädagogischen Beratungsangeboten zu unterscheiden.

Eine Einschätzung der Brauchbarkeit derartiger Informationen mag leichter fallen, wenn Funktion und Aufgaben psychologischer Beratung deutlich werden, die auch für die Beratung bei Hochbegabung gelten.

Psychologische Beratung als wissenschaftlich fundierte, konkrete Entwicklungs- und Lebenshilfe strebt nach Lösung der aktuellen oder zukünftigen Probleme der Ratsuchenden. Dabei wird deren Freiwilligkeit und Eigenverantwortlichkeit als ein wichtiges Merkmal des Beratungsvorganges ebenso betont wie die aktive Mitarbeit beim Problemlösen und die Beschränkung der Beratung auf eher wenige Zeitpunkte.

Im Unterschied zur psychotherapeutischen Intervention steht bei Beratung die sprachliche Vermittlung von Informationen und Erkenntnissen im Mittelpunkt. Beratung zielt u. a. auf die Unterstützung und Wiederherstellung der Handlungskompetenz der Ratsuchenden ab, z. B. lernen Eltern, mit der Hochbegabung des Kindes kompetent umzugehen. Sie soll Hilfe zur Selbsthilfe sein mit dem Ziel, psychische Stabilität und eine positive Entwicklung der kindlichen Persönlichkeit zu fördern. Mit dieser Aufgabe, Zufriedenheit und Wohlbefinden von Eltern und Kind zu verbessern und zu erhalten, hat sie eine vorbeugende (präventive) Funktion (vgl. Kastner-Koller und Deimann 1993, S. 75).

Beispielsweise führte die Beratung der Eltern eines vierjährigen Jungen, der als hochbegabt diagnostiziert wurde, nicht nur zu einem besseren elterlichen Verständnis seiner besonderen, die elterliche Anregungen herausfordernden Verhaltensweisen und Interessen (er kannte die Flaggen fast aller Länder und schaute sich stundenlang Atlanten und Landkarten an), sondern auch zur vorzeitigen Einschulung als Gastschüler mit knapp fünf Jahren. Damit wurden ihm längerfristig schulische Anforderungen vermittelt, die durch den Besuch der 2. Klasse mit sechs Jahren einer starken Unterforderung und Schulunlust vorbeugen konnten.

In Abhängigkeit von den vorliegenden Schwierigkeiten lösen sich manche Probleme nach gründlich durchgeführter Diagnostik schon durch die Beratung. Häufig berichten Eltern, daß die Durchführung des Intelligenztests den Kindern einen Entwicklungsanstoß gab. Sie waren danach wieder interessierter an intellektuellen Beschäftigungen, ihr Selbstwertgefühl stieg. Sie wirkten ruhiger und ausgeglichener, zeigten Freude am Spielen und waren weniger aggressiv. Einige der bei uns untersuchten Kinder konnten aufgrund des verbesserten Selbstwertgefühls ihre Schulleistungen in kürzester Zeit deutlich um zwei Noten, von 4 auf 2, verbessern. Die schon von Hollingworth (1942) beschriebene Apathie war zumindest für eine Weile verschwunden.

Zu den klassischen Aufgabenfeldern psychologischer Beratung gehören die Erziehungsberatung und die Beratung im Schul- und Bildungsbereich (schulpsychologische Beratung). Die Hochbegabtenberatung ist in beiden anzusiedeln. Eltern müssen im Einzelfall entscheiden, an welche Beratungseinrichtung sie sich wenden.

Die Aufgaben schulpsychologischer Dienste werden vorrangig in der Identifizierung von Kindern mit Intelligenz-, Lern- und Leistungsstörungen gesehen, neuerdings auch verstärkt bei der Frage der Schullaufbahnberatung.

Erziehungsberatungsstellen werden typischerweise von Eltern aufgesucht, wenn sie (sozial-emotionale) Störungen und

Auffälligkeiten beim Kind oder Probleme im Umgang mit dem Kind erleben. Bei einem Drittel aller Beratungsfälle handelt es sich um Probleme im schulischen oder Leistungsbereich, vorwiegend stehen jedoch soziale und emotionale Probleme im Vordergrund (vgl. Kastner-Koller und Deimann 1993).

Da in der Mehrheit Eltern, die eine Hochbegabtenberatungsstelle aufsuchen, hierzu die Initiative ergreifen, wird im folgenden vorrangig auf die Beratung von Eltern eingegangen. In einigen Fällen wenden sich aber auch Lehrer, Erzieherinnen oder Kinderärzte direkt an eine derartige Stelle, um wegen eines Kindes oder Jugendlichen Rat einzuholen.

Eltern, die unsere Beratung in Anspruch nahmen, gaben fast alle als Grund das «Feststellen der Begabung» an. Sie wünschten eine Schullaufbahnberatung sowie klare Angaben über vorhandene Fördermöglichkeiten, also eher eine schulpsychologische Fragestellung (s. Gründe der Ratsuche). Häufig werden zusätzlich psychosoziale Schwierigkeiten, Unzufriedenheit, Unglücklichsein, Langeweile aufgrund von Unterforderung, soziale Konflikte mit Gleichaltrigen, Ausgrenzung und aggressives Verhalten in Schule und Elternhaus sowie psychosomatische Beschwerden wie Bauch- und Kopfschmerzen genannt.

Eltern, die diese oder ähnliche Auffälligkeiten bei ihren Kindern beobachten, gehen üblicherweise in psychologische Erziehungsberatungsstellen, deren Diagnose- und Beratungsschwerpunkt häufig ein «störungszentrierter» Ansatz zugrunde liegt (vgl. Kastner-Koller und Deimann 1993). Dieser Ansatz legt somit nahe, daß das Kind an einer «psychischen Störung», einer «Krankheit» leidet und dementsprechend eine «Therapie» benötigt. Weit verbreitet ist eine «beziehungsorientierte» Sichtweise, bei der, unter dem Einfluß psychoanalytischer Vorstellungen, eine gestörte Mutter-Kind-Beziehung als (alleinige) Ursache für die kindlichen Probleme angesehen wird.

Für Hochbegabte sind beide Sichtweisen erfahrungsgemäß nicht zielführend, z. B. sind Störungen der Eltern-Kind-Beziehung häufig eine Reaktion auf vorliegende kindliche Schwierigkeiten beispielsweise mit Gleichaltrigen. Tatsächlich sind die Erwartungen der Eltern hoch, sie entsprechen jedoch in der Regel den beobachteten Leistungsmöglichkeiten ihres Kindes, d. h., die Eltern reagieren auf das Kind und nicht umgekehrt.

Die Gefahr bei störungszentrierten und einseitig «beziehungsorientierten» Ansätzen besteht nach unseren Erfahrungen darin, daß in den Fällen, bei denen als Beratungsanlaß von den Eltern psychosoziale Anpassungsprobleme und Verhaltensauffälligkeiten angegeben werden, in einer Reihe von Erziehungsberatungsstellen keine Intelligenzdiagnostik durchgeführt wird. Die Ursache für das Störverhalten des Kindes, eine aufgrund hoher Intelligenz erlebte Langeweile im Kindergarten wird nicht erkannt, vielmehr wird ein von den Eltern ausgehender (vermuteter) «Leistungsdruck» oder «zu hohe elterliche Erwartungen» als Grund für die Verhaltensauffälligkeiten angenommen. Bei diesen und ähnlichen Fehldiagnosen erhalten Eltern Ratschläge wie: «Das Kind mehr spielen zu lassen», «ihm weniger Bücher zu geben» oder «nicht einzuschulen, länger im Kindergarten zu belassen». In Waldorfkindergärten wurde Eltern (später als hochbegabt diagnostizierter Kinder) der Ratschlag gegeben: «Das Kind muß mehr mit den Händen tun, es ist zu kopflastig» bzw. «ein Kind muß erst spielen lernen, ehe es denken darf», als das Kind über starke Langeweile und Unbehagen im Kindergarten klagte.

Danach wird deutlich, daß sich der theoretische Hintergrund, die Voreinstellungen des Beraters, der Beraterin eindrücklich im diagnostischen Prozeß, in Beratung und Intervention niederschlagen. Ein psychoanalytisch orientierter Kindertherapeut verwendet häufig andere diagnostische Verfahren, oft projektive Verfahren, deren Validität sehr zweifelhaft ist. Damit erhält er andere Erkenntnisse und schlägt andere Maßnahmen vor als z. B. ein/e der Verhaltenstherapie oder der systemischen Familientherapie verpflichteter Psychologe/in oder Psychotherapeut/in.

Die Wahl der «richtigen» Beratungsinstitution, der kompetenten Diagnostiker und damit Berater ist von entscheidender Bedeutung für eine erfolgreiche Ratsuche.

Brauchen Hochbegabte eine (spezifische) Beratung?

Unbestreitbar ist, daß in Deutschland die Anzahl von über 300 000 hochbegabten Kindern und Jugendlichen (ca. 3 % aller Kinder im Alter von 0–15 Jahren) groß genug ist, um eine intensive Beschäftigung mit diesen Kindern zu rechtfertigen. Die Frage, wie viele dieser hochbegabten Kinder und Jugendlichen Probleme haben und damit eine Beratung benötigen, ist bislang nicht eindeutig zu beantworten.

Sie hängt zunächst davon ab, um welche «Probleme» es sich handelt. Dabei ist es für diagnostisch-praktische Belange zunächst weniger bedeutsam, wie hoch der Anteil von Hochbegabten ist, die Schwierigkeiten oder Probleme haben. Auch wenn ihnen im Durchschnitt ein geringeres Ausmaß an Störungen und Verhaltensauffälligkeiten, eine größere seelische Gesundheit zuzuschreiben ist, weisen Ergebnisse und Berichte von Beratungsstellen auf eine Vielfalt von beratungswürdigen Problemstellungen bei hochbegabten Kindern und ihren Familien hin.

Schätzungen, die bei ca. 50 % der Kinder ein hohes Entwicklungsrisiko unterstellen, weil sie nicht als hochbegabt erkannt würden und deswegen mit schulischen oder psychosozialen Problemen zu kämpfen hätten, erscheinen kaum haltbar (Heller 1987, Feger und Prado 1998).

Aus der Tatsache, daß ein Kind nicht als hochbegabt erkannt wurde, läßt sich nicht ableiten, daß es «automatisch» nicht gefördert wird bzw. Probleme und Schwierigkeiten erleben wird. Eltern und Schule können das Kind angemessen fordern und anregen, ohne sicher zu wissen, ob ihr Kind hochbegabt ist. Allerdings ist die Wahrscheinlichkeit höher, angemessene außerfamiliäre Forderungen und Förderungen zu erhalten, wenn eine entsprechende Diagnose vorliegt.

Was also ist ein «Problem», genauer: Wie wird es bestimmt und erfaßt? Sinnvollerweise befragt man zunächst die Betroffenen selbst. Läßt man beispielsweise hochbegabte 9–14jährige Schüler ihr Selbstbild, ihre Motive und Verhaltensstile mit einem Persönlichkeitsfragebogen (wie dem PFK 9–14) einschätzen, erhält man kaum Abweichungen von den Antworten durchschnittlich intelligenter Jugendlicher (vgl. Holzhay 2001, Rost 1993, 2000). Da dieser Persönlichkeitsfragebogen nicht für Hochbegabte konstruiert wurde, wird nach ihren «speziellen Problemen» nicht gefragt. Ob die damit erhaltenen Daten über die Probleme Hochbegabter Auskunft geben können, ist fraglich.

Im mündlichen Einzelinterview machen hochbegabte Kinder und Jugendliche oft differenziertere Aussagen. Sie berichten glaubwürdig und verhaltensnah z. B. über Schwierigkeiten sozialer Art («keinen Freund zu haben», «nicht zu Kindergeburtstagen eingeladen zu werden», «sich als «anders» zu fühlen»), motivationaler Art (über eine Demotivierung wegen Unterforderung: «immer die Wiederholungen», «in der Schule nichts Neues, zu oft sehr einfache Erklärungen des Stoffes, zu langsame, zu kleine Lernschritte») oder emotionaler Art («Wutanfälle wegen Ungerechtigkeit», «starke Traurigkeit über die Zurückweisung und Abwertung durch andere»).

Nicht gerechtfertigt ist die Gleichsetzung von «Underachiever» und «hochbegabtem Problemkind». In der Beratungspraxis finden sich immer wieder, wenn auch selten, Kinder und Jugendliche, denen die erwartungswidrigen Schulleistungen, die schlechten Schulnoten völlig unwichtig sind und die selbst kein Problem damit haben. Auch eine Reihe von Eltern hält «gute» Noten für nicht wichtig, zumindest solange keine Klasse wiederholt werden muß und der Schulabschluß (meist Abitur) erfolgen wird.

In der Hochbegabtenforschung findet man keine klaren Aussagen darüber, was unter einer Verhaltensauffälligkeit, Störung oder schwierigem, «problematischem» Verhalten zu verstehen ist. Dementsprechend lassen sich die verschiedenen Studien und Ergebnisse nur schwer vergleichen.

Eine Orientierungshilfe bietet zunächst eine für kinder- und jugendpsychiatrische «Probleme» geltende sehr allgemeine Definition: «Als kinder- und jugendpsychiatrische Erkrankung bezeichnen wir den Zustand unwillkürlich gestörter Lebensfunktionen, der durch Beginn, Verlauf und ggf. auch Ende eine zeitliche Dimension aufweist und ein Kind oder

einen Jugendlichen entscheidend daran hindert, an den alters-
typischen Lebensvollzügen aktiv teilzunehmen und diese zu
bewältigen» (Remschmidt 1995, S. 5). Als Beispiel nennt der
Autor eine Schulphobie oder eine ausgeprägte Legasthenie,
während eine geringfügige Dunkelangst nicht als Krankheit
bezeichnet würde, da sie die Lebensvollzüge des Kindes nicht
stark beeinträchtigt.

Wenn wir Verhaltensauffälligkeiten und psychosoziale Störungen dementsprechend als Anpassung an die angemessenen
Anforderungen der Umwelt sowie die Bewältigung der Le-
bens- und Entwicklungsaufgaben eines Kindes und Jugendlichen ansehen, ist weder eine besondere Verletzlichkeit noch
besondere Unverwundbarkeit Hochbegabter auszumachen
(Stapf und Stapf 1988).

Hochbegabte haben demnach Probleme und Schwierigkeiten in einem den anderen Kindern vergleichbaren Ausmaß. Es
sind jedoch teilweise andere Schwierigkeiten, die, auf anderen
Gründen beruhend, besonderer Maßnahmen bedürfen (s. Entwicklung Hochbegabter). Eine spezifische Beratung ist somit
erforderlich. Sie wird von Diagnostikern mit guten Kenntnissen
und Erfahrungen an Beratungsstellen, die sich speziell mit
Hochbegabung beschäftigen, besonders effizient durchgeführt.

Kritiker, die eine spezielle Hochbegabtenberatung ablehnen, führen als Gegenargument an, daß sich von allen Kindern, die eine Hochbegabungsberatungsstelle aufsuchen,
nicht sehr viele als hochbegabt erweisen. Konkrete Angaben
verschiedener Stellen nennen von 27 bis zu 50 % als hochbegabt identifizierte Kinder. Von den in Tübingen untersuchten
ca. 1000 Kindern erwiesen sich relativ stabil ca. 38 % der
Schulkinder und ca. 34 % der Vorschulkinder als hochbegabt,
ca. 30 % als sehr weit überdurchschnittlich intelligent und ca.
32 % (Vorschulkinder ca. 36 %) als durchschnittlich intelligent. Die Gründe für die genannten Unterschiede zwischen
den Beratungsstellen sind vielfältig: Die Wahl unterschiedlicher Testverfahren oder eine unterschiedlich strenge Hand-
habung der Grenzwerte mag eine Rolle spielen. Offen bleibt,
inwieweit die jeweiligen Berater im Einzelfall zusätzliche Informationen für die Diagnose Hochbegabung benutzen.

Eine stärkere Zusammenarbeit, wissenschaftlicher Austausch und Abstimmung der Beratungsstellen in Zukunft ist unbedingt anzustreben.

Die Einrichtung von Beratungsstellen für Hochbegabte, die Rost (1993) zunächst in heftigen Kontroversen u. a. mit Vertretern der Deutschen Gesellschaft für das hochbegabte Kind ablehnte, hat sich inzwischen als erforderlich, nützlich und dem Bedarf gerecht herausgestellt.[30] Die große Nachfrage, die bei allen Hochbegabungsberatungsstellen immer noch zu langen Wartefristen führt, spricht für sich. Die Praxis zeigt und beantwortet die Frage, ob spezielle Beratungsstellen benötigt werden. Viele Eltern, die nicht selten wahre Beratungsodysseen mit ihren Kindern hinter sich gebracht haben, erhalten erst hier die Diagnose und Beratung, die ihnen und ihrem Kind wirklich weiterhilft.

Ein weiterer Vorteil dieser Einrichtungen besteht darin, daß die speziellen Kenntnisse, Erfahrungen und Informationen der Berater eine kontinuierliche Lebenslaufberatung ermöglichen und die Kinder nicht selten bei Bedarf bis in das Erwachsenenalter hinein beratend begleitet werden. Erfahrungsgemäß genügt in manchen Fällen eine einmalige Diagnostik und Beratung nicht. Unter Umständen stellen sich Eltern und Kindern wieder neue Fragen und Entscheidungen, die nur bei einer längerfristigen Beratungsarbeit «auf der Grundlage eines gewachsenen Vertrauensverhältnisses zwischen Klienten und dem Berater» (Freese 1990, S. 271) eine Verbesserung der Lebenssituation von Kind und Eltern bewirken.

Einige Hochbegabte, die sich bei Schwierigkeiten und Entscheidungen in Studium, Beruf oder Partnerschaft immer wieder an uns wenden, betreuen wir seit 20 Jahren. Auch Fragen erwachsener Hochbegabter können von Beratern, die ausreichend Erfahrungen mit Hochbegabten haben, kompetenter beantwortet werden (vgl. Feger 2002). Bei einer Studienberatung Hochbegabter ist auf angemessene Anforderungen durch das spezielle Fach und der Universität zu achten, auf Stipendien ist hinzuweisen. Den jungen Leuten sollten z. B. Orte und Organisationen genannt werden, wo sie Gleichgesinnte treffen können (z. B. Mensa).

Wodurch entstehen Probleme?

Wie bei allen Kindern und Jugendlichen gibt es auch bei Hochbegabten viele verschiedene Gründe und Ursachen, die zu Schwierigkeiten, Problemen oder Konflikten führen. Dabei ist niemals von einer einzelnen verursachenden Bedingung auszugehen, sondern es sind in der Regel mehrere Gegebenheiten, die zusammentreffen und sich wechselseitig beeinflussen, was dann Verhaltensauffälligkeiten oder Probleme beim Kind und/oder seinem sozialen Umfeld auslösen kann.

Bei Überlegungen zur Entstehung von Problemen und Entwicklungsstörungen bei Hochbegabten werden meist Diskrepanzerfahrungen genannt, die sich einerseits auf intrapsychische Vorgänge im Kind beziehen (s. Asynchronien), zum anderen auf die Passung zu den das Kind umgebenden sozialen Umwelten wie Familie, Schule oder Gleichaltrige (Peers). Im konkreten Fall spielt meist beides eine Rolle: je mehr Probleme ein Kind aufgrund seiner speziellen, in sich diskrepanten Merkmalskonstellationen hat, um so höher ist die Wahrscheinlichkeit, daß die soziale Umwelt (Eltern, Lehrer) in nicht passender Weise auf sein Verhalten und seine Eigenarten reagiert.

Ein hochbegabtes Kind hat schon als Säugling und Kleinkind ein starkes Bedürfnis nach geistiger Beschäftigung (hohe intrinsische Motivation); es kann Informationen in großer Menge und von hoher Komplexität erfassen und verarbeiten und benötigt entsprechende Angebote und Anforderungen, um zufrieden und ausgeglichen (glücklich) zu sein. Es ist dabei auf seine Sinnesorgane angewiesen, über die es die Informationen erhält, sowie auf seine motorischen Fertigkeiten, um an Informationen und neue, interessante Dinge (Haushaltsgegenstände, Bücher, technische Geräte) heranzukommen, diese zu explorieren, zu manipulieren und damit Neues zu konstruieren.

Gelingt dies wegen bestimmter Sinnesschwächen oder Defizite bei motorischen Fertigkeiten nicht, besteht, wie bei durchschnittlich begabten Kindern, das erhöhte Risiko einer

Fehlentwicklung. Einerseits erweist sich eine große Kluft zwischen geistigen Fähigkeiten und körperlichen Umsetzungsmöglichkeiten als entwicklungshemmend, andererseits kann eine sehr hohe Intelligenz kompensatorisch die körperlichen Schwächen zum Teil ausgleichen. Was das hochbegabte Kind nicht richtig hört, denkt es sich dazu; was es einmal gesehen hat, behält es für lange Zeit, es kennt die Texte, Wörter auswendig oder schreibt mit dem Computer, was mit Hand und Stift nicht so gut und schnell gelingt.

Tatsächlich greifen kompensatorische Mechanismen möglicherweise so lange, wie das Kind vor allem in der Familie relativ stark selbst bestimmen kann, was und wie es Dinge tut, womit es sich beschäftigt, ohne externen Leistungserwartungen und Leistungsanforderungen ausgesetzt zu sein. In einigen Fällen beginnen aber schon im Kindergarten für hochbegabte Kinder deswegen Probleme, weil sie sich mit den anderen vergleichen und verglichen werden. Körperliche Eigenarten und Defizite einiger Hochbegabter wie feinmotorische Ungeschicklichkeit, grobmotorische Tolpatschigkeit und Langsamkeit, starke Lärmempfindlichkeit und daher überschießende Reaktionen auf stark störende Geräusche, schlechte visuell-motorische Koordinationsfähigkeit fallen leicht auf und werden negativ thematisiert. Herausragende geistige Fähigkeiten werden weniger leicht erkannt und meist nicht (positiv) thematisiert, zumindest nicht anerkannt, häufig sogar abgelehnt.

In der Schule können körperliche Entwicklungsverzögerungen oder Einschränkungen der Sinnesfähigkeiten, die bei der schulärztlichen Untersuchung nicht unbedingt erkannt werden, zu starken psychosozialen Anpassungsproblemen, Ängsten, depressiven Verstimmungen, aggressiven, störendem Verhalten und Leistungsverweigerung führen. Bei einigen Hochbegabten, deren eingeschränktes Hörvermögen erst im Grundschulalter bei der Testdurchführung bemerkt wurde, waren die Schulleistungen dennoch recht gut geblieben, weil die Kinder es lange Zeit kompensieren konnten. Ebenso erleben Hochbegabte mit einer Sehschwäche aufgrund von (un-)erkannter) Weitsichtigkeit, latentem Schielen oder fehlendem räumlichen Sehen für sie unerklärliche Mißerfolge. Sie reagieren darauf, wie einige der von uns untersuchten Kinder, mit starkem Störverhalten, Unzufriedenheit und zunehmender Schulunlust trotz angemessen früher Einschulung oder Überspringen einer Klassenstufe. Mögliche feinmotorische Schwächen, vor allem bei Jungen, lassen die Erledigung schulischer Aufgaben und Hausaufgaben, die in starkem Maße feinmotorische Fertigkeiten und wenig Denken erfordern, zu einem endlosen, lustlosen Unterfangen werden.

Wenn in der Anamnese häufig über chronische Mittelohrentzündungen berichtet wird, Eltern oder Großeltern Seh- oder Hörschwächen als Kinder hatten und entsprechende Beobachtungen bei der Testdurchführung Vermutungen über solche Schwächen erhärten, sind vor der weiteren Intelligenzdiagnostik und Interpretation der Testdaten unbedingt fachärztliche Überprüfungen vorzunehmen.

Dabei muß das Hörvermögen mit sprachlichen Prüfreizen untersucht werden (d. h., es ist abzuklären, ob das Kind z. B. akustisch p und b differenzieren kann, ob es etwa den Unterschied zwischen Lachs und Dachs hört). Im Sehtest sollte die Sehtüchtigkeit im Fern- und Nahbereich gründlich überprüft werden. Ebenso wie eine mögliche Weitsichtigkeit, für Lesen und Schreiben ausschlaggebend, sind Schwächen wie Astigmatismus, latentes Schielen, Doppelsehen sowie beim räumlichen Sehen abzuklären. Wie bei älteren Kindern sollte schon bei Vorschulkindern und Erstkläßlern eine Weitsichtigkeit mit einer Brille korrigiert werden. Kopfschmerzen sind manchmal Anzeichen für einen Sehfehler.

Die Notwendigkeit, sich mit der Sinnestüchtigkeit so ausführlich auseinanderzusetzen, beruht u. a. auf Erfahrungen mit einigen hochbegabten Kindern, die als «Legastheniker» die Grundschule durchliefen, was sich als Fehldiagnose herausstellte: im Fall einer Viertkläßlerin wurde erst nach der fünften augenärztlichen Untersuchung ein latentes Schielen diagnostiziert. Nach der Augenkorrektur und intensiver Übung der Rechtschreibung verschwanden die Rechtschreibfehler.

Silverman (1993), die über langjährige Beratungspraxis mit Hochbegabten verfügt, empfiehlt in jedem Fall dann eine

Überprüfung der Sehfähigkeit, wenn im Vergleich zum Verbalteil im Wechsler Intelligenztest sehr niedrige Werte im Handlungsteil beobachtet werden.

Bei schlechten Leistungen im «Zahlennachsprechen» und häufiger Mittelohrentzündung rät sie, wie wir, das (sprachliche) Hörvermögen prüfen zu lassen. Bei schlechter Auge-Hand-Koordination, einem langsamen Tempo bei feinmotorischen Aufgaben (z. B. im CFT 1: Untertest: «Labyrinthe»; AID 2: Untertest: «Kodieren und Assoziieren») schickt Silverman die Kinder in eine sensorisch-motorische Integrationstherapie. In Deutschland erhalten Kinder in diesen Fällen eine Ergotherapie, wobei Eltern auf ein Training der feinmotorischen Fertigkeiten achten sollten. Die motorischen Übungen werden von den Kindern insgesamt motivierter durchgeführt, wenn sie auch intellektuell, in geistig ansprechende Spiele eingekleidet sind.

Da in der Literatur eine höhere Auftretenshäufigkeit allergischer Reaktionen bei Hochbegabten erwähnt wird (Benbow 1990) wie z. B. Heuschnupfen oder Neurodermitis, ist in der Anamnese gezielt nach Allergien zu fragen. Sie können die Leistungsfähigkeit z. B. in der Schule, im Sport u. a. wegen unruhigem und zu kurzem Schlaf beeinträchtigen.

Da eine Reihe von Vorschul- und Grundschulkindern mit einer unerkannten Beeinträchtigung der genannten Art in die psychologische Untersuchung kommt, sind für die Begabungsdiagnose und Beratung die körperlichen Gegebenheiten, die Wahrnehmungs- und psychomotorischen Fertigkeiten gut abzuklären, um Fehldiagnosen zu vermeiden.

Auch das Auftreten von Lese- und Rechtschreibschwächen (Dyslexie, Legasthenie) ist bei intellektuell Hochbegabten zu beobachten. Diese Kinder sind in den Beratungsstellen deswegen häufiger vertreten, weil sie ihren Eltern und Lehrern wegen ihrer offensichtlichen, erwartungswidrigen Minderleistungen auffallen. Für viele Hochbegabte, wie für andere Kinder auch, ist eine Lese-/Rechtschreibschwäche äußerst entwicklungshemmend: Dieses für die Kinder oft völlig unverständliches Versagen in der Kulturtechnik, fehlerfrei zu schreiben, beeinträchtigt stark ihr schulisches Selbstwertgefühl. Die Ablehnung und Schulunlust weitet sich auf die gesamte Schulsituation aus und betrifft oft nicht nur das Fach Deutsch. Eine frühstmögliche Erkennung, vor Schuleintritt, mit systematischem Rechtschreibtraining von Schreibbeginn an, würde die Entstehung weiterer motivationaler und emotionaler (Schul-)Probleme unwahrscheinlicher machen.

Allerdings wird eine Diagnose dadurch erschwert, daß in den Grundschulen teilweise bis ins 3. Schuljahr geübte Diktate mit bekannten Wörtern vorgegeben werden, die Hochbegabte oft auswendig können.[31] Ihre Lese- oder Rechtschreibschwäche bleibt dann lange unerkannt.

Bei Paul, mathematisch hochbegabt, hatte die Lehrerin bis zur Mitte der vierten Klasse nicht bemerkt, daß er überhaupt nicht lesen konnte. Sein Vater hatte ebenfalls eine Dyslexie und sehr spät lesen gelernt.

Abzugrenzen und diagnostisch abzuklären gegen diese angeborenen Schwächen, die familiär gehäuft auftreten, sind schlechte Rechtschreibfertigkeiten aus folgenden Gründen: Manche Kinder lehnen es ab, richtig zu schreiben, sie sehen nicht ein, daß die orthographischen Regeln wichtig sind. Weiterhin kann ein schlechter Unterricht, bei dem in den ersten beiden Grundschuljahren kein großer Wert auf eine fehlerfreie Rechtschreibung gelegt wurde bzw. den Kindern die Regeln nicht angemessen vermittelt wurden und/oder zunächst die Wörter geschrieben werden durften, wie sie gehört werden, den Erwerb einer fehlerfreien Rechtschreibung erschweren. Da Fehler sich oft bildhaft einprägen, sollte ein falsch geschriebenes Wort immer verbessert werden. Sobald Kinder überhaupt anfangen zu schreiben, hilft es vor allem Rechtschreibschwachen, wenn freundlich erklärend auf die richtige Schreibweise geachtet wird.

Allgemein gilt, daß diese Schwächen bei Hochbegabten eine geringe Auftretenswahrscheinlichkeit besitzen. Wie für die sogenannte Aufmerksamkeitsstörung mit und ohne Hyperaktivität (ADS; ADHD), die mit einer Prävalenz von 2 bis 5 % in der Grundgesamtheit aller Kinder vorkommt (bei Jungen deutlich häufiger), ist bei der Festlegung von 2 bis 3 % der Kinder als hochbegabt, ein sehr geringer Prozentsatz an aufmerksamkeitsgestörten Hochbegabten zu erwarten. Da sich bei den von uns untersuchten Kindern die Fehldiagnosen bei der z. Zt. als «Modestörung» zu kennzeichnenden «ADS/ ADHD» häufen, ist eine genaue Diagnose, die nicht nur anhand der Beantwortung eines Fragebogens durch Eltern/Erzieher/Lehrer bestehen kann, in Abgrenzung von einem schwierigen Temperament einerseits und einer motorischen Unruhe als Reaktion auf geistige Unterforderung andererseits vorzunehmen (ausführlicher hierzu s. Stapf 2003, Stapf 2010).

Einer der wichtigsten Gründe, warum Eltern vor allem mit ihren Söhnen eine Hochbegabtenberatungsstelle aufsuchen, sind erwartungswidrig schlechte Schulleistungen (Underachievement) (Silverman 1993). Da Hochbegabte, die in ihren nicht-kognitiven Merkmalen ähnliche Variationen aufweisen wie andere Kinder auch, gibt es beispielsweise hochbegabte Kinder mit schwierigem oder einfachem Temperament, mit geringem Interesse an anderen Personen, hoher (sozialer) Ängstlichkeit, geringem Selbstwert, niedriger Anstrengungsbereitschaft oder gering ausgeprägter Leistungsmotivation. Diese Merkmale können im jeweiligen Einzelfall mit Schwierigkeiten wie sozialer Ausgrenzung oder niedrigen Schulleistungen zusammenhängen. Befunde der Marburger Hochbegabtenstudie weisen in diese Richtung. Die hier als minderleistend bestimmten Hochbegabten (N = 18) werden als weniger gehorsam, aggressiv-dominant, emotional leicht erregbar beschrieben Die Lehrer stuften diese minderleistenden Hochbegabten demgemäß als «schwierige» Kinder ein (Rost 2000). Diese Merkmale kennzeichnen tatsächlich Kinder mit einem schwierigen Temperament. Da die Stichprobe sehr klein ist, sind diese Ergebnisse jedoch vorsichtig zu interpretieren.

Hochbegabte mit einem schwierigen Temperament – innerhalb aller Hochbegabten könnte es sich um ca. 10 % handeln – haben mit größeren Anpassungsproblemen zu kämpfen. Da einige dieser schwierigen Temperamentsmerkmale (z. B. Irritierbarkeit, niedrige Reizschwelle, Unruhe) schon bei Säuglingen und Kleinkindern erkennbar sind, ist eine Intervention und Beratung erforderlich, die stärker auf die familiären Bedingungen bezogen ist. In diesen Fällen benötigen Eltern frühstmöglich eine Unterstützung im Umgang mit ihrem Kind. Tritt die erwartungswidrige Minderleistung erst massiv ab dem Schuleintritt auf, ist eher an den Einfluß schulischer Bedingungen zu denken (Silverman 1993). Bei unserer Beratungsarbeit sind schulische Minderleistungen gehäuft begleitet von eher niedrigen elterlichen Anforderungen etwa an die Leistungsmotivation der Kinder sowie an pflichtgemäße Erledigung langweiliger Aufgaben. Unklar bleibt hier die Wirkrichtung. Zu fragen wäre, ob die elterlichen (zu geringen) Anforderungen auf die Minderleistungen und niedrigen Ehrgeiz der Kinder zurückgehen oder Eltern und Kinder sich in diesen Merkmalen ähneln.

Sicherlich spielen dispositionelle motivationale Bedingungen eine Rolle. Sie sind bei der Beratung zu besprechen. Eltern solcher Kinder (meist nur ein Elternteil) legen wenig Wert auf das Erbringen von Leistungen. Ein nicht unerheblicher Teil hat ähnliche Erfahrungen im Laufe der Schulzeit gemacht wie ihr Kind, d.h. ein «Underachiever-Syndrom» gezeigt.

Eine einfache, monokausale Erklärung für das komplexe Phänomen «Underachievement» ist nicht denkbar. Die praktische Erfahrung deutet eher auf unterschiedliche Bedingungsmuster bei «Minderleistern» hin, wobei meines Erachtens die nicht-passenden, unterfordernden geistigen Anforderungen in der Schule eine zentrale Rolle spielen (vgl. Kap. Hochbegabte in der Schule).

Im Beratungsfall ist daher umfassend und detailliert die Entwicklung und das vergangene wie aktuelle Leistungsverhalten des Kindes abzuklären sowie die aktuellen und vergangenen Gegebenheiten in Kindergarten, Schule und Elternhaus, in denen sich Auffälligkeiten wie Leistungsverweigerung oder Verhaltensstörungen entwickelt haben.

Therapie: Wann – wofür – für wen?

Bei der Anwendung des Passungsansatzes auf die Entstehung von Problemen bei Hochbegabten wird deutlich, daß Hochbegabung per se keine Ursache von Verhaltens- oder Anpassungsproblemen ist, sondern erst bestimmte Erfahrungen im sozialen Kontext bzw. intrapsychische Asynchronien als Risikofaktoren anzusehen sind. Um so kritischer ist die Notwendigkeit von therapeutischen Eingriffen zu beurteilen mit dem Ziel der Verhaltens- und Persönlichkeitsveränderung des hochbegabten Kindes.

Häufig geht der Wunsch der Eltern, ein unauffälliges Kind zu haben, einher mit dem Versuch, dieses Kind an seine bestehende Umwelt anzupassen: das «Anderssein» wird als höchst unerwünscht angesehen, die Eigenwilligkeit als nicht akzeptabel erlebt.

Dem Versuch, einem Kind «das Rückgrat zu brechen», weil man annimmt, daß es sich nicht anpassen «will», ist kein Erfolg beschert: Vielmehr gilt, daß es sich nicht so ohne weiteres anpassen kann. Seine tiefsten Gefühle und Überzeugungen widersetzen sich oft dem, was Eltern oder Lehrer von ihm erwarten.

Ein wichtiger Schritt in der Beratung von Eltern Hochbegabter ist, mögliche falsche Erwartungen herauszuarbeiten und zu ändern, d. h., den speziellen kindlichen Fähigkeiten und Bedürfnissen anzupassen. In einer Reihe von Fällen lassen sich damit manche Probleme oder Konflikte entschärfen oder lösen. Beispielsweise vermag die Änderung der kindlichen Einschlafzeiten, die die Eltern dem Kind zugestehen, nachdem sie wissen, daß Hochbegabte oft weniger Schlaf brauchen, den Wegfall des täglichen Konfliktes, wann das Licht am Bett zu löschen ist, zu bewirken. Oder die Erlaubnis, bei den Rechenaufgaben die schriftlichen Zwischenschritte wegzulassen, wenn der Lehrer weiß, daß Hochbegabte die Lösung fehlerfrei im Kopf erstellen können.

Eine Therapie des Kindes ist in den meisten Fällen nicht erforderlich: in den Fällen, wo psychomotorische oder Wahrnehmungsdefizite, Lese- und Rechtschreibschwächen usw. diagnostiziert werden, muß eine (frühestmögliche) Behandlung erfolgen. Dabei ist jedes Training der schnellen Auffassungsgabe der Kinder und ihrer Ablehnung monotoner Wiederholungen und Übungen entsprechend einfallsreich zu gestalten, da ihre Motivation sonst schnell nachläßt. Die Lustlosigkeit kann dann auch nicht durch noch so überzeugende Argumente verhindert werden.

Bei gehemmten, sozial ängstlichen Hochbegabten ist das Einüben angemessener sozialer Verhaltensweisen in der Gruppe von Gleichaltrigen anzuraten, das im Rollenspiel mit dem Therapeuten zuvor eingeübt wird.

Sehr häufig wird in Deutschland mit hochbegabten Vorschul- und Grundschulkindern eine Spieltherapie durchgeführt, für die Schmidtchen (1999, S. 383) als Therapieziele die «Förderung von seelischen Wachstums- bzw. Entwicklungsprozessen» sowie «die Heilung von psychischen Störungen» nennt.

Die Spieltherapie, die in der Regel von den Kassen bezahlt und daher wohl gewählt wurde, erwies sich bei den uns bekannten Fällen hochbegabter Kinder, trotz teilweise sehr langer Dauer von zwei bis drei Jahren, als wenig effektiv. Eine Verbesserung der negativen sozial-emotionalen Befindlichkeiten der Kinder, die auf die unbefriedigende Situation in Schule oder Kindergarten zurückzuführen waren, trat nicht ein. Die beobachteten Veränderungen, die nach einer so langen Zeit auf spontane «Heilungsprozesse» (Remissionen) und Entwicklungsprozesse zurückführbar sein können, wären auch ohne eine Therapie zu erwarten. In vielen Fällen wußten die Eltern kaum, was in der Spieltherapie geschah, welche konkreten Ziele dort verfolgt wurden und wieweit Eltern diese unterstützen können.

Felix, ein Erstkläßler aus dem Raum Ulm, spielte bei seiner «Spieltherapie» beispielsweise ein Jahr lang mit dem Therapeuten «Master Mind», ein Denk- und Strategiespiel, das ihm gut gefiel, aber seine Schulunlust und Verweigerung in keiner Weise abbaute.

Schmidtchen (1999), der im Mittel 30 (bis zu 45) Therapiekontakte bei der klientenzentrierten Spieltherapie plus 10 familientherapeutische Kontakte als notwendig erachtet, hält eine Spieltherapie nur in Kombination mit einer begleitenden Familientherapie für effektiv.

Im Sinne des Passungsmodells ist dabei die Beratung und Veränderung der Umwelt, der familiären oder schulischen Bedingungen ausschlaggebend. Für alle Arten von Behandlungen hochbegabter Kinder gilt, daß eine allein auf das Kind gerichtete «Therapie» niemals effizient ist. Bei der Überprüfung der Wirksamkeit von Kinder- und Jugendlichenpsychotherapien erzielten zwar kognitiv-behaviorale Verfahren die stärksten Effekte (Döpfner und Lehmkuhl 2002), aber auch für verhaltenstherapeutische Interventionen wird betont, daß «eine *nur* auf das Kind zentrierte Verhaltenstherapie nicht optimal wirksam ist» (Petermann und Petermann 1999, S. 419).

Nicht nur aus Kostengründen ist eine unnötige oder gar unnütze Therapie zu vermeiden, sondern auch, weil ein «Pathologisieren» das Selbstkonzept des Kindes negativ beeinflußt, wichtige Maßnahmen, die helfen würden, wie Wechsel der Schule, unterbleiben. Die Kinder wissen sehr wohl, daß andere Kinder nicht zu Therapeuten gehen und vermuten, wie möglicherweise die Eltern, Geschwister, Klassenkameraden auch, daß «mit ihnen wohl irgend etwas nicht stimme».

Silverman (1993 S. 159) empfiehlt bei emotionalen Problemen eine Beratung oder Spieltherapie, wobei sie hervorhebt, daß Beratung oder Therapie erst an letzter Stelle kommen, nachdem alle körperlich-physiologischen Faktoren untersucht und schulische Erziehungsfragen abgeklärt wurden.

In manchen Familien hat nicht das Kind, sondern haben vor allem die Eltern Probleme und Schwierigkeiten, die mit dem kindlichen, von Eltern schon im Kleinkind oder Vorschulalter als andersartig erlebten Verhalten nicht zurechtkommen. Wenn Nachbarn, Freunde, oder Verwandte die Eltern verunsichern oder beschuldigen, sich dem Kind gegenüber falsch zu verhalten, zu nachgiebig, zu ehrgeizig, zu förderlich zu sein, dann entstehen Probleme für die Eltern, die sich möglicherweise auf das Kind übertragen.

Im Rahmen einer Erziehungsberatung ist oft der erste Schritt, Eltern die Bedürfnisse und Eigenarten ihres hochbegabten Kindes zunächst zu erklären mit dem Ziel, ihre Einstellungen und Ansichten über «kindgerechtes Verhalten» zu ändern.

Ein psychologischer Interventionsansatz, der Eltern präventiv in ihrer Erziehung stärkt und in ihren (richtigen) Ansichten stützt, ist als «Triple p» (Positive Parenting Program) in den letzten Jahren bekannt geworden (s. Heinrichs et al. 2002). Dieses psychologische Elternprogramm, dessen Ziel «eine positive Erziehung» ist, will Eltern sehr konkrete Anregungen geben, die ihnen helfen, durch eine konsequente und konsistente Erziehung die Entwicklung ihres Kindes zu unterstützen. Beachtet wird zudem, daß die Konflikthäufigkeit und Zufriedenheit in der Familie von der psychischen Ausgeglichenheit jedes einzelnen Familienmitgliedes abhängt. Die Durchführung einer kompetenten Diagnostik, bei der die Gesamtpersönlichkeit des Kindes erfaßt und die Verhaltenseigenarten der Eltern mit eingehen, ist auch hier eine Voraussetzung für die erfolgreiche Lösung der Probleme.

Beratung durch Laien:
Selbsthilfegruppen und Elternvereine

Eltern, die sich mit dem Thema Hochbegabung befassen, wurden nicht selten von Lehrern, Erzieherinnen, Kinderärzten, Verwandten oder Bekannten daraufhin angesprochen und gedrängt, ihr Kind im Hinblick auf eine mögliche Hochbegabung testen zu lassen. Die meisten Eltern haben eine ungewöhnliche Entwicklung der geistigen Fähigkeiten bei ihren Kind beobachtet, die vor allem beim Auftreten von Schwierigkeiten eine Überprüfung der Intelligenz sinnvoll erscheinen läßt.

Im ersten Fall erhalten Eltern häufig eine Adresse oder Informationen, an wen sie sich zur Untersuchung des Kindes wenden können. Sie machen sich kundig über Bücher, Broschüren und vermehrt in den letzten Jahren über das Internet. Die dort erhältlichen Informationen sind häufig verwirrend, zumal es oftmals keinerlei Hinweise auf die Qualität der Informationen, die für Laien kaum erkennbar ist, gibt (Stapf 2001).

In dieser Situation wenden sich Eltern verständlicherweise an die für sie geographisch nächstgelegenen Selbsthilfegruppen und Elternvereine (s. Anhang). Diese bieten zumeist eine telefonische Beratung an, die in der Regel durch Eltern erfolgt, die selber ein hochbegabtes Kind haben bzw. die sich für die Sache der Hochbegabten engagiert einsetzen.

Eltern, vor allem wenn sie unter einem Leidensdruck stehen, sind sehr glücklich, daß jemand ihre Fragen und Probleme ernst nimmt, ihnen geduldig zuhört und ihre Sorgen versteht. Diese oft erste Anlaufstelle hat eine enorme psychische Entlastungsfunktion.

Über Auskünfte und Informationen hinaus, zum Beispiel zu schulrechtlichen Fragen, zur vorzeitigen Einschulung, zum Überspringen, oder ob und wo Schulen für Hochbegabte bestehen usw., sollte weder von professionellen noch Laienberatern ein individueller, konkreter Rat am Telefon gegeben werden. Ohne das Kind und die Familie zu kennen, zumal wenn unklar ist, ob das Kind wirklich hochbegabt ist, sollten nur weitere Informationsmöglichkeiten, Beratungsstellen etc. genannt werden.

Jeder Berater sollte vorsichtig sein im Umgang mit der Diagnose «Hochbegabung», manche Diagnosen haben einer späteren Überprüfung nicht standgehalten (vgl. Feger und Prado 1998).

Für Eltern wiederum ist die Kompetenz des Beraters nur schwer erkennbar. Sie sollten sich über die Subjektivität dieser telefonischen Beratung, die oft durch die familiären Erfahrungen der Berater geprägt sind, im klaren sein.

Wurde ein Kind als hochbegabt erkannt, ist Eltern die Mitarbeit in einer Elternvereinigung unbedingt anzuraten: Gespräche und weiterer Erfahrungsaustausch in diesen Gruppen können ihnen helfen, auch schwierige Situationen zu meistern. Sie verstehen die Schwankungen in der Entwicklung ihrer Kinder besser, wenn diese von anderen Eltern in ähnlicher Weise erlebt wurden. Manche Probleme relativieren sich, wenn Ähnliches bei anderen Familien miterlebt wird. Die Mütter können erkennen, daß es nicht unbedingt an ihnen liegt, daß Probleme entstanden sind.

Elterngruppen wurden vor allem auch gegründet, um den Kindern selbst eine Möglichkeit zu bieten, mit ihresgleichen zu spielen, zu reden und ihre Erfahrungen auszutauschen. Besonderheiten, die sie in ihrer alltäglichen Umwelt erfahren, relativieren sich damit ebenfalls. Eine begleitende Beratung kann somit vor allem in derartigen Selbsthilfegruppen stattfinden, die schon vielen Eltern geholfen hat.

Streit, Machtgerangel, Dominanzstreben auf der einen Seite, Jammern und Klagen über die unüberwindbaren Schwierigkeiten und Widrigkeiten auf der anderen Seite, halten jedoch manche Familie davon ab, sich einer solchen Gruppe anzuschließen. Dabei geht zuweilen das Ziel und eigentliche Anliegen derartiger Elternvereinigungen verloren, kurzfristig für ihre hochbegabten Kinder (außer-)schulische Anregungsbedingungen zu schaffen, langfristig über gesellschaftspolitische Aktionen Verbesserungen der Situation für diese Kinder in den Bildungsinstitutionen zu bewirken.

In der Deutschen Gesellschaft für das hochbegabte Kind (DGhK) wurde zu Recht eine lange Diskussion um die Art und Qualität der (meist telefonischen) Beratung geführt, wobei sich die Laienberater in den einzelnen Regionalverbänden teilweise überfordert fühlten. Eine Schulung und Fortbildung aller Berater ist wünschenswert, eine intensive Zusammenarbeit mit Fachleuten in stärkerem Maße als bisher anzustreben.

Hochbegabte in ihrer Familie

Familie läßt sich im Vergleich zu anderen sozialen Gruppen (z. B. Freundeskreis, Sportgruppe) als mit besonderen Merkmalen behaftet beschreiben. Ihre Mitglieder sind im Regelfall biologisch miteinander verwandt und weisen einen ungleichen Entwicklungsstand auf, der mit besonderen Rechten und Pflichten, z. B. der gegenseitigen Fürsorge, verbunden ist. Es besteht keine aktive «Partnerwahl», d. h., Eltern und Kinder haben sich nicht frei gewählt und müssen dennoch zumindest eine gewisse Zeit lang miteinander auskommen, wobei die Entwicklung spezieller (d. h. intensiver und lang andauernder) affektiver Bindungen hilfreich ist.

In der psychologischen Sozialisationsforschung wird die Familie als ein komplexes System sich wechselseitig beeinflussender Interaktionspartner beschrieben, das aus verschiedenen Teilsystemen (Eltern, Geschwister, Großeltern) besteht. Von der Mehrzahl der Forscher wird die Familie als wichtigste Instanz für die Persönlichkeitsentwicklung des Kindes und die Ausbildung der erwachsenen Persönlichkeit angesehen, da die Beziehung zwischen Eltern und Kindern zumindest im Normalfall sowohl die erste als auch häufig die intensivste und, neben der Geschwisterbeziehung, die am längsten andauernde Beziehung im Leben eines Menschen ist.

Seit einigen Jahren geht man immer stärker davon aus, daß der elterliche, vor allem der mütterliche Einfluß geringer ist, als lange Zeit aufgrund behavioristischer und psychoanalytischer Hypothesen angenommen wurde und daß außerfamiliäre Einflüsse wie etwa durch Gruppenbeziehungen mit Gleichaltrigen mindestens ebenso bedeutsam sind (Harris 2000, Maccoby 2000).

Dennoch hängt es insbesondere bis ins Schulalter hinein wesentlich von den Eltern ab, ob ein Kind eine strukturierte, geregelte, vorhersagbare, freundliche und seinen Fähigkeiten entsprechende fördernde Umwelt vorfindet, in der es alle die für eine adäquate Lebensbewältigung notwendigen Verhaltensweisen, Regeln und Normen erwerben kann. Eltern sind in hohem Maße dafür verantwortlich, wenn Unsicherheit, Chaos, eine geringe Vorhersagbarkeit der physischen und sozialen Ereignisse Lernen und sinnvolle Anpassungen erschweren oder gar unmöglich machen. Emotionen u. a. wie Sicherheit und Vertrauen sowie die Entwicklung kognitiver wie sozialer Kompetenzen und Motivationen werden durch die Erfahrungen, die ein Mensch in seinem Elternhaus macht, mitbestimmt.

Neben einem direkten Einfluß durch Anweisungen, Rückmeldungen (Lob und Tadel) schaffen Eltern für die Kinder die dinglich-sachliche sowie zeitlich-räumliche Umwelt (Nahrung, Spielzeug, Eß- und Schlafgewohnheiten usw.). Des weiteren kümmern sie sich um die sozialen Kontakte z. B. mit Großeltern, Tanten, Tagesmüttern oder Babysittern usw. Auch bei der Auswahl der Spielkameraden, dem Besuch von Kindergarten, Musik- oder Sportvereinen sowie bei Entscheidungen zu Schule und Ausbildung sprechen Eltern ein gewichtiges Wort mit.

Damit sind die Komplexität und Vielfalt der elterlichen Einflußbedingungen angedeutet. Wie wir oben sahen, sind Eltern für die Entwicklung und Entfaltung der kindlichen Persönlichkeit allerdings nicht allein hinsichtlich ihres Verhaltens, ihrer Erwartungen, Werte und Normen wichtig, sondern auch durch die Weitergabe ihrer Gene: Die genetische Ausstattung eines Kindes bietet den Rahmen, die (u. a. elterlichen) Umwelteinflüsse bestimmen, was aus diesen Dispositionen wird.

Die wechselseitigen Beeinflussungen zwischen Eltern und Kindern spielen zusätzlich zu den jeweils getrennten Einflüssen durch Gene und Umwelt (sog. Genotyp[32]-Umwelt-Kovarianz) eine Rolle. Über transaktionale Beeinflussungsprozesse wirken Genotyp des Kindes, Genotyp der Eltern sowie das Verhalten von Eltern und Kindern (als Umwelteinflüsse) wechselseitig aufeinander ein. Kovarianz besagt dabei, «daß verschiedene Genotypen unterschiedlichen Umwelten ausgesetzt sind, bzw. diese aktiv aufsuchen» (Asendorpf 1994, S. 116). Da für das Merkmal Intelligenz ein bedeutsamer genetischer Einfluß nachgewiesen ist, besteht für ein zu intellektueller Hochbegabung (genetisch) prädisponiertes Kind beispielsweise eine hohe Wahrscheinlichkeit bei seinen (überdurchschnittlich) intelligenten Eltern nicht nur mehr Bücher vorzufinden, sondern die Eltern lesen ihm auch deswegen sehr oft vor, weil es aufgrund seiner Prädisposition aufmerksam und ausdauernd zuhört. Es erhält mehr Bücher, weil es danach verlangt. Je älter ein solches Kind wird, desto häufiger kann und wird es sich selbständig Bücher besorgen, die Eltern drängen, es in einen Schach- oder Computerkurs gehen zu lassen usw.

Trotz der unübersehbaren Bedeutung erblicher Faktoren, die niemals verhaltensdeterminierend wirken und somit elterlichem wie kindlichem Verhalten viel Spielraum lassen, ist evident, daß Eltern ihre Kinder beeinflussen, und umgekehrt. Kindliche Persönlichkeitsdispositionen und daraus resultierendes Verhalten sowie elterliches Erziehungsverhalten und elterliche Persönlichkeitsdispositionen sind eng miteinander verwoben.

Bei der Interpretation empirischer Studien, bei denen oft nur korrelative Zusammenhänge erfaßt werden, besteht die Gefahr, daß diese fälschlicherweise als Ursache-Wirkungszusammenhänge gedeutet werden (s. Stapf 1980). Am Beispiel aggressiver Kinder läßt sich dieser Sachverhalt verdeutlichen. Empirische Längsschnittstudien bei aggressiven Kindern ergaben, daß elterliches (hartes) Bestrafen keineswegs eindeutig zu aggressivem Verhalten beim Kind führt, da einige Kinder zunächst zu einem früheren Zeitpunkt aggressives Verhalten zeigten, auf das die Eltern mit Strafen reagierten. Daraufhin unterließ ein Teil der Kinder (u. a. aufgrund bestimmter Dispositionen) das aggressive Verhalten, während ein anderer Teil sich noch aggressiver verhielt (Maccoby und Martin 1983).

Elterliches Verhalten als Reaktion, kindliches Verhalten als auslösende Faktoren ist auch bei Hochbegabung zu beobachten. Wie in einer Längsschnittstudie von Gottfried et al. (1994) ein Vergleich hochbegabter mit nicht hochbegabten Kindern zeigte, forderten diese von früher Kindheit an von den Eltern anregende Aktivitäten. Das beobachtete Verhalten bewies eindrücklich die Rolle der Eigenaktivitäten hochbegabter Kinder bei der Suche nach angemessener geistiger Stimulation. Danach sind Vermutungen zurückzuweisen, nach denen die besonderen Leistungen dieser Kinder einzig auf einen hohen elterlichen Ehrgeiz zurückzuführen sind. Das Ergebnis erklärt zugleich, warum bei der Identifikation hochbegabter Vorschulkinder die Erhebung ihrer «eigengesteuerten» Interessen hilfreich ist.

Freeman (2000) findet in ihren Ergebnissen sogar Hinweise darauf, daß genetische und Umwelteinflüsse in unterschiedlichem Ausmaß bei verschiedenen Kindern wirken. Die intelligentesten Kinder scheinen relativ stärker befähigt, Vorteile aus jeglichen Umwelten zu ziehen.

Eine wechselseitige Beeinflussung biologischer und genetischer Faktoren konnte für Intelligenzunterschiede im Bereich der sehr hohen geistigen Fähigkeiten mit Hilfe der in Zwillingsstudien gewonnenen Daten nachgewiesen werden (vgl. Thompson und Plomin 1993). Evidenzen für eine familiäre Häufung spezieller Begabungen (musischer, mathematischer) erkannte schon Galton (1869), dessen Überlegungen wiederum Terman beeinflußten (vgl. Hofstätter 1971).

Allgemeingültige Aussagen über das Ausmaß der Intelligenzunterschiede zwischen Menschen bezüglich der genetischen Einflüsse, der geteilten, nicht-geteilten familiären Umwelt- bzw. Kovarianzeinflüsse sind insofern nicht möglich, als diese sich jeweils nur auf die untersuchte Population beziehen. Auch das Alter spielt eine Rolle: Bei jungen Kindern, die bei ihren leiblichen Eltern leben, ist der elterliche Einfluß stärker als bei älteren Kindern und Jugendlichen. Mit zunehmendem Alter gewinnen die außerfamiliären Einflüsse im Verhältnis zu den elterlichen immer mehr an Bedeutung. Angeborene Dispositionsunterschiede kommen mit steigendem Alter immer mehr zur Geltung, da sich Jugendliche und Erwachsene aufgrund der größeren Wahl- und Entscheidungsmöglichkeiten ihre Umwelten gemäß ihrer Dispositionen aussuchen.

Förderlich und hemmend: Familiäre Strukturmerkmale, Erziehungsstile und Anregungsbedingungen

Wegen der Komplexität des Gegenstandes gestaltet sich die Erforschung von Familieneinflüssen auf die Persönlichkeitsentwicklung der Kinder als schwierig, sie ist allgemein durch einen Mangel an brauchbaren Daten gekennzeichnet.

Dementsprechend dürftig stellt sich die Lage bezüglich der Erkenntnisse zu den familiären Einflüssen bei Hochbegabten dar. Viele Aussagen, wenn sie überhaupt empirisch erhobenen Daten entstammen, beruhen auf unsystematischen Beobachtungen, methodisch wenig verläßlichen Studien oder solchen mit eingeschränktem Verallgemeinerungsgrad.[33] Die Schwächen der vorliegenden Forschung über Familien mit hochbegabten Kindern beruhen nach Moon et al. (1998) u. a. darauf, daß die Daten meist retrospektiv mit Meßinstrumenten gewonnen wurden, die nicht für Hochbegabte konstruiert wurden und für diese somit keine Konstrukt- oder Inhaltsvalidität besitzen. Da nur intakte, weiße Mittelschichtfamilien untersucht wurden, gelten die Befunde nur für diese Personen, sie sind nicht auf andere Stichproben übertragbar. Die vorliegenden, vorsichtig zu interpretierenden Ergebnisse sind dennoch berichtenswert, da sie eine Reihe von Annahmen zwar nicht eindeutig widerlegen, aber doch relativieren können.

Eine häufig geäußerte Vermutung betrifft verschiedene Familienstrukturvariablen wie Größe, Anzahl der Kinder usw., hinsichtlich derer sich Familien mit Hochbegabten von anderen Familien unterscheiden sollen.

Bei Durchsicht der Literatur wird deutlich, daß Familien mit einem oder gar mehreren hochbegabten Kindern, keine besonderen Merkmale besitzen. Familien mit und ohne hochbegabte Kinder sind sich sehr ähnlich, eine «typische Hochbegabtenfamilie» gibt es nicht (Freeman 2000).

Einhellig wird in der einschlägigen Literatur hingegen berichtet, daß hochbegabte Kinder überzufällig häufig aus oberen und mittleren sozioökonomischen Schichten stammen und überdurchschnittlich gut und länger ausgebildete Eltern haben (Roedell et al. 1989, Benbow et al. 1993, Gottfried et al. 1994, Tettenborn 1996). Der berufliche Status ihrer Väter, bei entsprechend höherem Einkommen, ist im Mittel höher als der von Vätern durchschnittlich oder überdurchschnittlich intelligenter Kinder. In einigen Studien wurde auch ein höherer Berufsstatus der Mütter nachgewiesen (Freeman 1979, Gross 1993).

In den 1970er Jahren befragte Mütter hoch- und höchstbegabter Kinder gaben häufiger eine außerhäusliche Berufstätigkeit an und lehnten die Hausarbeit stärker ab (Roedell et al. 1989). Die Eltern hochbegabter sind älter als die nicht hochbegabter Kinder, was insbesondere auf die längere elterliche Ausbildungsdauer (Abitur/Studium) zurückzuführen ist.

Bei den genannten familiären Hintergrundsdaten ist der Erhebungszeitraum zu beachten: die Unterschiede zwischen den von älteren und neueren Untersuchungen stammenden Befunde bezüglich der Familiengröße können durch einen gesellschaftlichen Wandel (z. B. bei der Empfängnisverhütung) erklärt werden. In den älteren Studien wurden kleinere Familien mit einem oder zwei Kindern bei Hochbegabten gefunden. Neuere Untersuchungen finden dagegen bei Hochbegabtenfamilien eine höhere Kinderanzahl (Benbow et al. 1983) oder keinerlei diesbezügliche Unterschiede (Tettenborn 1996).

Alle genannten Ergebnisse lassen sich vermutlich mit einem Faktum erklären: Im Durchschnitt sind Eltern hochbegabter Kinder intelligenter als die Eltern durchschnittlicher und unterdurchschnittlich intelligenter Kinder (vgl. Slaters 1995). Die Eltern der von Benbow et al. (1983) untersuchten Hochbegabten werden als herausragend begabt (extreme able) beschrieben, wobei die intelligentesten Eltern der Hochbegabtenstichprobe nicht die höchstbegabten Kinder besitzen, was als Regressionseffekt[34] erklärbar ist: Die Nachkommen der «Termiten» (mittlerer IQ 151) erreichten zwar einen sehr hohen mittleren IQ von 132,7, der lag aber unter dem der hochbegabten Elternteile; vermutlich wiesen die Ehepartner der hochbegabten «Termiten» nicht ganz so hohe kognitive Fähigkeiten auf (Hofstätter 1971). Beim Vergleich der mütterlichen Intelligenz hochbegabter und nicht hochbegabter Kinder fanden Gottfried et al. (1994) allerdings keine Unterschiede. Sie hatten bei den Müttern jedoch nur Daten von zwei Untertests («Wortschatztest» und «Mosaiktest») erhoben; zudem waren die Väter nicht getestet worden!

Die Zusammenhänge von Lebenserfolg, Berufsstatus, sozioökonomischem Status sowie Länge der Schulbildung mit der Intelligenz sind ausreichend hoch und gut belegt (Gottfredson 1999). Interessant, auch im Zusammenhang mit den weltweit vergleichenden Untersuchungen zu Schulleistungen (TIMS- und PISA-Studie), bei denen asiatische Schüler in Mathematik und räumlichem Denken sehr gut abschneiden, ist die Tatsache, daß in Benbows Schülerstichprobe mit den höchsten SAT(-Math)-Werten vor allem Jungen asiatischer Herkunft waren. Insgesamt waren fremdländische Kinder bei den hochbegabten doppelt so häufig vertreten als zu erwarten wäre. Wie bei Termans Stichprobe befinden sich überproportional, bezogen auf die Gesamtbevölkerung, viele Jungen jüdischer Konfession in der Gruppe der Schüler mit den höchsten SAT(-Verbal)-Werten.

Befunde zur Scheidungshäufigkeit sowie Aussagen über die Anzahl Alleinerziehender oder unverheirateter Paare sind uneinheitlich und vermutlich stark stichprobenabhängig.

Die Schwierigkeit der Hochbegabungsforschung, eine Vergleichsgruppe zu bestimmen (z. B. alle Nicht-Hochbegabten, d. h. alle Kinder mit IQ < 129, oder durchschnittlich Intelligente, d. h. IQ zwischen 85 und 115), wirkt sich auf die Erforschung der Familienbedingungen wie elterliches Erziehungsverhalten sicherlich aus, da diese wiederum durch die elterliche Intelligenz beeinflußt werden.

Ergebnisse der psychologischen Erziehungsstilforschung weisen in diese Richtung: Bei kritischer Sichtung ergab der untersuchte Einfluß elterlichen (meist mütterlichen) Verhaltens auf die kindliche kognitive Entwicklung, daß «optimales mütterliches Verhalten» die Unterschiede zwischen kognitiv kompetenten und weniger kompetenten Kindern am besten erklärte. Dieses mütterliche Verhalten war gekennzeichnet durch deren verbale und physische Stimulation, durch adäquate kontingente und konsistente mütterliche Reaktionen auf das kindliche Verhalten sowie ihre Intellektualität und Intelligenztestwerte. Das heißt eine überdurchschnittlich intelligente, verbal fähige, aufmerksame Mutter hat geistig überdurchschnittlich kompetente Kinder. Das besagt nicht, daß das Verhalten der Mutter die «Ursache» der kindlichen Intelligenz ist. Eine Studie mit Adoptivmüttern, die methodisch allerdings kritisierbar ist, ergab diese Zusammenhänge nicht (Stapf 1980).

Untersuchungen elterlicher Erziehungsstile lassen Ähnliches erkennen. Nach Benbow (1990) beschreiben 84 % der Eltern Hochbegabter ihre Erziehung als kindorientiert, flexibel, anregend, konsistent und demokratisch. Dieses Erziehungsverhalten ähnelt den von Baumrind und Black (1967) als «autoritatives Erziehungsmuster» benannten elterlichen Verhaltensweisen. Im Gegensatz zum autoritären (strenge Kontrolle und Bestrafung), das nach Benbow 45 % der Eltern leicht Hochbegabter erkennen lassen und dem permissiven Erziehungsverhalten (geringe Kontrolle bei eher niedrigen Anforderungen), scheint sich das autoritative Elternverhalten als förderlich für die kognitive wie soziale Kompetenz und Leistungsmotivation zu erweisen. Das autoritative elterliche Erziehungsverhalten wird als kontrollierend bei angemessenen Anforderungen an kindliche Leistungen, Akzeptanz und Achtung der kindlichen Rechte, bei gutem verbal-kommunikativen Austausch zwischen Eltern und Kindern charakterisiert. Aber auch bei diesen Ergebnissen handelt es sich nur um korrelative Zusammenhänge. Kausale Beziehungen werden nicht erfaßt, d. h., es wird nichts darüber gesagt, was die kindlichen Merkmale verursachte, die elterliche Intelligenz war nicht kontrolliert worden. Erst bei gleicher elterlicher Intelligenz und unterschiedlichem Erziehungsverhalten wäre eine Aussage zu treffen.

Ähnlich schwer abzuschätzen sind Beobachtungen der elterlichen Anregungsbedingungen: Sind es die größeren finanziellen Ressourcen, das bessere Anregungsangebot, d. h. die vielen Bücher, Museumsbesuche, oder ist es die höhere Intelligenz der Eltern, welche die Grundlage für den hohen Status der Familie ist, die als förderlich für die Entwicklung der Entfaltung des kindlichen Potentials zu gelten haben?

Untersuchungen zu den Anregungsbedingungen ergeben meist, daß in Familien mit hochbegabten Kindern eine hohe Anzahl an Büchern, Sachbüchern und Lexika vorhanden sind. Besuche von Museen sind häufiger als bei Familien mit durchschnittlich begabten Kindern. Das Klima in Familien mit Hochbegabten ist bestimmt durch intellektuelle und kulturelle Aktivitäten; es herrscht eine Atmosphäre, die Lernen und Streben nach akademischen Leistungen positiv bewertet.

Allerdings lassen sich sogenannte Kind-Effekte nachweisen d. h., die Kinder fordern bestimmte Aktivitäten von der Umwelt. Die hochbegabten Kinder fragen häufiger als nicht hochbegabte nach intellektuellen Anregungen, nach Kursen usw., nicht aber nach sportlichen Aktivitäten. Im Gegensatz zu vielen Vorurteilen wird ein «Trainieren» durch die Eltern («Eislaufmütter») nicht oft gefunden. Gottfried et al. (1994) beobachteten eher ein Bremsen («Unterstimulation»), weil die Eltern befürchteten, daß sie ihre Kinder zu stark fördern und sich dann später in der Schule langweilen werden.

Wir sahen schon an einigen Stellen, daß elterliche Erwartungen, Werthaltungen und Normen nicht nur einen direkten Einfluß ausüben können, indem sie von den Kindern übernommen werden, sie lenken möglicherweise auch (in unbekanntem Ausmaß) das elterliche Verhalten selbst und sollten daher untersucht werden (s. Bremsen).

Die elterlichen Erwartungen bezüglich der kindlichen Schulausbildung und des späteren Berufs sind der Intelligenz entsprechend für Hochbegabte höher als für durchschnittlich Begabte. In der Marburger Studie gaben 10 % der Eltern Hochbegabter an, für ihr Kind einen Doktor- oder Professoren-Titel zu erwarten; bei den durchschnittlich begabten Kindern waren es immerhin noch fünf Prozent. 56 % der Eltern Hochbegabter und beachtliche 29 % der Eltern durchschnittlich Begabter erwarteten, daß ihre Kinder ein Studium absolvieren (Tettenborn 1996).

Interessant ist der Umgang mit dem Fernsehkonsum. Nach Benbow (1990) verbringen extrem Hochbegabte deutlich weniger Zeit vor dem Fernsehapparat als die leicht Hochbegabten, was unserer Beobachtung entspricht, daß in Hochbegabtenfamilien in einigen Fällen überhaupt kein Fernsehapparat vorhanden war oder dieser selten, bei starker Kontrolle, Überwachung und Einschränkung des kindlichen Fernsehverhaltens benutzt wurde, was in der Vergleichsgruppe nicht Hochbegabter unserer Beratungsgruppe in keinem Fall berichtet wurde. Nach Gross (1993) scheinen Hochbegabte im Durchschnitt etwas weniger Zeit vor dem Fernsehapparat zu verbringen als Kinder vergleichbarer Kontrollgruppen. Die Einstellung und das ablehnende Verhalten der Eltern gegenüber dem Medium «Fernsehen» spielt hierbei eine vermittelnde Rolle.

Für die Umsetzung kognitiver Fähigkeiten in geistige Hochleistungen scheinen familiäre wie kulturell-gesellschaftliche Bedingungen äußerst bedeutsam zu sein. Die Tatsache, daß Personen jüdischer Konfession unter den Nobelpreisträgern ganz besonders reich vertreten sind, mehr als Personen anderer Religionszugehörigkeiten, könnte nach Freeman (2000) auf das in der jüdischen Kultur stark geforderte Erfolgsstreben, das über die Familie vermittelt wird, zurückgehen. Leistungsmotivation, Anstrengungsbereitschaft und Erfolgsstreben sowie die positive Einstellung gegenüber hoher und höchster Leistung sind neben der Intelligenz die wichtigste Voraussetzung dafür, daß hohe Leistungen erbracht werden. Auch die Längsschnittdaten der von Gottfried et al. (1994) ab dem Alter von sechs Monaten bis acht Jahren untersuchten Kinder weisen auf motivationale Unterschiede in den beiden Kindergruppen hin. Die hochbegabten Kinder waren motivierter, jedoch nicht glücklicher!

Leistungsstreben und hohe Anstrengungsbereitschaft besitzen in Deutschland, das noch von der ideologisch in den 68er Jahren verbreiteten Annahme der «Schädlichkeit» eines «Leistungsdrucks» geprägt ist, kein sehr hohes Ansehen, was dann zu einer Abwertung von «Leistung» geführt hat. Die Ergebnisse der TIMS- und PISA-Studie dürften u. a. damit zusammenhängen.[35]

Das in Deutschland für Hochbegabte öfter gebrauchte Schimpfwort «Streber» mag ein Hinweis darauf sein, daß Leistungsstreben in dieser Gesellschaft, wie auch in Familie und Schule, eher negativ bewertet wird. Hinzu kommt, daß ein in Deutschland gängiges Stereotyp, «ein wirklich Hochbegabter braucht sich nicht anzustrengen, ihm fällt alles zu», eine hemmende Bedingung für die Verwirklichung des geistigen Potentials eines Kindes bedeutet.

Die Leistungsmotivationsentwicklung, sie beginnt mit ca. zweieinhalb Jahren, wird vorrangig durch elterliche Anforderungen, Vorbildwirkung und positive wie negative Rückmeldung gefördert. Die erfolgreichen Hochbegabten bei Terman waren vor allem durch das in der Familie vorherrschende Erfolgstreben gekennzeichnet.

Die Eltern der hochbegabten Kinder unserer Beratungsstichprobe, die erfolgreich mehrfach Klassen übersprungen haben, scheinen sich durch eine hohe Leistungsmotivation auszuzeichnen. Sie stellen hohe Anforderungen an ihre Kinder bei gleichzeitiger intensiver Unterstützung und Akzeptanz der hohen kindlichen Begabung. Häufig verfügen schon die meist selbst sehr intelligenten und hochleistenden Eltern über einen hohen Ausbildungs- und Berufsstatus.

Wiederum spielt die Aktivität der Kinder selbst eine Rolle. Meist fordern sie gemäß ihren Fähigkeiten von den Eltern entsprechende Anregungen: Sensitive Eltern reagieren angemessen und entsprechend der kindlichen Bedürfnisse, ohne auf Kontrolle und Lenkung zu verzichten. Wie alle Kinder müssen Hochbegabte lernen, ihre Bedürfnisse im Kontext der anderen Familienmitglieder zu sehen und sich demgemäß zu verhalten. Ohne ihr Leistungsstreben zu bremsen, sollten Eltern eine Rücksichtnahme von ihnen fordern.

Kinder sind in hohem Maße aktiv an der Formung ihrer Umwelt beteiligt: Eltern können Angebote bereitstellen, diese aber nicht aufdrängen. Die Entscheidungen über bestimmte Beschäftigungen außerhalb der (Schul-)Pflichten sollten von dem Kind selbst getroffen werden. Erfolge sind unbedingt erforderlich, in der Schule wie außerhalb, um die Motivation aufrechtzuerhalten.

Förderlich ist Anerkennung, angemessenes Lob und Verständnis. Eine Überforderung Hochbegabter und damit entwicklungshemmende Wirkung im intellektuellen Bereich ist kaum denkbar, da die Kinder sich dagegen zum Beispiel früh verbal gut zur Wehr setzen können. Die Kinder fordern sich selbst oft sehr stark: Dagegen einzuschreiten ist nur nötig, wenn ein unerwarteter Leistungsabfall oder starke Enttäuschungen auftreten. Überforderungen durch elterliche Erwartungen im sozial-emotionalen Bereich scheinen eher möglich, wenn beispielsweise dem Kind zu früh zu viele Entscheidungen überlassen werden (permissiver Erziehungsstil). Wenn ihm zu wenig hilfreiche Lenkung und Kontrolle geboten wird, kaum Anforderungen an Selbstdisziplin und Verhaltenssteuerung gestellt werden, könnte sich dieses negativ auf die Entwicklung des Anstrengungsverhalten auswirken. Der Grat zwischen Lenkung und Autonomie ist schmal. Klagen von Eltern über ihr anstrengendes, hochbegabtes Kind, das ohne Ende redet, diskutiert, herausfordert, provoziert und höchst raffiniert seine Grenzen austestet, sind Ausdruck der hohen psychischen «Investitionskosten», die bei der Erziehung hochbegabter Kinder entstehen. Die Eltern müssen sich immer wieder neue Dinge einfallen lassen, um zu bestehen. Wenn dies gelingt, ihre Argumente greifen, lassen sich Hochbegabte schon im Kleinkind- und Vorschulalter eher leichter beeinflussen und steuern als weniger Begabte.

Beobachtungen und Erfahrungen aus der Beratungspraxis

Da Eltern Beratungsstellen häufig aufsuchen, weil sie einen Rat brauchen, bei Schulkindern vorrangig wegen schlechter Schulleistungen, verändert sich eher das sehr positive Bild, das in den Forschungsprojekten von hochbegabten Familien gezeichnet wird.

Im Einzelgespräch in der Beratungssituation berichten Eltern nicht selten, daß sie sich überfordert fühlen mit der Erziehung ihres hochbegabten Kindes. Sie empfinden ein hohes Gefühl der Verantwortlichkeit und einen gewissen Druck, optimale Bedingungen für dieses Kind schaffen zu müssen zum Beispiel durch die Suche einer besseren Schule, einer anderen

Wohnumgebung mit Nähe zu Bibliotheken, wo sie Förder-institutionen und Kurse besuchen können, mehr und bessere Möglichkeiten haben, Freunde zu finden (Moon et al. 1998).

Die Aufforderung an Psychologen, Eltern Hochbegabter in ihrem Erziehungsverhalten zu stärken, bei Kind und Eltern für gegenseitigen Respekt zu sorgen (Silverman 1993), beruht auf Beobachtungen, daß hoch- und höchstbegabte Kinder bei ihren Eltern in einigen Fällen durchaus Minderwertigkeitsge-fühle hervorrufen, wenn sie selbst nicht so intelligent sind wie das Kind. Wenn ein hochbegabtes Kind in der Schule schlech-te Leistungen erbringt, ruft dies bei Müttern Schuldgefühle hervor (Moon et al. 1998). Sie haben Angst, daß sie ihrem Kind nicht genug bieten können, eine Sorge, die weniger die familiären als vielmehr die (zu geringen) Anregungen in Kin-dergarten und Schule betreffen. Zu Hause, weil sie ihre Frei-zeit selbst gestalten können, wirkt sich eher ein aktives Brem-sen nachhaltig negativ aus. Allerdings haben auch einige Hochbegabte Probleme, sich allein zu beschäftigen, sie brau-chen dann um so mehr Freunde, eventuell ältere Jugendliche oder Erwachsene als Tutoren und insgesamt mehr spannende außerfamiliäre Beschäftigungen.

Geschwister von Hochbegabten

Die genannten methodischen Unzulänglichkeiten, vor allem unkontrollierte Stichprobeneffekte, erschweren die Interpre-tation der Ergebnisse zu Geschwistereinflüssen. Sie sind auch für die Uneinheitlichkeit der Befunde verantwortlich.

Auf Stichprobeneffekten beruht vermutlich der immer wie-der berichtete Befund, Hochbegabte seien häufiger Erstge-borene oder Einzelkinder. Beispielsweise waren in der Längs-schnittstudie von Gottfried et al. (1994) die hochbegabten Kinder (N = 20) häufiger Erstgeborene beziehungsweise Ein-zelkinder. In der Marburger Hochbegabtenstudie dagegen fanden sich hierzu keine statistisch bedeutsamen Unterschiede zwischen hochbegabten und nicht hochbegabten Kindern (Tettenborn 1996).

Die beobachteten Unterschiede lassen sich vermutlich dadurch erklären, daß in Familien mit höherem sozioökonomischen Status, bei höherem Alter und höherer und damit längerer Ausbildung der Mütter, im allgemeinen mehr Einzelkinder zu finden sind. Dabei ist die Überlegung nicht unplausibel, daß in einigen Fällen ein sehr anstrengendes hochbegabtes Kind die Wahrscheinlichkeit mindert, daß weitere Geschwister geboren werden.

Es ist weiterhin zu erwarten, daß Erstgeborene, insbesondere Jungen, häufiger als hochbegabt identifiziert werden, da bei diesen die elterliche Aufmerksamkeit bezüglich akademisch-intellektueller Leistungen größer ist. Jungen werden von den Eltern, die einen höheren Schulabschluß bei ihren Söhnen erwarten, auch als intelligenter eingestuft (Tettenborn 1996).

Auffälligkeiten und systematische Unterschiede in den Geschwisterbeziehungen zwischen Familien mit und Familien ohne hochbegabte Kinder scheint es nicht zu geben. Nur in klinisch auffälligen Familien bestehen (auch) Probleme in den Geschwisterbeziehungen, die aber kaum auf der Hochbegabung beruhen dürften (Moon et al. 1998). Ein in manchen Fallstudien genanntes niedrigeres Selbstwertgefühl der Geschwister von Hochbegabten, das nach der Identifikation des hochbegabten Kindes vermehrt beobachtet wird, soll nach einer Weile wieder verschwinden (vgl. Cornell 1984).

Wie in Familien ohne hochbegabte Kinder, dürfte eine große Variation in den Geschwisterbeziehungen zu finden sein: Konflikte und Rivalitäten treten allgemein insbesondere bei Brüdern stärker auf, deren Geburten nur durch ein kleines Intervall (ein bis zwei Jahre) getrennt auseinander liegen, als bei anderen Geschwisterkonstellationen (Wagner, Schubert und Schubert 1985).

Anlaß zu Spannungen und Konflikten gibt in Hochbegabtenfamilien nicht die Hochbegabung einer Schwester oder eines Bruders selbst, sondern das daraus folgende elterliche Verhalten. Die Eltern müssen ihre Aufmerksamkeit und Kraft oft so stark auf das hochbegabte Kind konzentrieren, daß die Geschwister sich für vernachlässigt und zurückgesetzt halten (Silverman 1993).

Die Beziehungen zwischen den Geschwistern, hochbegabten und nicht hochbegabten, können wie alle Geschwisterbeziehungen sehr eng und harmonisch, sehr angespannt oder neutral bis distanziert sein. Den vorliegenden Befunden zur Geschwisterbeziehung bei Hochbegabten ist zu entnehmen, daß es keine Anzeichen für verstärkte Eifersucht oder besondere Geschwisterrivalitäten in Familien mit einem oder mehreren hochbegabten Kindern gibt (Moon et al. 1998).

Eine besonders enge, spezielle Geschwisterbeziehung, die negative Konsequenzen für den hochbegabten Jungen hatte, zeigt ein Beispiel aus unserer Beratungspraxis. Der sechsjährige Junge hatte einen geistig behinderten drei Jahre älteren Bruder, an dem er sehr hing. Durch die intensive Zuwendung und Aufmerksamkeit der Eltern für das behinderte Kind, die die Hochbegabung des Jüngeren nicht erkannten und auch nicht darauf achteten, erfuhr der hochbegabte Junge eine starke geistige Unterforderung und Vernachlässigung. Er identifizierte sich stark mit dem älteren Bruder und glaubte, so sein zu müssen wie dieser, u. a. übernahm er die reduzierte Sprache des behinderten Bruders. Da er dessen Unfähigkeit, sich ihm anzupassen, spürte, paßte er sich stark dem älteren Bruder an. Von den Veränderungen, den geistigen Entwicklungsrückschritten in Verhalten und Interessen des Jüngeren erschreckt, kam die Mutter zur psychologischen Untersuchung und Beratung. Nach der Feststellung der Hochbegabung wurde eine ausführliche Beratung mit den Eltern durchgeführt, deren Ziel eine Veränderung des elterlichen Verhaltens und der schulischen Bedingungen im Sinne einer besseren Passung war.

Hochbegabte im Kindergarten

Hochbegabte Vorschulkinder, die mit ihren Eltern zur Beratung kommen, erzählen des öfteren, daß sie nicht gerne in den Kindergarten gehen. Im letzten Kindergartenjahr, wenn sie fünf Jahre oder sogar älter sind, wollen einige überhaupt nicht mehr in den Kindergarten gehen, an den Wochentagen weinen sie morgens, manche haben Bauch- oder Kopfschmerzen. Eine genaue Angabe, wie viele hochbegabte Kinder derartige Schwierigkeiten erleben, ist nicht möglich. Eine gründliche Betrachtung der «Kindergartenwelt» im Hinblick auf die Bedürfnisse hochbegabter Kinder ist daher für ein besseres Verständnis ihrer Persönlichkeitsentwicklung und die Schaffung förderlicher Entwicklungsbedingungen erforderlich.

Der Eintritt in den Kindergarten ist für hochbegabte wie für alle Kinder ein kritisches Lebensereignis. Erstmalig bleiben sie allein für einige Stunden am Tag in einer unvertrauten Umgebung, deren räumliche wie soziale Strukturen, Regeln und Eigenheiten sie nicht kennen. Der Übergang in eine fremde Welt, mit fremden Erwachsenen und Kindern, erfordert eine hohes Maß an Anpassung und Umgewöhnung.

Im Kindergarten befinden sich Kinder in der Regel zum ersten Mal in einer größeren, relativ altershomogenen Gruppe, in der alle einer vergleichbaren Beschäftigung – Spielen, Basteln – nachgehen. Sie sind damit automatisch einem sozialen Vergleich ausgesetzt. Sie vergleichen sich mit den anderen Kindern, Eltern wie Erzieherin vergleichen die Kinder miteinander, das alles geschieht mehr oder weniger bewußt.

Dieser soziale Vergleichsprozeß ist für hochbegabte und insbesondere höchstbegabte Kinder nicht selten mit der für sie und ihre Eltern höchst erstaunlichen Erfahrung verbunden, daß sie anders sind, anderes tun und wollen als die anderen, gleich alten Kinder. Das wußten sie vorher nicht.

In dieser neuen Welt des Kindergartens gelten oft andere Regeln, an die sich Kinder aufgrund ihrer jeweiligen Persönlichkeitsmerkmale (z. B. Ängstlichkeit, Empfindsamkeit) und unterschiedlichen familiären Sozialisationserfahrungen leichter oder schwerer anpassen. Bestehen große Unterschiede zwischen den Umwelten Kindergarten und Familie z. B. in den Interaktions- oder Argumentationsstilen, Erziehungsstilen oder Anregungsbedingungen (Bücher, Spielzeug, Computer) mag eine Eingewöhnung in den Kindergarten dem Kind sehr schwer fallen. Bei maximaler Nicht-Passung von Kindergarten und den kindlichen Eigenarten, Bedürfnissen und Erfahrungen wird ein Kind sich stärker unwohl fühlen und nicht so gut zurechtkommen. Um die Situation hochbegabter Vorschulkinder besser zu verstehen, gilt es, die Bedingungen, die es in deutschen Vorschulinstitutionen vorfindet, zu klären.

Kindergarten oder Vorschule?
Bildung im Kindergarten

In Deutschland ist diese Unterscheidung aufgrund fehlender verbindlicher curriculärer Regelungen eher durch den zeitlichen Ablauf und die Eigeninitiative der Erzieherinnen und Leiterinnen bestimmt. In den verschiedenen Kindertagesstätten können Fünf- bis Sechsjährige im letzten Jahr an einem «Vorschulprogramm» mit recht unterschiedlichen Inhalten teilnehmen. Eine «Schule im Kindergarten», wie die FAZ am 29. 2. 2001 einen Artikel überschrieb, gibt es derzeit in deutschen (wohl aber in französischen oder englischen) Kindergärten in der Regel nicht. Langsam beginnt sich jedoch in Deutschland (wieder) die Erkenntnis durchzusetzen, daß Kinder schon im Kleinkind- und Vorschulalter geistige Fähigkeiten und Bedürfnisse in viel größerem Ausmaß besitzen, als bislang angenommen wurde. Es ist offensichtlich, daß die Gesellschaft in ihren Bildungsinstitutionen schändlich mit diesen geistigen Fähigkeiten und Fertigkeiten umgeht.

Diese Erkenntnis hat inzwischen die deutsche Bildungspolitik erreicht, wie in der folgenden Empfehlung des Forum Bildung (2001) nachzulesen ist:

«Weichen für Bildungschancen und damit für Lebenschancen werden bereits früh gestellt. Insbesondere die Motivation und die Fähigkeit zu kontinuierlichem und selbstgesteuertem

Lernen sind früh zu wecken. Neben dem wichtigen Lernen in der Familie sind die Möglichkeiten der Kindertageseinrichtungen zur Unterstützung früher Bildungsprozesse deutlich besser zu nutzen. Die Bedingungen für individuelle Förderung in der Grundschule müssen erheblich verbessert werden, damit alle Kinder ihre Fähigkeiten, ihre Interessen und ihre personale und soziale Identität entwickeln können.» (Forum Bildung 2001, S. 9) Ob die Politiker daraus die richtigen Konsequenzen ziehen, wird sich erst in ein, zwei Jahren erweisen.

Die Forderung nach «früher» Bildung für alle Kinder schließt auch Hochbegabte mit ein und wird in bildungspolitischen Beteuerungen, Bekenntnissen und Empfehlungen gerne erwähnt; die Wirklichkeit in deutschen Kindergärten entspricht dem kaum. Alltägliche Erfahrungen von Eltern stimmen mit den folgenden Beobachtungen von Elschenbroich (2001) überein: «Nach wie vor hegen Erzieherinnen Groll gegen das Lernen: Sie setzen es gleich mit Leistungsdruck und Überforderung, sprechen von ‹Verschulung› und beklagen den ‹Verlust von Kindheit schlechthin›. Durch unangebrachte Kindertümelei und ein wissenschaftlich nicht mehr haltbares zu ‹infantiles› Kindbild bremsen Erwachsene die kindliche Entwicklung, auf der Unterschätzung des ‹leidenschaftlichen› kindlichen Forschungs- und Experimentierdranges beruht die ‹Langeweile und Monotonie›, denen Vorschulkinder im Kindergarten ausgesetzt sind» (Elschenbroich 2001).

Wenn auch Elschenbroichs Begeisterung über die «kulturschöpferische Energie der Kinder» einen Hauch von Bildungsromantik verströmt, der möglicherweise Erzieherinnen bei der Forderung, «Kindergärten in Labors, Ateliers, Wälder» zu verwandeln, ein (verständliches) Gefühl des Überfordertseins vermittelt, so ist die Botschaft für hochbegabte Kinder gewissermaßen lebensnotwendig: Wie alle Kinder brauchen sie eine anregende (Kindergarten-)Umwelt und Herausforderungen, die ihnen vielfältige und komplexe sinnliche, geistige sowie fein- und grobmotorische Erfahrungen ermöglichen. Der Kindergarten sollte Raum für Gestalten und Forschen bieten und mit unterschiedlichsten (Spiel-)Materialien, aber auch mit Kulturgütern aus der sogenannten Erwachsenenwelt ausgestattet sein wie klassischer Musik, moderner Kunst, Computern, Mikroskop, Büchern und Fachbüchern, Lexika. Der lustvolle Umgang mit Buchstaben und Zahlen sollte ebenso geschätzt werden wie das kindliche Interesse am Lesen, Schreiben und Rechnen oder das Arbeiten mit (echtem) Handwerkszeug, Küchengeräten und Haushaltsgegenständen (vgl. ausführlich hierzu Andres 2001).

In den Jahren um 1960/1970 wurde im Rahmen einer «kompensatorischen» Erziehung eine kognitive Frühförderung «deprivierter», aus sozioökonomisch unteren Schichten stammender Vorschulkinder propagiert. Diese sollte der auf geringer Anregung beruhenden Benachteiligung kompensierend entgegenwirken. Zugleich wurden Stimmen laut, die vor den Gefahren der kognitiven Frühförderung warnten, die ihrer Meinung nach in einer bloßen Intellektualisierung und geistigen Überforderung und dadurch drohende Gefühlsverarmung der Kinder zu sehen seien (vgl. Kubinger 1982). Die Betonung der Emotionalität, des Spiel- und Sozialverhaltens rückte in den Vordergrund, Überzeugungen, die auch heute noch vielfach überwiegen und wohl die Grundlage für die zitierte Skepsis gegenüber einer «frühen» Bildung u. a. bei Erzieherinnen, aber auch bei Eltern und Lehrern bilden.

Die rechtlich festgelegten Ziele für die Arbeit im Kindergarten lauten zwar: «Betreuung, Bildung, Erziehung», wobei zur Entlastung der Mütter das Kind umfassend in seiner gesamten Entwicklung gefördert werden soll, um eine gleiche Grundlage bei der Einschulung zu gewährleisten. Doch tatsächlich wurde in den letzten Jahren «Bildung» im Sinne kognitiver Anregungen und Forderungen in vorschulischen Institutionen für wenig bedeutsam erachtet (vgl. Lang 2000).

Befragungen von Erzieherinnen ergeben eine deutliche Priorität der Sozialerziehung als oberstes Ziel, dann erst folgt die Persönlichkeitsbildung und an dritter Stelle die Förderung von Kenntnissen und Fertigkeiten (Wolfram 1995). Dieser Befund wurde bei einer aktuellen Befragung von Erzieherinnen in Tübingen und Umgebung bestätigt: Als wichtigste Aufgabe der Vorschulerziehung wurde «Betreuung» genannt, dann folgte «Erziehung» und als letztes «Bildung». Bei den konkreten Erziehungszielen stand die «Förderung des Sozialverhaltens» an erster, «Förderung der Persönlichkeit» an zweiter und «Förderung des motorischen Verhaltens» an dritter, die Förderung von Kenntnissen und Fertigkeiten an letzter Stelle (Krautwasser 2000).

Ähnlich wie in Deutschland ist auch die Situation hochbegabter Kinder in der Schweiz und in Österreich. Schilderungen von Eltern durchschnittlich begabter wie hochbegabter Vorschulkinder sowie Beobachtungen und Gespräche mit Erzieherinnen über den Kindergartenalltag belegen vielfach, daß auch dort die Förderung des sozialen Verhaltens absoluten Vorrang gegenüber einer kognitiven Förderung hat. Auch hier bestätigen Ausnahmen die Regel: zwischen den Kindergärten, dem Verhalten und den Persönlichkeiten der Erzieherinnen gibt es sehr große Unterschiede, zumal in Deutschland weder allgemeine Richtlinien für die Ausbildung der Erzieherinnen noch ein verbindliches Curriculum vorhanden sind.

Kindergärten, in denen intellektuell anspruchsvollere Betätigungen erwünscht und erwartet werden, wo hochbegabte Kinder nicht mit den vorwurfsvoll an die Mutter gerichteten Worten empfangen werden: «Schon wieder so ein Kind mit Zahlen und Buchstaben», wären für alle Kinder förderlich. Das Ziel einer Vorschulerziehung, die sozial-emotionale und kognitive Förderung als untrennbare Einheit betrachtet, scheint bislang nicht erreicht (s. Nickel 1985).

Erzieherinnen: Ihr Einfluß auf hochbegabte Kinder

Je jünger Kinder sind, um so abhängiger sind sie von Erwachsenen. Erwachsene wirken sowohl direkt durch Lob und Tadel, durch Zuwendung oder Ablehnung, durch Ermutigung oder Entmutigung, durch Anweisungen und Erklärungen als auch indirekt durch ihr Vorbild, ihre Ansichten und Werthaltungen. Ähnlich wie zu den Eltern, bauen Kinder zur Erzieherin eine emotionale Bindung auf. In der Regel mögen sie ihre Erzieherinnen, denen sie vertrauen, an die sie sich Hilfe suchend und um Unterstützung bittend wenden können.

Im Beratungsalltag wird immer wieder deutlich, daß die Person des Erziehers wichtig ist (Urban 1992). Das Ausmaß an kognitiver Frühförderung soll vom jeweiligen «Verhalten der Kindergärtnerin abhängen», wobei es sich in der Untersuchung von Kubinger (1982) nicht klären ließ, ob die beobachteten Verhaltensweisen (das Lehrverhalten, das Fragen, die Rückmeldungen) oder bestimmte Eigenschaften der Erzieherinnen diesen Einfluß ausüben.

Welche Erfahrungen machen hochbegabte und höchstbegabte Kinder in Kindergärten? Nur wenige Befunde können hierzu vorgelegt werden, da sich in Deutschland nur wenige Forscher mit hochbegabten Vorschulkindern befassen.[36] Da schon bei den ersten diagnostischen Untersuchungen hochbegabter Kinder die Bedeutsamkeit ihrer Kindergartenerlebnisse ersichtlich wurde, führten wir 1989 in Tübingen eine kleinere Befragung von Erzieherinnen zum Thema «Hochbegabung und Förderung von Hochbegabten im Kindergarten» durch, bei der zunächst das geringe Interesse an diesem Thema auffiel. Von 31 Erzieherinnen hatten nur 13 überhaupt den kleinen Fragebogen ausgefüllt, wobei die Hälfte durchaus ein Interesse an der Thematik äußerte, die andere Hälfte das Thema als für sie irrelevant ablehnte («Wir haben keine hochbegabten Kinder»). In den Antworten damals wurde deutlich, daß eine Förderung Hochbegabter nicht erwünscht war oder als unnötig angesehen wurde. Eine Förderung wurde nur «intellektuell Schwächeren, sozial Schwächeren und motorisch Gehemmten» zugestanden (Stapf 1988).

Wieweit diese Ergebnisse allgemein gültig sind und waren, ist kaum abzuschätzen. Heute würde eine Befragung vermutlich etwas anders ausfallen. In manchen Kindergärten lassen sich, wie aktuelle Erfahrungen zeigen, diese Ansichten allerdings heute noch finden. Selbst wenn davon ausgegangen werden kann, daß Erzieherinnen Hochbegabte fördern wollen, erkennen sie diese Kinder überhaupt? Ohne die Vermittlung besonderer Kenntnisse scheinen etwa amerikanische Vorschullehrer bei der Identifikation von intellektuell hochbegabten Kindern nicht sehr effektiv zu sein (Roedell et al. 1989). Allerdings zeigen Untersuchungen mit dem von uns konstruierten Tübinger Fragebogen für Erzieherinnen (TÜEZ) zur Erfassung der kindlichen Persönlichkeit, mit dem neben kognitiven Verhaltenseigenarten auch Motivations- und Temperamentsmerkmale erfragt werden, daß Erzieherinnen die kognitiven Fähigkeiten und den geistigen Entwicklungsvorsprung hochbegabter Kinder durchaus wahrnehmen.

Bei 107 durchschnittlich 5;2 Jahre alten Vorschulkindern, die alle mit dem K-ABC getestet worden waren, ließ Lang (2000) sowohl das Verhalten und die Merkmale der Kinder mit dem TÜEZ durch die Erzieherinnen als auch durch die Eltern mit dem TÜEF beurteilen. Die Einschätzungen von Eltern hochbegabter verglichen mit denen durchschnittlich begabter Kinder ergaben folgende, bedeutsame Unterschiede: Danach beschäftigen sich hochbegabte Kinder früher mit Zahlen und Buchstaben, zeigen bessere Leistungen im Rechnen, Lesen und Schreiben, verfügen über eine komplexere Sprache und ein besseres Gedächtnis, begreifen vieles schneller, interessieren sich mehr für Bücher und haben weniger Freunde.

Auch die Erzieherinnen schätzten hochbegabte und durchschnittlich begabte Vorschulkinder unterschiedlich ein. Für Hochbegabte trifft danach stärker zu, daß sie sinnverstehend lesen können, fast alle Buchstaben kennen, gerne Zahlen schreiben sowie richtig zusammenzählen und abziehen können, wobei die Mittelwertsunterschiede für die Angaben zu den Rechenfertigkeiten schwächer ausfallen. Weiterhin billigten Erzieherinnen hochbegabten Kindergartenkindern eher zu, daß sie über einen großen Wortschatz verfügen, sich Fakten gut merken, Lieder und Gedichte schnell auswendig lernen, über Spezialwissen verfügen, sich differenziert ausdrücken, und als reifer erscheinen. Sie besitzen danach eine größere Ausdauer und beschäftigen sich lieber allein.

Eltern wie Erzieherinnen erkennen somit vor allem die sprachlichen Fähigkeiten der Kinder und deren gute Gedächtnisleistungen. Allerdings ziehen Erzieherinnen aus diesen Wahrnehmungen nicht immer den Schluß, daß für derartige Kinder besondere (Förder-)Maßnahmen zu ergreifen sind, was für die Identifikation hochbegabter Mädchen besonders entwicklungshemmend zu sein scheint (Lang 2000).

Bei der getrennten Auswertung der Angaben für Mädchen und Jungen fanden sich nämlich bei allen Einschätzungen für Mädchen weniger Verhaltensmerkmale, die hochbegabte von durchschnittlich begabten Mädchen unterschieden (vgl. Krautwasser 2000). Anders als bei Jungen wiesen die elterlichen Einschätzungen beim Vergleich von hochbegabten und durchschnittlich begabten Mädchen bei folgenden Aussagen: «Selbstständiges Finden von Gesetzmäßigkeiten», «Schnelles Begreifen», «Gutes Gedächtnis» oder «Eigene Ideen Haben» keine Unterschiede auf.

Die Ursachen für die geringeren Unterschiede bei Mädchen könnten entweder darin zu suchen sein, daß sie tatsächlich weniger auffallen, oder daß die Unterschiede bei den Jungen zwischen hochbegabten und durchschnittlich begabten allgemein größer sind, wie beispielsweise bei der Einschätzung durch die Erzieherinnen zu Aufmerksamkeitsverhalten und Ausdauer beim Spielen, wo durchschnittlich begabte Jungen besonders schlecht abschneiden. Möglicherweise wurden mehr Fragen mit (auffälligen) jungentypischen Merkmalen in die Fragebogen aufgenommen. Um die Identifikation und Förderung der Mädchen zu verbessern, sollten zukünftig in stärkerem Maße mädchenspezifische Fragen (z.B. nach psychosomatischen Beschwerden, Ausmaß der Anpassung an die anderen Mädchen) gestellt werden (s. Lang 2000).

Die Beurteilungen durch Erzieherinnen sind für die kindliche Förderung im Vorschulalter erfahrungsgemäß höchst bedeutsam. Ihre Hinweise und Ratschläge werden von Eltern, die den Erzieherinnen eine hohe pädagogische Kompetenz zuschreiben, sehr beachtet und meist akzeptiert.

Da als Fördermaßnahme hochbegabter Kinder u.a. eine rechtzeitige Einschulung anzusehen ist, verdienen solche Befunde Beachtung, die die Kenntnisse der Erzieherinnen hinsichtlich der schulisch relevanten Fertigkeiten wie Lesen, Schreiben und Rechnen untersuchen. An einer Stichprobe von 415 bei uns zur Beratung angemeldeten Vorschulkindern haben wir solche Kinder herausgesucht, die sinnverstehend lesen können (N = 100 Kinder), die einstellige Zahlen addieren und subtrahieren können (N = 171 Kinder) und die ganze Sätze oder sogar Geschichten schreiben (N = 76 Kinder). Bei der Beurteilung dieser kindlichen Kompetenzen durch ihre Erzieherinnen zeigten sich relativ hohe Fehleinschätzungen, verbunden mit einer gravierenden Unkenntnis über diese Fertigkeiten: Bei der Frage «Das Kind kann sinnverstehend lesen» konnten von den 100 Erzieherinnen 61 % keinerlei Angaben hierzu machen (d. h. weder «stimmt» noch «stimmt nicht» ankreuzen), zu der Frage «Das Kind schreibt gerne Wörter», waren es 60,5 % und 67,3 % bei der Frage «Das Kind kann richtig zusammenzählen und abziehen». Nur 35 % der lesenden Kinder, 26,3 % der rechnenden und 32,9 % der schreibenden Kinder wurden von ihrer Erzieherin richtig beurteilt. Eine falsche Beurteilung erfolgte bei 4 % der lesenden, 6,4 % der rechnenden und 6,6 % bei den schreibenden Kindern (vgl. Lang 2000). Das bedeutet, daß die Fertigkeiten bei zwei Drittel der Kinder, die schon im Kindergarten über solche schulischen Fertigkeiten verfügen, die üblicherweise erst im Laufe des ersten Schuljahres erworben werden, von den Erzieherinnen nicht bemerkt werden.

Bei der Beurteilung der kindlichen Schulfähigkeit spielen diese Fertigkeiten eine wichtige Rolle. Auffallend hoch sind die Prozentsätze der Kinder im Alter von 3–5 Jahren, die schon lesen, rechnen und schreiben können. Die Mehrzahl dieser Kinder wäre ohne eine von Eltern veranlaßte fachpsychologische Begutachtung spät (zu spät) eingeschult worden.

Diese Erkenntnis wird gestützt durch Erfahrungen in Beratungssituationen, daß aufgrund der Wahrnehmung und Beobachtung der höheren kognitiven Fähigkeiten der hochbegabten Kinder die Erzieherinnen diese Kinder zwar als reifer ansehen, aber dennoch sehr oft nicht als hochintelligent oder hochbegabt einschätzen und somit den Eltern entsprechende Maßnahmen wie rechtzeitige Einschulung kaum vorschlagen. Mit dem meist nicht weiter spezifizierten Argument, das Kind sei «sozial unreif» wird in einer Reihe von Fällen zum Verbleib im Kindergarten geraten, auch wenn die Kinder schon sechs Jahre alt sind.

Die derzeit beobachtbare Beratungskompetenz vieler Erzieherinnen, zumindest bei hochbegabten und sehr intelligenten

Kindern, muß nach diesen Ergebnissen vorsichtiger bewertet werden. Eine entsprechende Fortbildung der Erzieherinnen über die Eigenarten hochbegabter Kinder und angemessene Fördermaßnahmen erweist sich als erfolgversprechend. In Baden-Württemberg führen wir seit einigen Jahren derartige Fortbildungen durch, die meist auf Anregung einzelner, hochinteressierter und motivierter Erzieherinnen zustande kamen. Die Beratungskompetenz kann durch Weiterbildung und Training der Erzieherinnen deutlich verbessert werden.

Bei einem unangemessenen Verbleib im Kindergarten beginnt ein Teufelskreis, da zumindest ein Teil der hochbegabten Kinder häufig sehr negativ auf die folgenden entwicklungshemmenden Bedingungen reagiert:

– Im letzten Kindergartenjahr ist die kognitive Unterforderung besonders stark, weil für sehr viele Hochbegabte u. a. das Spielzeug, wie Konstruktionsspiele oder Gesellschaftsspiele, die (Bastel)-Materialien usw. aber auch die (nicht überall) gebotenen Vorschulprogramme (Besuch von Feuerwehr, Polizei und Zahnarzt) intellektuell kaum herausfordernd sind.

– Die für die vier- bis fünfjährigen Hochbegabten als Spielpartner noch interessanten fünf- bis sechsjährigen Kinder haben den Kindergarten verlassen und gehen in die Schule. Sie selbst sind nun die ältesten Kinder. Damit ergibt sich eine noch größere Diskrepanz (interindividuelle Asynchronie) hinsichtlich des kognitiven Entwicklungsstandes zwischen ihnen und ihren potentiellen Spielkameraden. Sie wenden sich daher noch stärker den einzig greifbaren Erwachsenen, den Erzieherinnen zu, was nicht selten als kindliches, unreifes und unselbständiges Verhalten mißverstanden wird.

Als Reaktion auf die im Kindergarten erlebte Langeweile («Babykram»), aber auch auf Ablehnung und Unverständnis von seiten der Erzieherinnen und der anderen Kinder entwickeln eine Reihe von hochbegabten Vorschulkindern nicht selten aggressive Verhaltensweisen. Sie sind schlecht gelaunt, unzufrieden und lassen dies an den Müttern und Geschwistern aus. Ähnlich wie in der Schule spielen sie den Clown, eine körperliche Unruhe ist, besonders bei Jungen, möglicherweise eine Reaktion auf Langeweile (Roedell et al. 1989). Nicht selten weigern sie sich, noch länger in den Kindergarten zu gehen. Manche Kinder klagen auch im Vorschulalter schon über psychosomatische Beschwerden, haben Bauchweh bis hin zum Erbrechen, Kopfschmerzen. Mädchen passen sich aber auch völlig an die Spielmöglichkeiten und Interessen der anderen Mädchen an (z. B. an die für hochbegabte Mädchen nicht sonderlich interessanten Barbiepuppen).

Im Kindergartenalter werden die Weichen für den Umgang mit den Kulturtechniken gestellt, die für eine erfolgreiche Bewältigung der Schule nötig sind, die Leistungsmotivation beginnt sich zu entwickeln. Freude und Spaß am (eigengesteuerten) Lernen sowie an intellektuellen Spielen herrschen vor. Da Lernen bei günstiger Motivation dann besonders effektiv ist, wenn die Anforderungen leicht über dem Bewältigungsniveau der Kinder liegen, ist es auch bei der Erziehung hochbegabter Vorschulkinder höchst wichtig festzustellen, «wie Lernmaterial und Kompetenzniveau optimal aufeinander abgestimmt werden können» (Roedell et al. 1989). Im Kindergarten treten nach unseren Erfahrungen Probleme vorrangig dann auf, wenn eine hohe Verletzbarkeit solcher hoch- und vor allem höchstbegabter Vorschulkinder aufgrund folgender Eigenarten gegeben ist:

– hohe Lärmempfindsamkeit
– große Scheu vor Gleichaltrigen
– eine hohe Sensibilität
– Erleben von Andersartigkeit

und zugleich hemmende Bedingungen vorliegen wie:

– das Fehlen adäquater Spielpartner
– Langeweile und Unterforderung
– Ablehnung durch die Erzieherinnen
– Ablehnung und Hänseleien (Mobbing) durch die anderen Kinder

Als förderliche Bedingungen im Kindergarten sind zu nennen:

– Akzeptanz und angemessen hohe geistige Anregungen:
Erzieherinnen, die bei hochbegabten Kindern die hohen
kognitiven Fähigkeiten und die daraus resultierenden intellektuellen wie sozialen Bedürfnisse verstehen und akzeptieren (z. B. Bedürfnis nach verbalen Konfliktlösungen
statt körperlicher Auseinandersetzungen, Wunsch nach
zeitweiligem Rückzug und niedrigem Lärmpegel) und eine
geistig anregende Lernumgebung bieten.
– Unterstützung bei der sozialen Integration:
Ohne das hochbegabte Kind besonders herauszustellen,
sollten seine «Kenntnisse und Fähigkeiten» den anderen
erklärt werden. Erzieherinnen, die versuchen, das hochbegabte Kind in die Gruppe zu integrieren, helfen ihm, positive soziale Erfahrungen mit Gleichaltrigen zu machen.
– Einstellungsänderung:
Das Ablegen des gängigen Stereotyps vom «verspielten»
Vorschulkind, was erst in der Schule lesen, rechnen und
schreiben darf.

Die Erfüllung der Bedingungen führt dazu, daß sich Hochbegabte im Kindergarten wohler fühlen können.

Gleichaltrige Spielkameraden: Von Hochbegabten gefordert und überfordert

Eltern ist der Besuch eines Kindergartens wichtig, damit ihre
Kinder mit anderen Kindern zusammen sind. Da heute Kern-
familien mit ein bis zwei Kindern die Regel sind und jüngere
Kinder nicht überall in der direkten Nachbarschaft gleichaltrige Spielkameraden zum Spielen finden, bietet sich im Kindergarten oft die einzige Gelegenheit, Spielkameraden zu
treffen. Im Kindergarten können die sozialen Lernerfahrun-
gen im Umgang mit anderen Kindern gemacht werden, die
den Erwerb sozialer Kompetenzen und deren Umsetzung in
soziale Verhaltensweisen gestatten. Sie sind für angemessene

Interaktionen und Kommunikationen in der Gleichaltrigen-
gruppe, dem Lösen der dort auftretenden sozialen Konflikte,
für eine Integration und «Teamarbeit» notwendig. Für Hochbegabte ist die Interaktion mit anderen Kindern gleicher Interessen und Fähigkeiten genauso wichtig wie für alle übrigen
Kinder, nur für sie ist es schwerer, und daher ein häufig genanntes Problem, solche Spielkameraden zu finden (Roedell
et al. 1989).

Ob Hochbegabte allgemein eher Außenseiter sind als andere Kinder, ob sie beliebter oder isolierter sind und im großen
Ausmaß «sehr geringe oder wenig Beziehungen zu ihren Alterskameraden haben» (Casey und Quisenberry 1982, S. 80)
ist immer auch von der konkreten Gruppe und Gruppensitua-
tion abhängig. Weiterhin spielen nicht-kognitive personale
Gegebenheiten wie Schüchternheit, Aktivität und Interessen
eine Rolle, ebenso wie körperliche Attraktivität und soziale
Kompetenz.

Kinder im Vorschulalter sind den bestehenden Gruppenbe-
dingungen besonders ausgeliefert. Im Kindergarten ist die
Auswahl an anderen Kindern sehr beschränkt, es besteht
kaum die Möglichkeit, die Gruppe zu wechseln. Eine Situation, die besonders in Ganztagsinstitutionen (Kinderhort) für
hochbegabte Kinder dann schwierig ist, wenn die anderen
Kinder sehr wenig zu ihnen passen, d. h. ihren kognitiven An-
sprüchen nicht entsprechen. Eltern müssen, wenn die Möglichkeit gegeben ist, bei der Auswahl der Vorschulinstitution
dringend darauf achten, ob genügend Kinder als passende
Spielfreunde in Frage kommen.

Ähnliche Erlebnisse, wie die eines fünfjährigen Hochbegabten (Silverman 1993), der mit Gleichaltrigen im Kindergarten
über Planeten sprechen möchte, berichten hochbegabte Vorschulkinder unserer Beratungsstichprobe: die anderen Kinder
verstehen überhaupt nicht, wovon er redet, sie gehen weg,
lachen ihn aus. Er wiederum, der mit einem Neunjährigen
Mühle oder Halma spielt, versteht nicht, daß die anderen
Fünfjährigen seiner Kindergartengruppe die Spielregeln nicht
begreifen; er denkt, sie wollen schummeln. Er bedrängt die
Kinder, redet auf sie ein. Sie halten ihn für einen Angeber und

weisen ihn ab, woraufhin er sich zurückzieht. Er wendet sich an seine Erzieherin, die er sehr in Beschlag nimmt. Er will mit ihr spielen, da nur sie ihn verstehen und mit ihm spielen kann, wie er es mit seinen Eltern oder (älteren) Freunden gewohnt ist. Eine Erzieherin beschreibt das bei der 4;6jährigen Petra im Fragebogen (TÜEZ): «Durch ihr sprachlich hohes Niveau und ihre Persönlichkeit findet sie oft schwer Zugang zu anderen, gleichaltrigen Kindern. Andere Kinder verstehen sie nicht und verlieren das Interesse».

Hochbegabte Jungen neigen daraufhin dazu, die anderen zu stören. Mädchen passen sich eher an die Gleichaltrigen an, verstecken ihre Kompetenzen und Interessen, um den Erwartungen der Erzieherinnen und Spielkameraden zu entsprechen, um soziale Akzeptanz zu erhalten. Dieses «Verstecken» beginnt mit vier Jahren und führt dazu, daß die Hochbegabung der Mädchen im Kindergarten viel seltener erkannt wird. Mädchen, so berichten ihre Eltern, verhalten sich zu Hause anders als im Kindergarten, wo sie sich «dumm stellen» (Silverman 1993, Stapf 1990).

Die interindividuelle Asynchronie fällt bei der Kommunikation mit Altersgenossen besonders auf. Hochbegabte Dreijährige, die ihre Bedürfnisse und Gedanken in komplexen Sätzen wie Sechsjährige mitteilen, haben es schwer, sich mit durchschnittlich intelligenten Dreijährigen zu unterhalten, deren begrenzte sprachliche Fähigkeiten dabei deutlich werden. Die Vorliebe und Bevorzugung älterer Freunde und Spielkameraden, die sich auch im Schulalter nachweisen läßt, trägt der Tatsache Rechnung, daß nicht das chronologische Alter, sondern die sozial-kommunikativen und intellektuellen Fähigkeiten sowie die Interessen für die Wahl von Interaktionspartnern bedeutsam sind.

Die Passung zwischen Kind und Spielkameraden hängt auch vom Ausmaß der Intelligenzausprägung des jeweiligen Kindes ab. Übereinstimmend weisen alle Befunde daraufhin, daß mäßig hochbegabte, weit überdurchschnittlich intelligente Grundschulkinder (IQ etwa zwischen 120 und 130, vgl. Czeschlik und Rost 1988) sehr beliebt, während höchstbegabte eher unbeliebt sind (Roedell et al. 1989).

Eltern wie Erzieherinnen unserer Beratungsstichprobe geben an, daß Hochbegabte weniger Freunde haben. In den elterlichen Anamnesen wird deutlich, daß viele Hochbegabte an durchschnittlich Begabten kein Interesse zeigen. Wie jüngere Kinder allgemein, sind hochbegabte Vorschulkinder eher intolerant gegenüber «andersartigen» Altersgenossen. Sie spielen lieber allein als mit Kindern, von denen sie nicht verstanden werden und die ihre Spielvorlieben nicht teilen. Wünschenswert wäre daher, daß Kinder ähnlicher Fähigkeiten und Interessen in einer Spielgruppe zusammengebracht werden (Karnes und Johnson 1991).

Kindergärten und Kinderakademien für Hochbegabte

Für die Erziehung und Förderung hochbegabter Vorschulkinder (ab dem Alter von drei Jahren) gibt es in Amerika seit geraumer Zeit vielfältige Projekte und Förderprogramme.

Die Auswahl der Kinder für Förderprogramme bei intellektueller Hochbegabung erfolgt in der Regel aufgrund der intellektuellen Fähigkeiten, die mit Hilfe von Intelligenztests, Verhaltensbeobachtung und Elternbefragungen erfaßt werden. Die Programme enthalten breit angelegte Bildungsangebote, die sowohl die intellektuellen und physischen als auch sozialen Bedürfnisse der Kinder befriedigen sollen. Zusätzlich zu den komplexen kognitiven Fähigkeiten, dem logischen Denken und Problemlösen werden auch die sozial-affektiven Kompetenzen gefördert. Es wird erwartet, daß die in derartigen Programmen eingesetzten Lehrer den Kindern Anspruchsvolleres als nur Informationsvermittlung bieten und daß die Lernumgebung sich jederzeit flexibel an die hohe Lerngeschwindigkeit der Kinder anpaßt (Roedell et al. 1989).

Eine vollständige Entfaltung ihres geistigen Potentials bietet hochbegabten Vorschulkindern die Möglichkeit, glücklicher, ausgeglichener und zufriedener zu sein, zudem eine größere elterliche Zufriedenheit, die Roedell et al. (1989) als ein Maß für die Bewertung (Evaluation) derartiger Programme vorschlagen.

In Deutschland wurde man erst in den letzten Jahren auf die Besonderheiten Hochbegabter im Kindergarten aufmerksam und beginnt, verstärkt über Fördermaßnahmen im Vorschulalter nachzudenken. Da man davon ausgehen kann, daß «wesentliche Förderimpulse durch das Zusammensein mit ähnlich begabten Kindern entstehen» (Rückert 1992, S. 171), lag z. B. die Gründung von Kinderakademien nahe, die häufig von Eltern initiiert wurde.

Inzwischen gibt es in Deutschland einige Kinderakademien für Vorschul- und Grundschulkinder, die zunehmend von Ministerien, Stadtverwaltungen (z. B. Stuttgart, Mannheim, Bonn) oder privaten Sponsoren gefördert werden. Erste Erfahrungen mit einer Gruppe hochbegabter Vorschulkinder wurden in einem Modellprojekt in Hannover gesammelt (Urban 1992), im «Jugenddorf Hannover» wurde eine von der Karg-Stiftung unterstützte Kindertagesstätte für Hochbegabte eingerichtet, in Nürnberg eine weitere aufgebaut (Hartmann 1999). Die Notwendigkeit für die Gründung derartiger Einrichtungen ergab sich aus der «Langeweile, den Motivationsverlusten, vereinzelten Verhaltensauffälligkeiten und Isolation» der hochbegabten Vorschulkinder, die den Eltern Sorgen bereiteten (Thieroff 1999, S. 2).

Anhand der kindlichen Beschäftigungen und Vorlieben, die in diesen Einrichtungen vorherrschen, aus dem Material und Spielanregungen, die sie dort erhalten, ist ersichtlich, welche Themen Hochbegabte interessieren und womit sie zufrieden sind. In der Broschüre des Kinderclubs Bonn, dessen Motto «Spiel, Spaß und Köpfchen» lautet, hebt Thieroff (1999) hervor, daß bei den dort drei- bis siebenjährigen Vorschul- und Schulkindern, die Siebenjährigen sind teilweise in der 3. Klasse, vielfältige Begabungen und Denkweisen zu beobachten sind. Wie Berichte aus ähnlichen Einrichtungen oder Beobachtungen von uns durchgeführter Wochenendveranstaltungen mit hochbegabten Vorschul- und Grundschulkindern bestätigen, bringen diese Kinder hervorragende Leseleistungen und Kompetenzen in den verschiedensten Sachgebieten sowie rechnerisches Denken, Ideenreichtum und Neugierde mit. Sie sind interessiert und hoch motiviert, benötigen kaum Anleitung und bleiben ausdauernd an ihren jeweiligen Arbeiten. Sie verstehen sich gut und kommunizieren gerne. Körperliche Auseinandersetzungen sind höchst selten, ihre Konflikte lösen sie verbal und hoch effizient. Die Eltern berichten, daß ihre Kinder seit dem Besuch des Kinderklubs insgesamt ausgeglichener und zufriedener sind (Thieroff 1999).

Das Programm des Kinderclubs Bonn beinhaltet Sachthemen z. B. über Pflanzen, Umweltschutz, Magnetismus, Himmelskörper, geometrische Formen oder Kochen und Backen. Englischkurse wurden von den Kindern selber gefordert; Projekte wie «Unser Aquarium», aber auch Marionettentheater und die verschiedensten Spiele runden das vielfältige Programm ab. Es wird aber auch gemalt und gebastelt, meist in Koordination mit den Sachthemen, was auch für die Verbesserung der Feinmotorik in einigen Fällen förderlich ist.[37]

Wie in der Kindertagesstätte von Hannover, die als präventives Modell zur Begleitung hochbegabter Kinder eingerichtet wurde und diesen einen Schutz und Schonraum für eine angemessene Entwicklung bieten soll, fühlen sich die hochbegabten Kinder in speziellen Einrichtungen besonders wohl (Hartmann 1999). In Hannover stehen die Befriedigung der Neugierde, die Motivation und die Freude am Lernen bei den Kursen im Mittelpunkt; es gibt kein vorgefertigtes, funktionsgebundenes Spielzeug. Bei den Aufgaben beraten die Kinder einander und besprechen, was sie konstruieren wollen. Der Kindergarten für Hochbegabte in Hannover vertritt einen integrativen Ansatz, d. h., die Hälfte der Kinder ist hochbegabt, die u. a. mit Hilfe eines Intelligenztests identifiziert wurden, die andere Hälfte sind Kindergartenkinder aus dem Einzugsbereich. Nach Beendigung des Kindergartens haben die hochbegabten Kinder die Möglichkeit, gemeinsam beschult zu werden, da es sich als ein Problem herausstellte, die Kinder in eine normale Grundschulklasse mit den üblichen (zu niedrigen) intellektuell-akademischen Anforderungen und langsamem Lerntempo einzuschulen.

Eine Auswahl mit Hilfe einer kompetenten psychologischen Diagnostik, wie in Hannover, ist insofern anzuraten, als Erfahrungen mit anderen Kinderakademien zeigen, daß bei

Anmeldung z. B. nur durch Eltern, d. h. ohne Prüfung der Intelligenzfähigkeiten und des Wissensstandes in dem speziellen Bereich, ein Absinken des Kursniveaus zu beobachten ist.

In den genannten deutschen Vorschuleinrichtungen für Hochbegabte wird, wie in den Elternhäusern, (mühsam) vermieden, den Kindern die Kulturtechniken wie Lesen, Schreiben und Rechnen beizubringen, aus Sorge, daß sie sich in der Schule noch stärker langweilen. Allerdings ist das Bremsen bei den meisten Hochbegabten kaum durchzuhalten, da sie sich, zumindest teilweise, selbst das Lesen und/oder Rechnen beibringen; das Schreiben bleibt bei Jüngeren (Drei- bis Vierjährigen) aufgrund der feinmotorischen Begrenztheit meist auf Blockbuchstaben beschränkt.

Insgesamt scheinen alle Programme immer dann effektiv zu sein, wenn sich die Lehrer mit den Programmzielen identifizieren und den Kindern zugeneigt sind (Roedell et al. 1989).

Früheinschulung

Da hochbegabte Kinder sich aus eigenem Antrieb und Interesse mit Zahlen und Buchstaben intensiv befassen, ist es nicht verwunderlich, daß viele von ihnen schon vor der Schule lesen, schreiben und rechnen können. Die Auswertung der elterlichen Angaben zu 441 drei- bis fünfjährigen Vorschulkindern unserer Beratungsstichprobe ergab, daß 40,3 % der hochbegabten Kinder (9,7 % der durchschnittlich begabten) sinnverstehend längere Sätze und Texte lesen konnten, 31,5 % der hochbegabten (4,6 % der durchschnittlich begabten) ganze Sätze schrieben. Während 7,9 % der Hochbegabten längere Geschichten schrieben, was kein durchschnittlich begabtes Kind tat, konnten 79,7 % der durchschnittlich Begabten mindestens einzelne Wörter oder ihren Namen schreiben. Mit allen Grundrechenarten (Addition, Subtraktion, Multiplikation und Division) konnten 16,4 % der hochbegabten und 4,6 % der durchschnittlich begabten Vorschulkinder umgehen.

Die Unterschiede, wie aufgrund der Forschungsergebnisse erwartet, sind bezüglich des Lesens besonders groß. Der

Drang zum Lesen ist bei Hochbegabten deshalb so stark, weil sie sich mit Büchern eine riesige Welt des Wissens, der Geschichten des Lebens und der Phantasie selbständig erschließen können.

Die Schule, auf die sie sich, nach Angabe der Eltern im TÜEF, sehr freuen, bedeutet für sie Lernen von neuen, interessanten Dingen, «richtiges» Rechnen, spannendes, neues Wissen über «Weltphänomene», Rätsel und Problemlösen. Das erwarten sie von der Schule, deswegen wollen sie unbedingt dorthin. Mit fünf oder sechs Jahren ist es ihnen im Kindergarten schon sehr langweilig.

«Hochbegabte nicht früh einzuschulen ist bedeutungsschwer», diese Ansicht von Casey und Quisenberry (1982) entspricht unseren Erfahrungen. Wenn es den Kindern im Kindergarten schlecht ergeht, sie sich dort unwohl fühlen, ist unbedingt vor Vollendung des sechsten Lebensjahres an einen Wechsel in die Schule zu denken. Diese Frage ist um so dringlicher, als deutsche Kinder, im Vergleich mit Kindern anderer europäischer Länder spät eingeschult werden (in Holland mit vier, in Frankreich mit fünf Jahren). In einer von uns ausgewerteten Teilstichprobe von hochbegabten Kindern, die zwischen 1988 und 1991 die Grundschule besuchten, lag das Einschulungsalter bei 6;8 Jahren, was sich als eindeutig zu alt herausstellte. In Baden-Württemberg werden mit zunehmendem Wissen über Hochbegabung bei Eltern, Lehrern und Erzieherinnen hochbegabte Kinder früher eingeschult (Stapf 1998).

Über eine vorzeitige Einschulung wird kontrovers diskutiert. Ängste vor einer Überforderung der Kinder, denen man «die Kindheit raube», wenn man sie zu früh einschult, was auf die Persönlichkeits- und Leistungsentwicklung eher negative Auswirkungen haben soll, können nicht als bestätigt gelten. Untersuchungen zur vorzeitigen Einschulung mit negativen Befunden haben entweder keine Hochbegabten untersucht oder nicht mit angemessenen Kontrollgruppen gearbeitet (vgl. Müller, E. A. 1992).

Amerikanische Untersuchungen mit hochbegabten bzw. geistig weit fortgeschrittenen Kindern fanden keine Leistungsnachteile oder negative Persönlichkeitsentwicklungen im Vergleich mit nicht früh eingeschulten (Casey und Quisenberry 1982). Ganz im Gegenteil: Ceci und Williams (1997) führen Studien an, die einen Intelligenzabfall um fünf bis sieben Punkte bei Kindern mit verspätetem Schuleintritt nachweisen. Ebenfalls einen Nutzen der früheren Einschulung für die Entwicklung der Gedächtnis- und Sprachfähigkeiten erbrachte ein Vergleich von sechsjährigen Kindern, die zwei Monate vor bzw. zwei Monate nach einem Stichtag geboren, daher entweder eingeschult oder nicht eingeschult wurden. Die eingeschulten Kinder profitierten meßbar durch bessere geistige Leistungen aufgrund der Einschulung, ein Verbleib im Kindergarten erwies sich nicht als förderlich (Morrison et al. 1995).

Dabei bedeutet der Begriff «früh» oder «vorzeitig» nicht immer dasselbe. Üblicherweise wird er für solche Kinder verwendet, die vor einem sogenannten «Stichtag», der in verschiedenen Bundesländern unterschiedlich ist, z. B. in Baden-Württemberg ist es derzeit der 30.09. des laufenden Jahres, bis zu dem die bis dahin sechs Jahre alt gewordenen Kinder noch im selben Jahr (jeweils im September) regulär eingeschult werden. Für Kinder, die zwischen dem 1.10. und 31.12. geboren wurden, ist eine Einschulung im laufenden Jahr ohne großen Aufwand zu beantragen. Für Kinder, die im Alter von 4;6 bis 5;6 Jahren eingeschult werden sollen, ist eine individuelle, fachpsychologische Untersuchung und Beratung zu empfehlen.

In Einklang mit den Schwierigkeiten, adäquate Spielkameraden unter gleichaltrigen Kindern zu finden, steht die frühe oder vorzeitige Einschulung Hochbegabter mit 5 bis 5;6 Jahren, die eher eine gute Abstimmung von kindlichen Fähigkeiten und Lernangeboten in den ersten Grundschulklassen ermöglicht. Es scheint besser zu sein, früh eingeschult zu werden und gemeinsam mit der Klasse die schulischen Fertigkeiten zu erwerben, als später eingeschult zu werden, um dann durch die niedrigen Anforderungen gelangweilt, eine Klasse zu überspringen. Allerdings ist in einigen Fällen, beispielsweise bei Höchstbegabten, eine frühe Einschulung und späteres (sogar mehrmaliges) Überspringen erforderlich.

Im Gegensatz zu deutschen kamen amerikanische Studien bezüglich einer frühen Einschulung allgemein zu positiven Resultaten. Es fanden sich beispielsweise keine Unterschiede in verschiedenen Schulleistungen der 1., 3. und 7. Klassenstufen zwischen früh- und später zugelassenen Schülern bei vergleichbarer Intelligenz, die früher Eingeschulten besaßen jedoch eine größere Motivation. Aufschlußreich bei dieser Studie von Braga (1971) war, daß die Lehrer trotz der positiven Resultate eine frühe Einschulung eher ablehnten. Ihre Argumente, daß z.B. früh Eingeschulten die soziale, emotionale und körperliche Reife fehlen würde, sind auch in Deutschland immer noch verbreitet. Die Lehrer wußten dabei nicht, welche Kinder früh eingeschult worden waren und hatten diese Kinder zuvor als durchaus positiv beschrieben (Roedell et al. 1989). Möglicherweise beruhen negative Erfahrungen der Lehrer auf Fällen, in denen Kinder ohne sorgfältige Untersuchung früh eingeschult worden waren.

Eine Früheinschulung muß nicht auf Hochbegabte beschränkt sein. Wenn sehr intelligente Vorschulkinder über schulische Fertigkeiten wie Rechnen und Lesen verfügen, sollte ebenfalls eine rechtzeitige Einschulung erfolgen. Die Mehrzahl der Eltern Hochbegabter ist einer frühen Einschulung eher abgeneigt. Oft geben sie nur dem Drängen des Kindes und seiner u.a. auf Langeweile beruhenden Probleme im Kindergarten nach. Da sie unsicher sind, versuchen Eltern sinnvollerweise, sich durch eine psychologische Begutachtung Entscheidungshilfe zu holen. Wenn die Gutachter eine frühe Einschulung empfehlen, akzeptieren viele Grundschullehrer und Rektoren diese Maßnahme auch entgegen ihrer Ansicht. Allerdings ist die vorzeitige Einschulung eines Kindes gegen den erklärten Willen der Schule und der künftigen Lehrkraft ein risikoreiches Unterfangen. Eltern sollten dann eher eine andere Schule suchen. Wenn es keine Alternative gibt, kann der Verbleib im Kindergarten (oder zu Hause) förderlicher sein, um das Kind möglicherweise ein Jahr später gleich in die zweite Klasse einzuschulen. In jedem Einzelfall ist die Entscheidung zum Wohle des Kindes zu treffen.

Hochbegabte in der Schule

Die schulische Situation Hochbegabter ist vor dem Hintergrund allgemeiner gesellschaftlicher Wertschätzungen und Haltungen gegenüber der Bildungsinstitution Schule zu sehen. Auch diese Werthaltungen bestimmen die Anforderungen und Aufgaben, die an Lehrer und Schüler gestellt werden, sowie die Erwartungen darüber, was Lehrer und Schüler zu leisten haben. Eine Gesellschaft wie die deutsche, die es sich leistet, daß Schüler bei immer längerer Verweildauer bis zum Abitur immer weniger lernen, muß sich fragen lassen, ob ihre Bildungspolitiker mit dem Lernpotential und der Lebenszeit von Kindern und Jugendlichen verantwortungsbewußt genug umgehen (Stapf 1997).

Der Besuch einer Schule ist für Kinder nachweislich sehr bedeutsam. Schulische Bildung beeinflußt die weitere kognitive Entwicklung sowie geistige Leistungsfähigkeit, wie Studien eindrücklich zeigen, die die Entwicklung von Kindern aus Ländern mit und ohne institutionalisierte Beschulung vergleichen. Durch den Erwerb der Kulturtechniken des Lesens, Schreibens und Rechnens wird u. a. nicht nur der Zugang zu und die Aneignung von Wissen, sondern auch der Umgang mit abstrakten Problemen und Fragestellungen, der Austausch von Kenntnissen und Erkenntnissen mit anderen ermöglicht.

Ab dem Besuch einer Schule werden an Kinder bestimmte Anforderungen gestellt: zunehmend werden Fleiß und Tüchtigkeit, Selbstkontrolle und Selbststeuerung, Anstrengungsbereitschaft sowie Ausdauer und fokussierte Aufmerksamkeit von ihnen erwartet. Verhaltensweisen, die fünf- bis sechsjährige Kinder erbringen können. Fraglich ist, ob die Schule für alle Kinder ausreichend geeignet und vorbereitet ist. In der Regel erhalten Kinder aus den unterschiedlichsten Familien mit höchst unterschiedlichen Voraussetzungen, Fähigkeiten und Erfahrungen in deutschen Grundschulen alle die gleichen Aufgaben. Wie Eltern, Kinder und Lehrer glaubhaft berichten, erleben sie dabei kaum Spannendes. Die folgende Aussage, die nicht in bezug auf Hochbegabte formuliert wurde, trifft, nach allem, was wir wissen, für hochbegabte Schulkinder besonders häufig zu: «Viele von ihnen könnten sich unter anderen schulischen Lernbedingungen vorteilhafter entwikkeln» (Oerter 1995, S. 292).[38]

Wenig erstaunlich ist es daher, daß in Amerika die Tendenz zum «home schooling», des Unterrichts u. a. hochbegabter Kinder durch ihre Eltern, in den letzten Jahren rapide anzuwachsen scheint (Silverman 1993). Ebenso rapide wächst in Deutschland die Nachfrage nach Privatschulen für Hochbegabte und scheint damit zu bestätigen, daß es wohl offenkundig ist, «daß die herkömmliche Schule Probleme für besonders begabte Menschen in sich birgt» (Cropley et al. 1988, S. 139).

Ein Blick in die Biographien herausragender Persönlichkeiten zeigt, daß zwar einige dieser Frauen und Männer Schwierigkeiten in der Schule erlebt haben, höchst ungern in die Schule gingen und diese haßten. Ein größerer Teil besuchte jedoch (damals noch) die Schule gerne und erfolgreich (Prause 1986).[39]

Nicht alle Hochbegabten begegnen ernsthaften Problemen in der Schule. In Deutschland kämpfen intellektuell unterforderte Hochbegabte, heute vielleicht stärker als früher, mit sinkenden geistigen Anforderungen und zunehmender Schulunlust (Stapf 1997).

Unterforderung: Langeweile macht freudlos

Die Beziehung Hochbegabter zur Schule ist u. a. durch folgende Fragen bestimmt:

— nach angemessenen Anforderungen, d. h. nach dem Ausmaß an geistiger Unterforderung und der Auswirkung auf ihre allgemeine Entwicklung,
— nach dem Einfluß und Bedeutsamkeit der Lehrer,
— nach ihrem Verhältnis zu den Mitschülern, den Klassenkameraden.

Alle genannten Fragen hängen mit den herausragenden geistigen Fähigkeiten zusammen. Sie erfordern zwingend besondere schulische Bedingungen, damit eine Passung zwischen Hochbegabten und Schule erreicht werden kann.

Es gibt kaum Hochbegabtenforscher, die ernsthaft annehmen, daß heute in den üblichen Grund-, Haupt- und Realschulen die geistigen Anforderungen für Hochbegabte ausreichend hoch sind. Zu geringe Anforderungen und damit Enttäuschungen über die intellektuellen Angebote werden selbst von hochbegabten Gymnasialschülern berichtet.

Schwierigkeiten als Reaktion auf Enttäuschungen werden von Feger und Prado (1998) in Anlehnung an Wieczerkowski und Prado (1993) als «Ausdruck erlebter Diskrepanzen zwischen Fähigkeiten und bereitgestellten Anforderungen bzw. Angeboten» als «eine Spirale von Enttäuschungen, die sich im Laufe der Zeit steigern und immer wieder vorkommen» beschrieben. Sie beginnen häufig schon im Kindergarten und setzen sich als «langandauernde Unterforderung» in der Grundschule fort (Feger und Prado 1998, S. 88). Hochbegabte Studenten erleben deutliche Unterforderungen auch an deutschen Universitäten sowie im Kontakt und bei der Zusammenarbeit und Diskussion mit ihren Kommilitonen wie Judith, die Computerlinguistik zunächst in Deutschland studierte und dann nach Schottland ging, wo sie stärker intellektuell gefordert wird. An der schottischen Universität gefällt ihr vor allem der engere Kontakt mit den sehr engagierten Dozenten sowie mit den lern- und diskussionsfreudigeren Kommilitonen.

Der empirische Nachweis einer Unterforderung ist nur schwer zu erbringen. Man kann sinnvollerweise die Betroffenen danach befragen oder ihr Verhalten beobachten. Die meisten Hochbegabten geben in der Beratungssituation zu, daß sie sich in der Schule langweilen, daß sie durch die ständigen Wiederholungen sowie durch die eher oberflächlichen (zu leichten) Aufgaben zu wenig gefordert werden. Vor allem der Unterricht in der Grundschule (1. und 2. Klasse) wird als stark unterfordernd erlebt («da lernt man nichts»). Auch auf den Gymnasien könnten Hochbegabte sehr viel schneller voranschreiten, mehr und komplexeren, abstrakteren Stoff verarbeiten (Feger und Prado 2000, Stapf 1988).

Hochbegabte sind nicht die einzigen, die sich in der Schule langweilen: Durchschnittlich intelligente Schüler unserer Beratungsstichprobe geben weitaus häufiger an, sich zu langweilen. Sie begründen dies jedoch nicht mit zu leichten Aufgaben, wie Hochbegabte, sondern mit der Tatsache, daß sie intellektuell-akademische Aufgaben und Themen nicht besonders interessieren. Hochbegabte interessier(t)en sie meist sehr. Sie haben sich oft vor der Schule damit freiwillig, dem eigenen Entwicklungsstand und Lerntempo entsprechend, intensiv befaßt.

Beobachtungen in der Schule, bei den Hausaufgaben, können weiterhin Aufschluß über eine Unterforderung geben: Fehler, vor allem bei leichten Aufgaben, bei gleichzeitigem Lösen der schweren Aufgaben, und Fehler in den für sie unnötigen, ob ihrer Einfalt oft verwirrenden Zwischenschritten bei Rechen- und Mathematikaufgaben, sind Hinweise auf ein «Unterfordertsein».

Die nur bei zu einfachen Aufgaben aufkommende Lustlosigkeit macht die negativen motivationalen Auswirkungen deutlich. Hausaufgaben, die keinerlei Denkanstrengungen für hochbegabte Erstkläßler erfordern, werden äußerst widerwillig und unter langem Zeitaufwand erledigt.

Von Eltern, aber auch Lehrern der hochbegabten Schüler wissen wir, daß es sehr viele Hochbegabte gibt, die sich intensiv auf die Schule gefreut haben und wenige Wochen nach der Einschulung höchst enttäuscht äußerten: «Da gehe ich nicht mehr hin, da lerne ich nichts.»

Und sie haben nicht ganz Unrecht. Die üblichen Angebote der ersten Monate sind weder spannend noch herausfordernd. Anstelle interessanter Rechenaufgaben erhalten sie Kreise, die sie ausmalen müssen. Anstelle von Geschichten erhalten sie wenige Buchstaben vorgesetzt, bis Ostern ist das Alphabet noch nicht vollständig behandelt (die Schule beginnt im September). In Heimat- und Sachkunde wird auf einfachstem Niveau z. B. über das Thema «Bäume» gesprochen, und nicht etwa über Funktion und Nutzen von Wald und Bäumen, was interessant wäre, wie der Bericht eines knapp sechsjährigen Erstkläßlers zeigt, der seiner Klasse ausführlich von Holzfälltechniken in Finnland berichtete.

Hochbegabte, die schon bei der Einschulung viele schulische Fertigkeiten beherrschen, die addieren, subtrahieren und multiplizieren können, oft schon Geschichten oder Bücher lesen können, langweilen sich stark.

Falls sie vor der Schule noch nicht lesen konnten, haben sie es meist bis zu den Weihnachtsferien gelernt, sich selbst beigebracht, denn jetzt, als Schulkinder, dürfen sie ja endlich lesen, schreiben und rechnen!

Da mit dem Erwerb dieser Fertigkeiten ihre Möglichkeiten rasant steigen, sich Wissen selbstgesteuert anzueignen, indem sie Bücher, Fernsehsendungen, Computerlernspiele und Internetangebote nutzen, ist es verständlich, daß der empirisch beobachtete Leistungsabstand zu den durchschnittlich und unterdurchschnittlich intelligenten Klassenkameraden eher größer wird (Schereneffekt). Dabei bleiben Begabungs- und Lernunterschiede über die Schulzeit hinweg stabil (Weinert 2000).

Trotz dieser enormen Fertigkeiten- und Fähigkeitsunterschiede, die von der Einschulung an bestehen, findet in deutschen Grundschulen kaum eine Binnendifferenzierung statt. Selbst diese großen Leistungsunterschiede werden von Lehrern meist nicht wahrgenommen.

Wie viele Erstkläßler unserer Beratungsstichprobe am Ende des ersten Schuljahres berichten, haben ihre Lehrerinnen nicht gemerkt, daß sie sinnverstehend lesen können, daß sie im Zahlenraum bis Tausend rechnen, daß sie multiplizieren und dividieren können. Über für sie interessante Themen wie Planeten, Blutkreislauf, Sprache bei Delphinen oder ägyptische Pyramiden ist überhaupt nie gesprochen worden. Haben sie wenigstens die Uhrzeit gelernt, die Verkehrsregeln, oder wissen sie, wo Japan und Korea liegen, was zu vermitteln sich beispielsweise im Zusammenhang mit der Fußball-Weltmeisterschaft 2001 doch angeboten hätte?

Weil einige Kinder nur langsam oder wenig begreifen, wird allen Kindern aus Rücksicht wenig Anspruchsvolles geboten, um die langsamer lernenden nicht zu verletzen. Befunde der pädagogisch-psychologischen Forschung zeigen jedoch eindeutig, daß der Unterricht so gestaltet werden kann, daß Lernschwache sich über die Leistungen der Lernstarken freuen, und umgekehrt. Von einem hohen Anspruchsniveau profitieren alle Schüler einer Klasse.

Intellektuell hochbegabte Kinder sind auf den Grund-, Haupt- und Realschulen geistig eindeutig unterfordert, wenn keine besonderen Maßnahmen ergriffen werden, die zu höheren Anforderungen führen. Empirische Befunde aus der Beratungspraxis zeigen eindeutig, daß selbst in der Sekundarstufe I der Gymnasien Unterforderungen gravierend sein können, wobei sowohl zwischen verschiedenen Gymnasien wie Bundesländern sehr große Unterschiede bestehen, die Eltern bestätigen deren Kinder z. B. von bayerischen Schulen kommend über das niedrigere Niveau der nordrhein-westfälischen Gymnasien erstaunt sind (vgl. Bericht über die Ergebnisse von PISA E, FAZ, 19.06. 2002). Höchstbegabte werden in keiner Schule ausreichend gefordert. Sie gehen nach dem Abitur nicht selten ins Ausland, besuchen amerikanische Eliteuniversitäten. Sie kommen in manchen Fällen als Nobelpreisträger nach Deutschland zurück!

Ausmaß und Art der negativen Auswirkungen des «Unterfordert-Seins», das eine Form von «Streß» ist, hängen nicht nur von der Höhe der Intelligenz ab, sondern auch von den übrigen Persönlichkeitseigenarten des Kindes sowie den familiären Bedingungen. Einige Hochbegabte verkraften diesen «Streß», können damit gut fertig werden. Wir können solche Kinder als «unverwundbar» bezeichnen. Die bisher aufgrund der Hochbegabtenforschung verfügbaren Erkenntnisse reichen nicht aus, eindeutigere Aussagen darüber zu machen, wie sich negative schulische Bedingungen auf das kindliche Verhalten auswirken: Es ist ungeklärt, warum einige Hochbegabte sehr strikt, unerbittlich und rigoros den Schulbesuch verweigern, andere herumkaspern und den Unterricht stören, während andere abschalten, träumen oder wiederum andere mit Kopf- und Bauchschmerzen, Erbrechen und Einkoten reagieren. Selten wird allerdings allein eine Unterforderung angegeben, damit gepaart ist häufig eine Ablehnung durch Lehrer und/oder Mitschüler. Diese Ablehnung wiederum kann eine Reaktion der Lehrer auf das von diesen als negativ erlebte Verhalten der Hochbegabten sein, das ihnen als «Nichtachtung» der Autorität des Lehrers erscheint.

Underachiever: Schlechte Schulleistungen bei hoher Intelligenz

In Zusammenhang mit dem Phänomen der Minderleistung (Underachievement) gelten zwei Erkenntnisse als wissenschaftlich gesichert: Es gibt minderleistende Hochbegabte. Sie unterscheiden sich in einer Reihe von Persönlichkeitseigenarten von den erwartungsgemäß leistenden Hochbegabten.

Zunächst erscheint «Minderleistung» leicht bestimmbar als eine beobachtbare Diskrepanz zwischen geistigen Fähigkeiten (Intelligenz) und intellektuell-akademischen Leistungen (meist Schulleistungen). Da eine völlige Übereinstimmung zwischen Fähigkeit und Leistung nicht zu erwarten ist, wird «Minderleistung» quantitativ als relativ große Diskrepanz zu bestimmen sein.

Empirische Prüfungen des Zusammenhangs von Intelligenz und Schulnoten ergeben Korrelationskoeffizienten von ca. .50, wobei unter anderem die Gütekriterien sowie die Grobheit (u. a. geringe Streuung) des Maßes Schulnoten, aber auch motivationale Faktoren, der Wille zu Leistung, einen bedeutsamen (abschwächenden) Einfluß auf diesem Zusammenhang ausüben (vgl. Heller 1992).

Somit ist keine perfekte Übereinstimmung zu erwarten, sondern nur eine Überlappung von Fähigkeiten und Leistung, wobei dennoch Personen mit hoher Intelligenz gute bis sehr gute Schulleistungen erwarten lassen (Klauer 1992).

Bei empirischen Untersuchungen von «Underachievern» muß genau festgelegt werden, was unter Minderleistung zu verstehen ist. Die Kriterien sind dabei durchaus unterschiedlich. Häufig werden in der (Sekundär-)Literatur keine präzisen Angaben gemacht. Empirische Arbeiten verwenden meist aus den Schulnoten der Hauptfächer Mathematik, Deutsch und Englisch gemittelte Werte, die auf die Intelligenztestwerte bezogen werden. Ab einem (willkürlich) bestimmten Diskrepanzwertes gilt eine (Schul-)Leistung als «Minderleistung».

Beispielsweise wurden im Rahmen des Marburger Hochbegabtenprojekts minderleistende Viertkläßler untersucht, wobei solche hochbegabten Schüler als «Underachiever» bestimmt wurden, die bei einem IQ-Prozentrang >96 einen Schulleistungs-Prozentrang von <50 aufwiesen (Hanses und Rost 1998).

Von Minderleistung sollte nur gesprochen werden, wenn schlechte Leistungen über einen Zeitraum von mindestens einem Jahr, besser von zwei Jahren, beobachtet werden, also relativ stabil bleiben, um z.B. jeweils aktuelle Lehrereinflüsse geringer zu halten und übliche Leistungsschwankungen (z.B. wie sie vermehrt in der Pubertät auftreten) auszuschließen (Tannenbaum 1983).

In den Beratungsstellen stellen sich die Situationen häufig extremer dar. Hier gelten oft Schüler, die sehr schlechte Noten (5 bis 6) aufweisen, als «Underachiever», da Eltern erst bei sehr schlechten Schulleistungen die Beratungsstelle aufsuchen, wenn die Gefahr einer Nichtversetzung besteht. Oder wenn dringender Handlungsbedarf vorliegt, z.B. weil das Kind aufgrund seiner Schulleistungen oder seines Arbeitsverhaltens trotz erkannter hoher kognitiver Fähigkeiten keine Gymnasialempfehlung erhalten hat. Eltern sehen bei durchschnittlichen bis leicht unterdurchschnittlichen Noten (3 bis 4) bei ihren hochbegabten Kindern die Situation nicht als «dramatisch» an (Heller 1992, Hanses und Rost 1998).

Da im Beratungskontext deutlicher von Minderleistung gesprochen werden muß, also eine große Diskrepanz zwischen Fähigkeit und Leistung besteht, werden möglicherweise auch die Bedingungen, die mit Minderleistung zusammenhängen bzw. zu dieser führen, deutlicher sichtbar. Dabei stellt sich heraus, daß minderleistende Hochbegabte keineswegs eine homogene Gruppe sind und vielfältige Gründe für eine Minderleistung, wie bestimmte Entwicklungsbedingungen der Kinder, verantwortlich sind. Wir beobachten durchaus schon Minderleistung bei Vorschulkindern, obzwar wegen des Kriteriums «Schulleistungen» nur Schulkinder untersucht wurden. Erwartungswidrig niedrigleistende Erwachsene, die trotz ihrer Hochbegabung wenig herausragende geistige Leistungen beziehungsweise Berufe ausüben oder gewählt haben, sind aus der Literatur oder Medienberichten bekannt. Nicht selten haben sie ihre Schulbildung bzw. ihr Studium abgebrochen.

Eine Gruppe von Minderleistenden ist von anderen zu unterscheiden: solche, die sich bewußt verweigern («Rebellen», «Aussteiger»). Sie akzeptieren die Leistungswerte der Schule oder Hochschule nicht, sehen sie für sich nicht als erstrebenswert an. Wann der Ausstieg beginnt, ist unterschiedlich, meist jedoch während oder nach der Pubertät. Als schwierig werden diese «leistungsverweigernden» Kinder häufig schon im Vorschul- und Grundschulalter beschrieben.

Seely (1993) interviewte 128 hochbegabte (vorzeitige) Schulabgänger (dropouts), die angaben, daß ein Grund für ihren Abgang die zu leichten, zu langweiligen und zu häufig sich wiederholenden schulischen Aufgaben gewesen seien. David, der bei guten Leistungen nach zweimaligem Wechsel des Gymnasiums auf einer «Internationalen Schule» gelandet war, konnte uns glaubwürdig klarmachen, daß er in der 11. Klasse dieser Schule nichts mehr ihm sinnvoll Erscheinendes lernen konnte. Er verließ die Schule, um als Auszubildender bei einer Computerfirma zu arbeiten, wo er Englisch, Wirtschaftswissen, Mathematik und Informatik- und Menschenkenntnisse erwarb, die ihm die Schule auch nicht annähernd vermitteln konnte. «Ich sehe keinen Sinn darin, das Abitur zu machen, ich lerne in der Schule nichts mehr.» Studieren wollte er nicht, er fühlte sich auch durch die Universität zu sehr eingeengt. Es gab kein rationales Argument, das zum Verbleib auf der Schule überzeugen konnte.

Die meisten minderleistenden Hochbegabten, vor allem im Vorschul- und Grundschulalter, wollen jedoch grundsätzlich Leistungen erbringen, aber in anderer Weise, als es der «Weg durch die Bildungsinstitutionen» vorsieht. Nicht selten zeigen jugendliche Minderleister auf einem besonderen Interessengebiet herausragende Leistungen. Sie arbeiten als Schüler in Firmen, häufig in der Computerbranche oder sogar bei Universitätsprojekten mit.

Ein komplexes Gefüge aus Persönlichkeits- und Umweltgegebenheiten scheint es zu bedingen, daß sie diese Leistungen
in der Schule nicht erbringen. Dort finden sich erfahrungsgemäß auch nur wenig Gelegenheiten, herausragende (Denk-)
Leistungen zu zeigen, die nicht mit sehr guten Noten verwechselt werden sollten.

Beispielsweise wiesen die beruflich weniger erfolgreichen
männlichen Hochbegabten in Termans Stichprobe, die ihr Potential nicht ausschöpften, im Vergleich zu den beruflich erfolgreichen Männern ein niedriges Selbstbewußtsein, stärkere
Minderwertigkeitsgefühle, geringeres Durchhaltevermögen
und mangelnde Integration ihrer Zielvorstellungen auf (Butler-Por 1993). Bei den in der Marburger Studie als hochbegabte Underachiever identifizierten Schülern und Schülerinnen wurden ähnlich negative Persönlichkeitseigenarten sowohl bezüglich der Selbsteinschätzung der Schüler als auch
der Fremdeinschätzung durch Eltern und Lehrer gefunden.
«Underachiever» wissen meist sehr wohl, daß sie Besseres
leisten könnten, und suchen oft nach Gründen für ihr «Lei-
stungsversagen».

Die bislang genannten beschreibenden Befunde können keine eindeutigen Ursachen oder Gründe aufdecken. Sicherlich
sind verschiedene Ätiologien heranzuziehen (Tannenbaum
1983). Nach unseren Beobachtungen sind schon im Vorschulalter die genannten (dispositionellen) Temperamentseigenarten späterer Underachiever erkennbar. Die Kinder «verstek-
ken» oft schon im Kindergarten ihre Leistungsfähigkeit, manche sind eher impulsiv, sprunghaft und leicht ablenkbar. Für
eine Prävention schwieriger Schulkarrieren ist daher die Früh-
erkennung möglicher Schulschwierigkeiten hilfreich, eine frühe individuelle Diagnose sollte erstellt werden (Butler-Por
1993, Tannenbaum 1983).

Um gezielt Hilfestellungen geben zu können, sind die motivationalen Bedingungen genauestens zu diagnostizieren, die
Peters et al. (2000) als wichtige Gründe für eine Minderleistung ansehen. Neben geringen elterlichen sollten sich niedrige
Leistungserwartungen und Leistungsanforderungen der Lehrer auf die Leistungsbereitschaft der Schüler negativ auswir-

ken, insbesondere in den ersten beiden Grundschulklassen, wo ein unterforderndes Curriculum häufig mit einer allgemeinen Geringschätzung und Ablehnung sehr hoher Leistungen einhergeht. Als Argument wird dabei genannt, daß, aus Gründen einer «sozialen Gerechtigkeit», sich kein Kind besonders hervortun sollte.

Im Einzelfall ist es für die Erkennung der Ursachen von schulischen Minderleistungen wichtig, außer der Intelligenz bestimmte Schulfertigkeiten und Kenntnisse der Kinder zu erfassen, die für gute Leistungen in der Schule relevant sind. Unkenntnis der Rechtschreibregeln, fehlende Strategien beispielsweise zur Strukturierung von Aufsätzen, mangelnde Lern- und Arbeitsstrategien führen selbst bei Hochbegabten zu schlechten Leistungen (Feger 2000, Peters et al. 2000).

Eine Verbesserung der Situation von Underachievern erfordert die Einbeziehung von Familie, Lehrern und Mitschülern. Leistungserfolge und positive Beziehungen zu Klassenkameraden sind wichtige Teilziele. Einzelne Maßnahmen, beispielsweise nur ein Elterntraining oder Attribuierungstraining, nur ein Klassen- oder Schulwechsel allein ohne z. B. Veränderungen der Anforderungen oder der sozialen Beziehungen, helfen in der Regel nicht (Butler-Por 1993, Peters et al. 2000, Silverman 1993).

Lehrer für Hochbegabte?

Jegliche Hoffnung, auf die harmlos klingende Frage: Welche Schule ist für Schüler am besten, eine klare Antwort zu bekommen, ist nach Durchsicht der vorliegenden Forschungsbefunde geschwunden. Bei welcher Schulart, welchem Unterrichtsstil, lernen Schüler am besten? Die häufigste Antwort lautet: der Unterricht, die Lehrmethode ist die beste, hinter der der Lehrer steht, die er für gut hält (Helmke und Weinert 1997).

Würden Schüler danach gefragt, wo sie am meisten gelernt haben, antworteten sie vielleicht wie Jensen (1998), der am meisten bei den Lehrern lernte, die großen Enthusiasmus für die Dinge erkennen ließen, die sie lehrten. Vom Lehrer hängt es auch ab, ob ein gut wie schlecht geplantes Programm erfolgreich ist (Baldwin 2000).

Wenn es also kaum möglich ist, die vielfältigen Bedingungen zu erforschen, die die Leistungen von Schülern positiv beeinflussen, so gibt vielleicht die Frage, was die Schule unerträglich macht, d. h. die Leistungen beeinträchtigt, Auskunft. Auch hier sind bestimmte Eigenarten und Verhaltensweisen der Lehrkräfte bedeutsam, aber auch Einflüsse der Mitschüler und Klassenkameraden. Aber es ist sicher nicht eine einzelne Bedingung, sondern ein Bündel von Bedingungen, die das Leistungsverhalten beeinflussen (Tannenbaum 1983).

Die Persönlichkeit der Lehrkräfte und damit eng verknüpft die Lehrer-Schüler-Beziehung sind für die schulischen Erfahrungen sowie das künftige berufliche Leben für alle Kinder und Jugendlichen von zentraler Bedeutung.

Die Person des Lehrers und ihr nachdrücklicher Einfluß auf die Kinder wird besonders in den ersten Grundschulklassen deutlich. Eltern merken, daß ihr Wort bei vielen Fragen der Kinder nicht mehr zählt. Wichtig und richtig ist, was die Lehrerin sagt. Dementsprechend beobachtet man bei hochbegabten Erstkläßlern, daß sie trotz guten Kopfrechnens vor der Einschulung auf einmal beginnen, an den Fingern zu zählen. Die Lehrerin hatte dies als eine gute Hilfe angepriesen, und die anderen Kinder benutzten fast alle ihre Finger. Hochbegabte, die vor der Schule fließend lasen, kennen auf einmal nur noch die Hälfte des Alphabets, «weil man noch nicht alle kennen darf, das kriegen wir später», lautet die Begründung.

Hochbegabte, die oft perfektionistisch auf die Einhaltung von Regeln dringend, sehr selbstkritisch sind, Strukturen und Ordnungen klar erkennen und sich daran zu halten suchen, wünschen sich Lehrer, die «streng, aber gerecht sind». Hochbegabte kommen mit Lehrern gut zurecht, die kompetent über ihr Wissen verfügen, die angemessene Leistungen fordern, Abmachungen und Versprechungen einhalten, die Einhaltung bei den Kindern überprüfen. Diese Lehrer loben gute Leistungen bei allen, auch Hochbegabten, und kritisieren schlechte sachlich und freundlich, wobei sie Fehler und deren

Verbesserungsmöglichkeiten zurückmelden. Solche Lehrer können, als «positive Autoritäten» bezeichnet werden. Negative Autoritäten, deren fachliche und persönliche Unsicherheit sich in einem chaotischen Unterricht, widersprüchlichen Anweisungen und fehlenden Leistungsüberprüfungen niederschlägt, erscheinen ungerecht und gleichzeitig «permissiv» d. h., sie überlassen die Schüler in hohem Maße sich selbst.

Wie auch in den Eltern-Kind-Beziehungen äußert sich ein positiver Lehrer-Schüler-Interaktionsstil in einem hohen Engagement und Leistungsanforderungen sowie angemessenem Lob und Kritik bei großem Wohlwollen für alle Kinder, was nicht ein «Verhätscheln» durch eine so genannte «Kuschelpädagogik» bedeutet.

Abweichend von anderen Kindern brauchen hochbegabte Kinder deutlich früher deutlich höhere geistige Anforderungen in der Schule, damit sie Spaß am schulischen Lernen erfahren. Viele Hochbegabte sind nicht nur selbstkritisch, sie treten auch sogenannten Autoritätspersonen sehr kritisch und fordernd gegenüber auf. Das könnte erklären, daß Lehrer überhaupt, aber insbesondere solche, die mit hochbegabten Kindern arbeiten, besonders häufig ein «Burn-out»-Problem angeben (Baldwin 2000).

Hochbegabte nehmen jede kleinste Schwäche einer Lehrkraft wahr; ihrer Enttäuschung darüber machen sie nicht selten durch provozierende, teilweise sehr verletzende Äußerungen Luft. Insbesondere dann, wenn Lehrer ihre Fehler oder Schwächen nicht zugeben, diese vertuschen, wie beispielsweise im Fall einer Mathematiklehrerin, die in einer Klassenarbeit eine wegen ihres Schreibfehlers nicht lösbare Aufgabe stellte und später behauptete, sie hätte nur prüfen wollen, ob die Schüler das bemerken.

Die Vorbildwirkung von Lehrern und Lehrerinnen ist vermutlich ebenso hoch wie die anderer Erwachsener, am stärksten wohl in der Grundschule.

Auf Schwächen von Lehrern reagieren Hochbegabte sehr stark mit Ablehnung und negieren die gesamte Erziehungskompetenz dieser «negativen Autoritäten». Weiterhin lassen sich hochbegabte Schüler schon in der Grundschule, mit zunehmendem Alter und insbesondere in der Pubertät immer weniger Ungerechtigkeiten gefallen, sie protestieren laut und gelten dann häufig als nonkonforme Störer.

Wie aus allgemeinen Studien zur pädagogischen Psychologie bekannt, sind jedoch konforme und leistungsstarke Schüler bei Lehrern am beliebtesten. Danach sind es leistungsschwache Konforme, denen viele Hilfestellungen zugestanden werden, am unbeliebtesten sind leistungsschwache, nonkonforme Schüler, zu denen u.a. Underachiever gehören, deren Hochbegabung von Lehrern nicht erkannt wurde (Rost und Hanses 1997).

Wie sollen Lehrer für Hochbegabte sein? Sollen sie selber hochbegabt oder zumindest sehr intelligent sein? Diese häufig gestellte Frage ist nicht einfach zu beantworten. Einigkeit darüber scheint zu bestehen, daß nicht jeder Lehrer für Hochbegabte geeignet ist, was Schulbehörden beachten sollten, die Aufgaben und Befugnisse (z.B. Einsatz eines Hochbegabtenbeauftragen) nicht unbedingt nach Eignung verteilen (Baldwin 2000). Geht man davon aus, daß Ähnlichkeit in den geistigen Fähigkeiten die Kommunikation zwischen Menschen, das gegenseitige Verstehen, die Empathie erleichtert, wäre zumindest eine gute bis weit überdurchschnittliche Intelligenz für Lehrer von hochbegabten Schülern wünschenswert. Verstehen ist allerdings nur eine notwendige, aber nicht hinreichende Bedingung dafür, daß diese die geistigen Besonderheiten und Bedürfnisse ihrer Schüler nachvollziehen und entsprechend herausfordern, Sympathie eine weitere. Je älter die Schüler sind, desto anspruchsvoller sollte der Unterricht sein, um so stärker werden Lehrer und Hochschullehrer gefordert, ihr Wissen, ihre Kenntnisse und ihr Abstraktionsvermögen sollten daher zumindest eine Bewertung besonders herausragender Schülerleistungen gestatten.

Nicht nur in der Hochbegabtenforschung, sondern auch im Kontext aktueller Schulleistungsevaluationen (z.B. TIMS- und PISA-Studie) ließe sich das Thema «Auswahl von Lehrern», das in Deutschland eher tabuisiert wird, gewinnbringend erörtern. (Vielleicht haben wir in Deutschland keine «Wahl» und müssen nehmen, wer kommt.) In Finnland, dessen Schüler sehr gute Leistungen zeigten, werden Lehrer sehr kritisch begutachtet und von einer Jury hinsichtlich ihrer fachlichen sowie pädagogischen Kompetenzen und Motivationen streng ausgewählt.

Überdurchschnittliche Intelligenz und sehr gute Fachkompetenz sind die notwendige Grundlage für eine erfolgreiche Unterrichtung hochbegabter Kinder. Ein hohes Maß an Energie und Flexibilität sowie Begeisterung für den zu vermittelnden Lernstoff sind erforderlich, damit der Stoff die Schüler «erreicht». Flexibilität bedeutet, daß Lehrer sich an den Bedürfnissen ihrer Schüler orientieren, den Stoff, die Methode, den Lehrplan jeweils verändert vermitteln können.

Als erfolgreich geltende Lehrer von Hochbegabten scheinen sich dadurch auszuzeichnen, wie amerikanische Studien ergeben, daß sie über Selbstvertrauen verfügen, eine hohe Leistungsorientierung besitzen und ihre Rolle als Lernhelfer (faciliator of learning) ernst nehmen (Baldwin 2000).

Aufgrund einer Arbeitsanalyse als sehr gut bzw. durchschnittlich eingeschätzte Lehrer von Hochbegabten wurde für beide Gruppen geltend auf Platz 1 genannt: «Mag hochbegabte Kinder (likes gifted children)». Auf Platz 2 wurde für die sehr guten Lehrer die Fähigkeit genannt, flexibel und spontan auf die kindlichen Bedürfnisse einzugehen (für durchschnittliche Lehrer lag diese Einschätzung nur auf Platz 17). Unter den zehn, für diese Lehrer wichtigsten Merkmalen befand sich auch die Eigenschaft, Fehler zuzugeben (Whitlack und Ducette 1989, zit. nach Baldwin 2000, S. 624).

Verständnis und Akzeptanz der Kinder im Sinne einer «Bereitschaft von Lehrern, die von den Schülern genannten Gedanken anzunehmen, auch wenn sie ihm ungewöhnlich erscheinen» (Cropley et al. 1988, S. 209), sind wichtige Faktoren der Lehrer-Schüler-Beziehung für die Entfaltung der kindlichen Begabungen. Gerade wenn die Lehrer hochbegabte Kinder mögen, werden sie nicht kritiklos hinnehmen und bedingungslos gutheißen, was diese Kinder tun oder sagen. Cropley et al. heben weiterhin hervor, daß «gerechtfertigte Kritik als positive und als konstruktive Hilfestellungen verstanden» die Aufgabe hat, «die Kinder zur Selbsteinschätzung zu ermutigen, wodurch es ihnen dann erleichtert wird, ihre eigenen Vorstellungen fortzuentwickeln».

In Deutschland, wo es bislang nur wenige schulische Einrichtungen für Hochbegabte gibt, stellt sich für Eltern eher die Frage, in welche (verfügbare) Schule und zu welchen Lehrern sie ihre hochbegabten Kinder schicken sollen. Dabei ist für den Besuch der Grundschule kaum eine Wahl möglich (Wohnortbindung). Bei gegebenem Anlaß kann Eltern daher nur geraten werden, sich u. a. genauer mit der Person des jeweiligen Schulleiters zu befassen und zu prüfen, ob er dem Thema Hochbegabung und der Förderung sehr intelligenter Kinder gegenüber aufgeschlossen ist. Beispielsweise wäre danach zu fragen, ob schon Kinder in seiner Schule früh eingeschult wurden, ob Kinder schon Klassen übersprungen haben, welches die Schwerpunkte für Arbeitsgemeinschaften sind. In einigen Fällen sollten Eltern den Wohnort wechseln oder das Kind tagsüber in einem anderen Ortsbereich, z. B. bei einer Tagesmutter oder Verwandten, «leben lassen».

Der Schulleiter und seine Wertvorstellungen, z. B. hinsichtlich der Leistungsorientierung, bestimmen in nicht unerheblichem Maße das Klima und die Atmosphäre einer Schule. Ein Blick auf die Schwarzen Bretter mit den dort angeschlagenen besonderen Aktivitäten, Projekten, Arbeitsgemeinschaften spricht oft für sich: dort sollten zumindest einige intellektuelle, nicht nur sportliche oder musisch-künstlerische Arbeitsgemeinschaften angeführt sein. Zu beachten ist die Ausstattung der Räumlichkeiten für die Naturwissenschaften, zu erfragen, wie intensiv Anregungen zur Teilnahme bei «Jugend forscht» und zu fremdsprachlichem Schüleraustausch gegeben werden. Die Unterschiede zwischen Schulen des gleichen Typs sind größer als manchmal angenommen wird, selbst innerhalb einer Stadt oder eines Bundeslandes, erst recht zwischen den Bundesländern (vgl. PISA E).

Mentoren

Hervorragende Lehrer und Eltern, die hochbegabte Kinder fördern, sind keine Gewähr dafür, daß diese als Erwachsene herausragende Leistungen erbringen und im Beruf erfolgreich sind. Glück, in Form von Mentoren, z. B. hervorragende akademische Hochschullehrer an einem anregendem Forschungsinstitut, erweist sich zumindest für den beruflichen Erfolg als sehr hilfreich. Ein Mentor gilt als eine der effektivsten Bedingungen, unter der Hochbegabte ihr Potential verwirklichen.

In anglo-amerikanischen Ländern ist das «Mentoring» auch im Schulsystem deutlich stärker verankert als in Deutschland. Vielleicht geben daher bei Befragungen 66 % amerikanischer «Presidential Scholars» an, daß ein Lehrer ihr erster Mentor war (Zorman 2000).

Ein Mentor ist ein Berater, ein Vertrauter, der einen Schüler (Protegé) unterstützt und fördert. Die Beziehung zwischen Mentor und seinem Schützling ist durch folgende Bedingungen gekennzeichnet:

- Berater und Schützling teilen Leidenschaften und Interessen.
- Der Lehrstil des Mentors und Lernstil des Schützlings stimmen gut überein.
- Eine lebenslang vertrauensvolle Bindung besteht zwischen beiden Personen.
- Die Beziehung wird als symmetrisch wahrgenommen.
- Sie haben einen ähnlichen «Lebensstil».

Unter diesen Bedingungen ist optimales geistiges Arbeiten und Lernen gewährleistet: Motivation und Arbeitsfreude sind groß, neuestes Wissen wird effizient ausgetauscht, da persönliche «Chemie» sowie die Fähigkeiten von Mentor und Schützling zueinander passen.

Ein weiterer Vorteil besteht darin, daß der Mentor seinem Schützling Zugang zu wichtigen Personen oder Netzwerken verschafft, was sich in den besseren Karrieren und den höheren Verdiensten von Hochbegabten widerspiegelt, die einen Mentor besaßen.

Glück ist immer auch das Glück des «Tüchtigen», genauer des Begabten: Ob die Höhe der Intelligenz, ob eine Höchstbegabung die Entdeckung als Protegé wahrscheinlicher macht, ist nicht bekannt. In jedem Fall ist jungen, hochbegabten Wissenschaftlern zu raten, sich aktiv um einen Mentor oder eine Mentorin zu bemühen.

Die Chance, Mentorinnen zu finden, wird in dem Maße größer, in dem es mehr Wissenschaftlerinnen gibt. Es ist wissenschaftlich allerdings nicht erwiesen, daß hochbegabte Mädchen und Frauen von einer Mentorschaft besonders profitieren oder daß weibliche Mentorinnen effizientere Rollenmodelle darstellen und von hochbegabten Frauen eher gewählt werden. Solange Wissenschaft, insbesondere die Ingenieurs- und Naturwissenschaften, stärker als «männliche Domäne» angesehen wird, ist eine besondere Ermutigung zu wissenschaftlicher Arbeit und Karriere für hochbegabte weibliche Jugendliche und junge Frauen oft noch nötig (Zorman 2000).

Für hochbegabte Vorschulkinder übernehmen in der Regel die Eltern die Funktion von «liebevollen» Mentoren. Zur Entlastung überforderter Eltern sind außerfamiliale Mentoren hilfreich: Eltern von hochbegabten Vorschul- und Grundschulkindern wird daher empfohlen, wenn die Teilnahme an Kursen oder Projekten für Hochbegabte nicht möglich ist, sich ältere Schüler, Studenten oder (pensionierte) Pädagogen zu suchen, die ein- bis zweimal in der Woche mit ihrem Kind etwas Spannendes machen. Damit die «Chemie» zwischen den beiden stimmt, sollte das Kind bei der Auswahl des Mentors beteiligt werden.

Hochbegabte Schüler werden häufig selbst als «Mentoren» für schwächere Schüler eingesetzt. Sie helfen zwar gerne, aber der Einsatz als «Hilfslehrer» macht sie bei ihren Mitschülern unbeliebt und hilft ihnen nicht, da ihr Lernbedürfnis dadurch in keiner Weise befriedigt wird und die Unterforderungen nicht beseitigt werden (Heller 2000). Zudem sind Hochbegabte pädagogisch dabei überfordert, da sie abstrakt, in großen Schritten denkend die kleinen Schritte nicht hochbegabter Kinder nicht nachvollziehen können.

Fördern: Anregen und Fordern

Die beste Lernumwelt ist wie eine gute Cafeteria, in der nicht nur die gängigen (Massen-)Artikel angeboten werden, sondern auch eine große Auswahlmöglichkeit besteht, so daß jeder individuelle Geschmack befriedigt wird, umschreibt Jensen (1998) die seiner Ansicht nach wichtigste Anforderung an eine gute Schule: Nur in einer Lernumwelt, die eine Vielfalt an Lern- und Arbeitsmöglichkeiten bietet, kann jedes Kind seine natürlichen Interessen, Neigungen und speziellen Begabungen entdecken und entfalten.

Das Grundproblem heutiger Schulen besteht darin, daß die beträchtlichen interindividuellen Unterschiede in der allgemeinen Intelligenz (g) zu wenig beachtet werden. Nicht jedes Kind erreicht ein ausreichendes Verständnis für bestimmte abstrakte Konzepte und komplexe Probleme (Jensen 1998, S. 124 f.). Aber nicht nur die Intelligenzunterschiede, auch die der intrinsischen Lernmotivation sind sehr groß, wobei beides miteinander verknüpft ist. Diese schon Psychologen und Pädagogen wie Stern (1916) und Petersen (1916) bekannten «wissenschaftlich zweifelsfrei nachgewiesenen Unterschiede in der Lernwirksamkeit und, damit zusammenhängend, im Leistungsniveau zwischen verschiedenen Kindern» (Weinert 2000, S. 20), wurden in der «modernen» Pädagogik und Psychologie zu wenig beachtet. Als wissenschaftlich gesichert gilt, daß «die individuellen Lernpotentiale in unseren Schulen noch keineswegs optimal ausgeschöpft werden», sowohl weder für Hochbegabte noch begabungsschwächere Schüler. Diese stabilen Begabungs-, Lern- und Leistungsunterschiede zwischen Schülern werden, wie empirisch überzeugend nachgewiesen wurde, auch durch «massive Bemühungen in dieser Richtung» nicht aufgehoben (Weinert 2000, S. 20).

Für Jensen (1998) ist zwingend daraus abzuleiten, daß von Schulbeginn an und über die gesamte Schulzeit hinweg eine starke Differenzierung (branching) des Unterrichts, ausgerichtet an den individuellen Schulleistungen des einzelnen Kindes, erfolgen muß. Gerade die leistungsfähigsten Schüler sind nur dann erfolgreich, wenn sie lernen und arbeiten können, wie es ihren Fähigkeiten und Interessen entspricht. Einig sind sich die Experten darüber, daß ein sogenannter «binnendifferenzierender» Unterricht, wie er zu fordern wäre, derzeit kaum in den üblichen Schulen verwirklicht ist.

Wie sollte eine Hochbegabtenförderung bzw. eine optimale Schule für Hochbegabte beschaffen sein, die sich an deren intellektuellen Fähigkeiten und Lernbedürfnissen orientiert?

Zumindest bei Schuleintritt haben hochbegabte Kinder den Wunsch, Neues zu suchen und zu lernen. Sie begreifen schnell auch abstrakte, komplizierte Zusammenhänge. Aufgrund ihrer hohen Gedächtnis- und Strukturierungsfähigkeiten erlangen sie mit relativ wenig Aufwand und in kurzer Zeit ein breites Wissen. Für die Gestaltung des schulischen Lernangebotes folgt daraus, daß «Lehrprogramme unter Berücksichtigung des kürzeren Lernaufwandes Hochbegabter zu konzipieren sind und bei einem höheren Ausgangsniveau des verfügbaren Wissens anzusetzen ist als im regulären Unterricht» (Heller und Hany 1996, S. 487). Eine unterrichtliche Förderung Hochbegabter in Deutschland bezieht sich meist auf die erhöhte Lerngeschwindigkeit, der mit einem schnelleren Durchlaufen der Schule Rechnung getragen wird. Daneben sollte aber immer die Förderung von speziellen Denkprozessen, die Erweiterung und Vertiefung der Lerninhalte (Curriculum) sowie eine Unterstützung zum selbstgesteuerten, selbständigen Lernen vorhanden sein. Heller und Hany (1996, S. 490) bringen die Prinzipien schulischer Hochbegabtenförderung auf «einen einfachen Nenner»:

– Hochbegabte Schüler sollen das reguläre Curriculum so schnell wie möglich durchlaufen.
– Sie sollen jene Fertigkeiten vermittelt bekommen, die für ein selbständiges Lernen erforderlich sind.
– In der «ersparten» Lernzeit können sie dann besser eigenen Interessen nachgehen.

Die für eine Förderung von Hochbegabten verwendeten Maßnahmen lassen sich in eher integrative bzw. segregative Ansätze sowie bezüglich ihres Ausmaßes an Beschleunigung (acceleration) oder Anreicherung (enrichment) unterteilen.

Bei integrativen Maßnahmen bleibt der Schüler in der ihm
nach Zufall zugewiesenen Klasse, bei segregativen werden die
Schüler nach bestimmten Fähigkeiten und Fertigkeiten in Klassen/Gruppen zusammengefaßt. Unter Beschleunigung versteht
man die Erhöhung des Tempos des regulären Stoffes, durch
Darbietung oder Selbstbestimmung des Kindes, was zu einer
verkürzten Verweildauer in der Schule führt. Anreicherung
entspricht der Erweiterung und Vertiefung des regulären Curriculums durch zusätzliche Sachthemen, tiefere (abstraktere)
Beschäftigung mit den Themen, wobei komplexere Instruktions- und Lernformen verwendet werden (Heller und Hany
1996). Da sich in der Praxis beide Ansätze stark überschneiden, erscheint es sinnvoller, eher von Programmen mit mehr
oder weniger starkem Anteil an bildungsbeschleunigten bzw.
stofflich angereicherten Maßnahmen zu sprechen.

Abbildung 4 stellt einige der schulisch-organisatorischen
Fördermaßnahmen dar:

	integrativ	segregativ
(eher) Akzeleration	vorzeitige Einschulung	D-Zug-Klassen
	Überspringen der Klassenstufe	Spezialklassen
	Teilunterricht in höheren Klassen	Spezialschulen
(eher) Enrichment	besonderer Stoff	Spezialschulen
	besondere Lernprogramme	Spezialschulen Leistungskurse
		Pluskurse

Abb. 4: Pädagogische Maßnahmen für intellektuell hochbegabte Schüler

Individualisierende Maßnahmen des Lehrens und Lernens sind in jeder Förderform zu treffen, sie wurden daher nicht aufgeführt. Spezialschulen und -klassen haben erfahrungsgemäß in starkem Ausmaß sowohl beschleunigte wie angereicherte Komponenten, sie wurden daher doppelt aufgeführt. Welche Maßnahmen sinnvoller oder gar besser sind, erfordert zunächst eine Aussage über deren Ziel. Bei den nachstehenden Überlegungen wird davon ausgegangen, daß das Ziel jeglicher Hochbegabtenförderung das Wohlergehen dieser Kinder, die Ermöglichung einer positiven Persönlichkeitsentwicklung ist, wozu die optimale Entfaltung der Begabungspotentiale beiträgt.

Integrative, beschleunigende Maßnahmen: Vorzeitige Einschulung und Überspringen einer Klassenstufe

Bei der Erörterung einer frühen Einschulung im vorigen Kapitel wurde schon deutlich, daß die Erfahrungen im Kindergarten und insbesondere die Ratschläge der Erzieherinnen die (elterlichen) Entscheidungen über den Einschulungszeitpunkt in hohem Maße beeinflussen. Ob eine frühe Einschulung erfolgt, hängt letztendlich von der Grundschule, Lehrern und Rektoren, zusätzlich von Amtsärzten ab, die einer vorzeitigen Einschulung zustimmen müssen.

Um so wichtiger ist es, sich darüber im klaren zu sein, daß bei Fachleuten wie Laien (Pädagogen, Psychologen, Eltern, Erzieherinnen und Ärzten) starke Vorbehalte gegen akzelerierende Maßnahmen wie die vorgezogene Einschulung und das Überspringen einer Klassenstufe bestehen, wobei sich die wissenschaftlich nicht begründeten negativen Vorurteile hartnäckig halten (Heinbokel 2000).

Eine Differenzierung, d. h. Anpassung des Bildungsangebotes an das Kind, muß spätestens mit dem Schuleintritt beginnen. Da Kinder sich bezüglich ihrer kognitiven Leistungsfähigkeit, ihrer Lernmotivation, ihrer Entwicklungsgeschwindigkeit sowie ihrem Wissen und schulischen Fertigkeiten stark unterscheiden, ist aus diesen entwicklungspsychologischen

Gründen ein variabler Einschulungstermin zu fordern: Um die Freude am Lernen und am Wissenserwerb aufrechtzuerhalten, gilt es, jedes Kind dort abzuholen, wo es steht. Aus der Tatsache, daß in fast jeder ersten Klasse einige Kinder schon vor Schulbeginn fließend ganze Texte lesen, andere kaum zwei, drei Buchstaben sicher kennen, einige gut rechnen, andere nur wenige Ziffern kennen bzw. noch nicht über den Zahlbegriff verfügen, ergibt sich zwingend eine Differenzierung des Unterrichts von den ersten Schultagen an. 20 % der Schulneulinge können fremde Texte erlesen, sie zählen durchschnittlich fehlerfrei bis 40, 15 % sogar bis 100. In einem Kölner Modellversuch wurde nachgewiesen, daß zwei Drittel der Erstkläßler Aufgaben aus dem Rechenbuch der zweiten Klasse lösten. Diesen Vorkenntnissen von Schulanfängern muß im Unterricht Rechnung getragen werden (Mittag 1996).

Daraus leitet sich folgerichtig ab, Kinder spätestens ab dem Alter von fünf Jahren (in einigen Fällen auch früher), hinsichtlich ihrer Kenntnisse, Intelligenz (d. h. Auffassungs- und Lerngeschwindigkeit, Abstraktionsfähigkeit) sowie Lernmotivation zu beobachten, um sie gegebenenfalls mit etwa fünf Jahren einzuschulen. Bei der jeweils individuell zu treffenden Entscheidung für eine frühe Einschulung müssen Gegebenheiten wie motorische oder andere körperliche Behinderungen (Sprach-, Seh-, Hördefizite usw.) mitbedacht und abgewogen werden. Sie sprechen, wie auch körperliche Zierlichkeit, nicht automatisch gegen die frühe Einschulung. Eine frühzeitige Schulzulassung muß, um einen erfolgreichen und für das Kind angenehmen Schulbesuch zu ermöglichen, von der jeweiligen Lehrkraft unterstützt werden.

Um das Bildungsangebot an die Kinder anzupassen, wäre auch die (Wieder-)Einführung einer Vorschule für Fünfjährige mit einem basalen Bildungsangebot für alle Kinder denkbar, das etwa dem Stoff der ersten sechs Monate der ersten Grundschulklasse entspricht. Damit könnte sich das Curriculum der jetzigen ersten Klasse (u. a. Zahlenraum bis 20 beherrschen, Kenntnis aller Buchstaben des Alphabets) auf sechs Monate beschränken und der Stoff der zweiten Klasse in großen Teilen zügiger als bislang durchgenommen werden. Die Unterforderung für viele Kinder wäre geringer. Hochbegabte müßten dennoch die Grundschulklassen insgesamt zügiger durchlaufen können.

Eine Reihe von Kindern, bei denen Eltern oder Lehrer einer vorzeitigen Einschulung nicht zustimmten, mußten wegen unerträglicher Unterforderung später eine Klasse überspringen. Wahrscheinlich ist das Springen in den ersten beiden Grundschuljahren relativ häufig eine Korrektur der «gut gemeinten (Fehl-)Entscheidung in bezug auf den Einschulungstermin» (Heinbokel 2000, S. 156).

Wissenschaftler halten das «Überspringen für eine einfache und effiziente Möglichkeit, der Langeweile und Unterforderung eines Schülers abzuhelfen» (Cropley 1988, S. 175). Es wird häufig aufgrund fehlender anderer Förderungsmöglichkeiten von Hochbegabten an den Schulen vorgenommen. Am häufigsten wird in Deutschland an den Grundschulen eine Klasse übersprungen, ca. 83 % aller Springer besuchen die Grundschule (Heinbokel 2000). Tatsächlich ist in der Grundschule der Leidensdruck für die meisten hochbegabten Kinder und ihre Eltern am stärksten, da sie ein sehr hohes Ausmaß an Unterforderung in den ersten beiden Grundschulklassen erleben. Das Überspringen einer Klassenstufe fällt insofern leicht, als hochbegabte Kinder kaum Stoff aufholen müssen. Sie beherrschen ihn meist schon bei der Entscheidung zum Springen oder holen ihn in wenigen Wochen auf. Je mehr der zu erlernende Stoff mit «Denken» zu tun hat, um so schneller wird er von den Kindern nach dem Springen beherrscht. Spielen motorische Fertigkeiten oder Erfahrungen und bestimmte Kenntnisse eine große Rolle, muß man selbst hochbegabten Springern Zeit lassen, wie etwa beim Erwerb der Schreibschrift oder des Kleinen Einmaleins.

Eltern wie Lehrer stehen dem Überspringen insgesamt skeptisch gegenüber. Nichtsdestotrotz wird in den letzten Jahren häufiger vom Springen Gebrauch gemacht, da Untersuchungen in verschiedenen Bundesländern klar erkennen lassen, daß die von Lehrern wie Eltern befürchteten «negativen Auswirkungen», i.e. späterer Leistungsabfall, emotionale oder soziale Probleme wie mangelnde Integration z.B. in der

Pubertät nicht auftreten (Heinbokel 1996). Falsche Vorstellungen von der «Altershomogenität» in einer Klasse schüren unnötige Ängste. In Schulklassen ist eine Altersstreuung von 2;8 Jahren durchaus üblich, diese Heterogenität erleichtert die Eingliederung (Mittag, mündl. Mitteilung).

Das Überspringen einer oder mehrerer Klassenstufen, auch in der Sekundarstufe bis zur 11. Klasse, wird meist von den Betroffenen als hilfreich erlebt und wirkt sich im Regelfall positiv auf die Gesamtpersönlichkeit der Kinder aus. Die anfangs möglicherweise schlechter ausfallenden Noten nehmen sie in Kauf. Wenn Kinder nach dem Springen Schwierigkeiten erleben, dann solche, die sie auch massiv schon davor gezeigt haben. Auch wenn die Probleme durch ein Überspringen nicht besser (aber üblicherweise auch nicht schlimmer) geworden sind, ersparen sich die Kinder wenigstens ein Jahr der meist als negativ erlebten Schulzeit.

Positive Auswirkungen des Springens sind mit hoher Wahrscheinlichkeit zu erwarten, wenn die folgenden grundlegenden Bedingungen beachtet werden:

– Die kognitiven und motivationalen Eigenarten (Intelligenz, Leistungsmotivation) sollten ausreichend hoch sein; eine kompetente Diagnostik, vor allem in den höheren Klassen (ab 3. Klasse), ist zu empfehlen.[40]
– Alle beteiligten Personen (die betroffenen Schüler, ihre Eltern, die abgebenden und vor allem aufnehmenden Lehrkräfte, der Schulleiter sowie der beratende Psychologe) sollten das Springen gutheißen.
– Es sollte eine Probezeit (von mindestens vier bis sechs Wochen) vereinbart werden, in der das Kind die Möglichkeit hat, die neuen Lehrer, die Mitschüler und die Anforderungen kennenzulernen, um im gegebenen Fall ohne «Gesichtsverlust» wieder in die alte Klasse zurückkehren zu können.[41]
– Alle zukünftigen Lehrkräfte wie auch die neuen Mitschüler sollten (angemessen positiv) über den Springer unterrichtet werden; der Lehrer hat bei Schwierigkeiten als «Mediator» zwischen dem neuen Schüler und seinen Klas-

senkameraden zu vermitteln, indem er z. B. erklärt, warum das Springen notwendig wurde und daß die gesamte Klasse von dem «Neuen» profitieren wird.

- Der Lehrer sollte im Bedarfsfall von dem (Schul-)Psychologen beraten werden; ein von Psychologen begleitetes Springen sollte die Regel sein.[42]
- Mindestens für die in der Probezeit geschriebenen Klassenarbeiten sollte keine Benotung erfolgen, es sei denn, die Leistung war sehr gut (Noten 1 oder 2). Eine sofortige Benotung wäre nicht nur ungerecht und höchst demotivierend, sie hat in manchen Bundesländern wie Baden-Württemberg, wo ein Wechsel auf höhere Schulen nur bei entsprechender Empfehlung der Grundschule möglich ist, zur Folge, daß z. B. ein höchstbegabtes Mädchen, das von der 2. in die 4. Klasse sprang, wegen der unmittelbar nach dem Springen erhaltenen schlechten Noten keine Gymnasialempfehlung erhielt.

Das Überspringen hilft vor allem den Kindern, die wegen Unterforderung und/oder der Beziehungen zu bestimmten Lehrkräften oder Mitschülern in ihrer aktuellen Schulsituation unglücklich sind. Es ist aber kein Allheilmittel, das alle Schwierigkeiten beseitigt, die ein hochbegabtes Kind erleben kann.

Spezialklassen und Spezialschulen für Hochbegabte

Die sehr kontrovers diskutierte Frage nach der Notwendigkeit spezieller Klassen und Schulen für intellektuell Hochbegabte läßt sich wissenschaftlich eindeutig beantworten. Die Leistungen Hochbegabter in homogeneren Spezialklassen sind besser als in gemischt-befähigten Klassen, wobei u. a. zwei Faktoren diesen Effekt begünstigen: 1. Schüler von Spezialklassen sind eventuell bezüglich ihrer Leistungsfähigkeit sehr ausgelesen. 2. Die vermutlich ebenfalls ausgelesenen Lehrer bemühen sich sehr stark um einen guten Unterricht (Kulik und Kulik 1991).

Entgegen landläufiger Vorurteile gibt es keinen wissenschaftlich gesicherten Hinweis darauf, daß ein gemeinsamer

Unterricht, mit weniger Begabten, ein sogenannter «kooperativer Unterricht», für Hochbegabte irgendwelche Entwicklungs- oder Lernvorteile hat.

Daraus ergibt sich folgerichtig, daß alle Formen der Anreicherung und Beschleunigung «eine zeitweilige oder dauerhafte Trennung hochbegabter Schüler von (nicht hochbegabten) Gleichaltrigen» erfordern (vgl. Heller und Hany 1996, S. 493). Erst die Bildung homogenerer Lerngruppen («ability grouping») ermöglicht eine Anpassung des Unterrichts an Fähigkeiten, Lern- und Arbeitsbedürfnisse Hochbegabter, die in homogeneren Gruppen «richtig» arbeiten können, d. h. sich mehr mit aufgabenrelevanten Tätigkeiten beschäftigen können als in heterogenen Gruppen. Für weniger Begabte, die durch ein anspruchsvolles Curriculum überfordert und ständig demotiviert werden würden, entsteht daraus keinerlei Nachteil. Wenn diese Befunde sachlich bewertet werden, ist ein nach Begabung differenzierter Unterricht zu gewähren, dessen Einschränkung «von Experten als verfehlt und schädlich beurteilt» wird (Heller und Hany 1996, S. 480). Eine getrennte Unterrichtung sportlich und musisch Begabter in vielfältigen Spezialschulen wird seit langem in Deutschland intensiv betrieben, sie ist für intellektuell Hochbegabte vergleichsweise noch selten gegeben.

Für jegliche Förderprogramme gilt, daß beschleunigende Maßnahmen ohne Bereicherung des Stoffes und der Unterrichtsgestaltung nur eingeschränkt wirksam sind. Ebenso erweisen sich Maßnahmen der inneren Differenzierung ohne zumindest zeitweilige Gruppenbildung eher nicht als zielführend.

Dabei ist ein Schul- und Unterrichtsklima, in dem sich die Begabung der Kinder entfalten kann, durch Akzeptanz, Vertrauen, wechselseitige Kooperation und angemessene Rückmeldung und Gerechtigkeit gekennzeichnet (Cropley 1988).

Das Konzept der «kindgerechten Schuleingangsstufe» an Grundschulen in Baden-Württemberg trägt den Unterschieden von Kindern Rechnung. Variable Einschulungstermine, halbjährliche Einschulung und jahrgangsübergreifende Eingangsstufen ohne Klassen, die die Kinder individuell angepaßt in ein, zwei oder drei Jahren bewältigen können, sind für alle

Kinder förderlich. Rückstellungen entfallen. Sie betrafen bisher ca. 10 % der Kinder und erwiesen sich nicht selten als Fehlentscheidungen.

Hochbegabte Kinder können nach diesem Konzept ohne bürokratische Hürden vorzeitig eingeschult werden und gemäß ihrem Lerntempo ohne zu große Motivationsverluste die Eingangsstufe in einem Jahr absolvieren. Dabei sollen offene Unterrichtsformen mit Zusatzangeboten wie Fremdsprachenunterricht als Anreicherung der Unterforderung entgegenwirken, was nur bei ausreichend hohem intellektuellen Niveau der Angebote erfolgen kann. Das Ziel einer hochbegabtengerechten Schule muß die stärkere Flexibilisierung und Abnahme bürokratisch begründeter «Verhinderung von Fördermaßnahmen» sein.

Die Individualisierung des Lehrens und Lernens außerhalb weniger Schulprojekte erscheint zumindest derzeit in Deutschland nicht auffallend erfolgreich. Von Lehrern wird als nicht unbedingt stichhaltiger Grund eine noch nicht ausreichende Verfügbarkeit von Materialien und curricularen Konzepten angegeben, auf denen sie einen differenzierten Unterricht aufbauen können. Als eine Ursache ist dagegen anzunehmen, daß trotz des Einsatzes «reformpädagogischer Ansätze» das intellektuelle Niveau der Angebote zu niedrig ist und damit eine «Kindertümelei» statthat, die auch den vergleichsweise geringen Erfolg des «Kreisgesprächs, individuellen Lernens oder der freien Aufsatzgestaltung» erklären könnte (Mittag 1996).

Der Besuch von Spezialklassen und -schulen ist für einen Teil Hochbegabter zur adäquaten Entwicklung ihrer Gesamtpersönlichkeit unerläßlich. Insbesondere «für Schülerinnen und Schüler mit einer besonderen Begabungs- und Persönlichkeitsstruktur, aber auch solche, die z. B. im Umkreis ihres Wohnortes keine hinreichende Förderung finden» oder denen in der Familie keine Unterstützung zuteil wird, sind Spezialschulen mit Internat erforderlich (s. Adressen: Schulen für Hochbegabte).

Da intellektuell Hochbegabte sich in ihren Persönlichkeitseigenschaften voneinander unterscheiden, «passen» bestimmte Förderprogramme und -maßnahmen mehr oder weniger gut. Eine allgemein hochbegabte, kontaktfreudige, selbstbewußte Schülerin mag durch Überspringen einer oder mehrerer Klassenstufen für einige Zeit der Unterforderung entgehen, wohingegen ein sozial gehemmter, mathematisch hochbegabter Schüler vermutlich eher in einer Spezialklasse für mathematisch Hochbegabte gut aufgehoben ist.

Der Vorteil von Spezialklassen und -schulen ist die mögliche Auswahl, spezielle Ausbildung und Vorbereitung von Lehrern im Hinblick auf deren Umgang mit Hochbegabten, die nicht nur ihre Familien, sondern auch ihre Pädagogen in besonderer Weise herausfordern.

Fallbeispiele unserer Beratungsstichprobe zeigen eindrücklich, daß für einige Schüler der Besuch von Spezialklassen für Hochbegabte ein letzter Ausweg ist, die Schwierigkeiten, die sie in ihrem normalen Schulumfeld erlebten, zu überwinden.

Spezialeinrichtungen für intellektuell Hochbegabte werden oft ohne stichhaltige Begründungen abgelehnt. Ein Besuch dieser Klassen würde den Gegnern schnell verdeutlichen, daß die hochbegabten Schüler weder arrogant noch lebensfremd sind: sie lernen und denken nur schneller und effizienter als andere Schüler und sind damit glücklich. Die Einrichtung einiger Schulen für hochbegabte Schüler in Deutschland in den letzten Jahren weist auf ein bestehendes Bedürfnis hin, das in Deutschland mit dem allgemeinen «Niedergang der schulischen Leistungsfähigkeit» zusammenhängen könnte, der nicht erst seit PISA, sondern durch Vergleichsstudien seit den 1960er Jahren belegt wird, worauf der Arbeitskreis der Leiterinnen und Leiter kommunaler Schulpsychologischer Dienste beim Städtetag Nordrhein-Westfalen hinweist (Mittag 2002).

Die hohen Kosten an den zumeist privaten Internatsschulen führen allerdings zu einer Benachteiligung hochbegabter Kinder aus Familien, die diese Kosten nicht aufbringen können. In diesen Fällen sollten alle Möglichkeiten einer staatlichen finanziellen Unterstützung (z. B. Schüler-Bafög) geprüft werden.

Waldorfschulen

Nicht alle privaten, besonderen Schulen sind für Hochbegabte geeignet. Eltern, die das Beste für ihre Kinder wünschen, wählen in einigen Fällen eine Waldorfschule, die ihnen eine individuelle Förderung aller Begabungen zu bieten verspricht.

Betrachtet man jedoch die auf der anthroposophischen Lehre R. Steiners beruhende pädagogische Praxis der Waldorfschulen (und Kindergärten) unvoreingenommen und kritisch,[43] so wird augenfällig, warum Waldorfschulen für die meisten intellektuell hochbegabten Schüler eine besonders ungeeignete Schulform sind (Feger 2000).

Da Hochbegabte ideologisch bedingte geistige Einengungen ablehnen, und um diese handelt es sich bei der Anthroposophie, leiden hochbegabte Vorschulkinder auch in Waldorfkindergärten.

Die Grundvorstellungen der Anthroposophie bestimmen den Schulalltag, wie z. B. Annahmen über die «Reinkarnation», über das vorgeburtliche Leben, das sich in einer «karmakonformen» Erziehung wiederfindet (Prange 1985). Aufgrund unausgegorener, wissenschaftlich nicht haltbarer Vorstellungen von einer Temperamentslehre, werden Kinder in vier Typen «kategorisiert». Vorstellungen über einen «Siebenjahresryhthmus» der menschlichen Entwicklung führen u. a. dazu, daß in den ersten sieben Lebensjahren Kindern keinerlei geistige Anregungen geboten werden, da Kinder nach Steiner von einer «Astralhülle» umgeben sind, durch die bestimmte Eindrücke nicht hindurchkommen.[44]

Die Ablehnung intellektuell-abstrakter Beschäftigungen sowie technischer Geräte (u. a. Computer) und vorgefertigter Spielzeuge[45] zieht sich weiter durch die ersten Schuljahre: Es gibt in den ersten Klassen keine Schulbücher, spielerische Beschäftigungen herrschen vor, das «Lernen» von Fremdsprachen beschränkt sich nach unseren Erfahrungen in den ersten Klassen weitgehend auf Lieder und Gedichte. Lesen, schon gar vor Schuleintritt, ist verpönt, und wird in einigen Schulen erst nach dem zweiten Schuljahr unterrichtet. Dabei sind die ersten Klassen mit nicht selten ca. 40 Kindern recht groß, was bei den nicht unerheblichen Kosten (Schulgeld und Elternaktivitäten) erstaunt. Das pädagogische Argument, die Kinder würden sich gegenseitig erziehen und positiv beeinflussen, konnten die bei uns untersuchten Kinder nicht bestätigen: waren sie schüchtern, sensibel gingen sie einfach «unter».

Eine individuelle Förderung «vor allem für den intellektuellen Bereich» wird in Waldorfinstitutionen «ausdrücklich abgelehnt» (Feger und Prado 1989, S. 221). Die daraus resultierende starke kognitive Unterforderung, die Ablehnung u. a. ihrer Bedürfnisse nach Wissen (auch aus Büchern) führte bei einigen der uns vorgestellten hochbegabten Waldorfschüler zu hoher motorischer Unruhe, zu Spannungen (auch zwischen Kind und Eltern) sowie aggressivem Verhalten, das nach dem Wechsel auf eine staatliche Schule verschwand, als sie «endlich Bücher lesen durften». Allerdings ist ein später Wechsel (nach der dritten Klasse) nicht immer leicht zu bewerkstelligen, da eine Reihe von akademischen Fertigkeiten nachzuholen ist, was in der Regel für Hochbegabte jedoch kein Problem bedeutet.

Gerade weil immer wieder Stimmen laut werden, die eine (Ziffern-)Benotung in den Grundschulen völlig abschaffen wollen, sei auf praktische Schwierigkeiten hingewiesen, die bei Berichtszeugnissen auftreten. Diese erfordern bei Lehrkräften, die von «Musterzeugnissen» abweichend die Schüler individuell treffend charakterisieren wollen, einen erheblichen Arbeitsaufwand. Oft sind daher die Angaben sehr allgemein gehalten. Zahlreiche Zeugnisse von Erstkläßlern staatlicher Grundschulen über sehr unterschiedlich leistende Kinder, die uns vorliegen, sind sich zum Verwechseln ähnlich. Für Eltern besitzen sie keine große Aussagekraft, da die wahren Fähigkeiten und Fertigkeiten ihrer Kinder nicht geschildert wurden. Bei Waldorfschulen gibt es nur Berichtszeugnisse, in denen sich die genannten Grundvorstellungen widerspiegeln: In einem uns vorliegenden Zeugnis einer Waldorfschule wurde einem Erstkläßler «eine Chaotik der Seele» bescheinigt, was das betroffene Kind und seine Eltern als äußerst verletzend erlebten.

Es sind auch nicht gerade die schwierigen Kinder, denen auf den Waldorfschulen geholfen wird. Eltern berichteten wiederholt, daß Kinder vom Waldorfkindergarten und der Waldorfschule abgelehnt wurden. Die Kinder mußten u. a. bei dem Aufnahmegespräch etwas malen: ein Sechsjähriger malte z. B. ein Haus ohne Tür, wozu er kommentierend auf Nachfrage der Waldorfpädagogin sagte: «Die Tür ist hinten.» Dies wurde von ihr als ein «Anzeichen» dafür gedeutet, daß das Kind seine Seele nicht öffnen will, sie lehnte die Aufnahme ab. Im nachhinein waren die Eltern froh über diese Ablehnung.

Für alle Schulen und Schulformen, alle Lebensumwelten von hochbegabten Kindern gilt, daß sie geistig anregend, flexibel, offen, tolerant, fordernd bis streng, aber gerecht sein sollten. Innerhalb aller Schularten, auch zwischen verschiedenen Waldorfeinrichtungen, gibt es große Unterschiede, die im Einzelfall geprüft werden müssen.

Bei privaten wie staatlichen Institutionen, so auch bei Montessori-Klassen und -schulen, ist ebenfalls zu prüfen, ob sie genügend «hohe» Anforderungen sowie Materialien bieten, die für Hochbegabte eine Herausforderung sind. Nicht alle hochbegabten Kinder kommen in Montessori-Klassen zurecht. Wir erfuhren insbesondere bei Kindern in der 3. bis 4. Grundschulklasse von Problemen, wenn das Lerntempo zu langsam war, den Kindern zuviel selbst überlassen und ihrem hohen Abstraktionsvermögen nicht Rechnung getragen wurde. Veranschaulichungen, wie sie für unterdurchschnittlich Begabte, die Maria Montessori besonders fördern wollte, notwendig sind, irritieren Hochbegabte. Wie im Kindergarten, geben letztendlich Überzeugungen und Haltungen der Lehr- und Erziehungspersonen gegenüber Hochbegabten den Ausschlag. Akzeptanz, Sympathie und Verständnis, bei hohen geistigen Anforderungen und Anregungen schaffen positive Lernumwelten.

Das gilt auch für das Lernen und Arbeiten an Universitäten. Eine Unterforderung an deutschen Hochschulen erleben eine Reihe von Hochbegabten, die über häufig gefordertes stures Auswendiglernen, eine Verschulung und zu starres Festhalten an bürokratischen Regelungen klagen, so einige hoch- und höchstbegabte Abiturienten, wie z. B. Franz Király, der mit 14 Jahren in Baden-Württemberg nach mehrmaligem Überspringen von Klassen das Abitur machte. Er erhielt an einer deutschen Universität nicht die Erlaubnis, zwei Studiengänge parallel zu studieren. Einer hochbegabten Studentin, die gleichzeitig Physik und Biologie studieren wollte, wurde dies in Deutschland ebenfalls nicht gestattet. Sie ging nach Amerika, wo ihr ein Parallelstudium angeboten wurde. Beide hätten ihr Doppelstudium wohl ohne große Schwierigkeiten geschafft, ein rationales Argument für diese Ablehnungen ist uns nicht bekannt.

Auch die Förderung hochbegabter Studenten in deutschen Stiftungen ist keine Selbstverständlichkeit. Franz war von seiner Schule nicht für die «Studienstiftung des Deutschen Volkes» vorgeschlagen worden, auch sein Antrag bei der «Hanns Seidel Stiftung» wurde «abschlägig beurteilt.[46]

Peers: Gleichaltrig oder gleichartig?

Menschen sind soziale Wesen, «social animals», deren Tun und Trachten in starkem Maße auf das Zusammensein mit ihren Mitmenschen ausgerichtet ist. Hochbegabte erwecken manchmal den Eindruck, als seien ihnen ihre Mitmenschen nicht wichtig, dieser Eindruck täuscht.

Wie alle Kinder, sind hochbegabte von der Wertschätzung, dem Urteil und der Zuwendung durch «Peers», Spielkameraden, Freunde oder Mitschüler abhängig und beeinflußbar. Mit «Peers» sind nicht unbedingt «Gleichaltrige» gemeint, sondern Personen mit gleichem bzw. sehr ähnlichem Entwicklungsstand, die über funktional gleichartige Interaktions- und Kommunikationsmöglichkeiten verfügen. In der Regel erweisen sich ähnlich alte Kinder als funktional gleichwertige Peers. Dies gilt nicht bei hochbegabten Kindern. Für einen sechsjährigen Hochbegabten können beispielsweise ein neunjähriges überdurchschnittlich intelligentes Mädchen oder ein fünfjähriger Hochbegabter als Peers, d. h. gleichwertige Kommunikationspartner, gelten. Für Hoch- und Höchstbegabte in den üblichen Kindergärten und Grundschulen ist es somit fraglich, inwieweit die Kinder ihrer Kindergartengruppe bzw. Schulklasse in diesem Sinne «Peers» darstellen.

Die besondere Bedeutung der Peergruppe ergibt sich u. a. daraus, daß hier erworbene und eingeübte soziale, sozial-kognitive wie emotionale Verhaltensmuster in starkem Maße späteren Verhaltensweisen ähneln, die im Erwachsenenalter gefordert werden. Anders als in (asymmetrischen) Partnerkonstellationen wie mit Eltern oder anderen Erwachsenen werden bei Peerkontakten konkrete Erfahrungen mit «Gleichgestellten» gemacht. Positive Beziehungen wie Sympathie, Unterstützung, Mitleid, Gefühle der Zugehörigkeit, aber auch negative wie Ablehnung, Antipathie, Neid, Aggression werden erfahren. Dabei sind die Rückmeldungen meist direkter, unmittelbarer, offener als im Kontakt mit Erwachsenen, die oft mit Nachsicht, Verständnis und Nachgiebigkeit auf die

Ungleichheit zwischen ihnen und dem Kind reagieren. Das Auskommen in der Peergruppe erfordert daher ein größeres Maß an Selbstkontrolle und Selbstregulation.

In vielfachen Kontakten zu Peers, sei es in einer Gruppe von Spiel- oder Klassenkameraden, sei es zu Freunden, erwerben Kinder die notwendigen sozialen Verhaltensweisen, die ihnen ein Zurechtkommen in Gruppen erlauben. Dabei werden vielfältige, für die jeweiligen Gruppen gültige, Normen, Werthaltungen und Einstellungen erworben. Jedes Kind, wie intelligent es auch sein mag, benötigt konkrete Peererfahrungen, damit es in der Gruppe gut bestehen kann.

Der Einfluß von Peers beginnt sehr früh: mit drei Monaten verhalten sich Säuglinge erstaunlicherweise gegenüber anderen Säuglingen anders als gegenüber dem eigenen Spiegelbild. Schon Klein- und Vorschulkinder achten besonders aufmerksam auf Kinder, die ihnen ähnlich sind. Sie fühlen sich von solchen Kindern angezogen und schließen bevorzugt Freundschaften mit Kindern, deren «Verhaltenstendenzen» den ihren entsprechen. Ab dem Alter von 3;5 Jahren sind die Kind-Kind-Interaktionen zwischen Freunden gekennzeichnet durch einen positiven sozialen Austausch, z. B. durch Gegenseitigkeit oder durch direktes Initiieren sozialer Interaktionen, da die Angebote an komplexen Interaktionen hierbei immer freundlich-unterstützendes Miteinander-Umgehen sind, im Gegensatz zu Kindern ohne Freunde (Rubin et al. 1998).

Die Häufigkeit von Peerinteraktionen nimmt mit dem Alter ständig zu. Im Schulalter beträgt der Anteil an Peerinteraktionen ca. 30%, der Rest verteilt sich auf Eltern, Geschwister und andere Erwachsene. Ab ca. elf Jahren sind Kinder in der Regel häufiger mit ihren Peers zusammen, die ihnen dann auch wichtiger werden als die Eltern (Rubin et al. 1998).

Um einschätzen zu können, wie beliebt, isoliert oder integriert in Peergruppen Hochbegabte sind, spielen methodischen Überlegungen eine Rolle: Die meisten Untersuchungen, in der Regel Befragungen der betroffenen Schüler, beziehen sich auf das Verhältnis zu einer gegebenen Gruppe, meist Mitschüler ihrer Schulklasse, die als Gleichaltrige, aber im engeren Sinne nicht als «Peers» anzusehen sind. Untersuchungen über Peerbeziehungen innerhalb von Hochbegabtengruppen wären aufschlußreich.[47]

Wenn ein niedriges Kriterium verwendet wird, d.h. Kinder mit einem IQ von 120 (Stanford-Binet) oder mit einem Prozentrang von 90 als hochbegabt bezeichnet werden (z.B. bei Kovaltchouk 1998), werden sich keine Unterschiede in den Peerbeziehungen finden lassen (vgl. Czeschlik und Rost 1988, Schneider 1987). Ohne Vergleichsgruppe, ein Problem bei Daten aus Beratungsstellen, ist die Interpretation der Ergebnisse schwierig. Wenn beispielsweise alle Jugendlichen in der Pubertät angeben, einsam zu sein, wäre der Befund: Hochbegabte halten sich für einsam, trivial. Es muß ausgeschlossen werden, daß nur stereotype Einstellungen und Meinungen erfaßt werden, was bei Selbsteinschätzungen mittels Fragebogen immer eine Gefahr ist. Mögliche Antworttendenzen, z.B. sich besser oder anders darzustellen, als man ist, müssen kontrolliert werden. Hochbegabte, wie sie selbst berichten, durchschauen die Fragen besonders leicht.

Zu Recht schlagen Rubin et al. (1998) vor, verschiedene Datenquellen zu verwenden und u.a. neben Verhaltensbeobachtungen in den Gruppen, die jeweiligen Peers sowie Eltern und Lehrer zu befragen. Niedrige Übereinstimmungen zwischen den unterschiedlichen Datenquellen weisen auf die genannten methodischen Probleme hin, z.B. bestehen zwischen kindlichen Selbstbeschreibungen und Angaben der Eltern oder Lehrer nur geringe Zusammenhänge (.22). Dies könnte jedoch auch bedeuten, daß Personen sich in unterschiedlichen sozialen Kontexten unterschiedlich verhalten (z.B. hochbegabte Kinder verhalten sich im Kindergarten oft anders als zu Hause; vgl. Rubin et al. 1998).

Mitschüler – Klassenkameraden

In der Literatur wird die Frage, ob Hochbegabte beliebter oder unbeliebter sind als andere Kinder, oft gestellt. Es ist schwer, sie präzise zu beantworten. Wie beliebt oder abgelehnt ein Kind in einer bestimmten Gruppe, Schulklasse usw.

ist, kann man eigentlich nur von den Gruppenmitgliedern selbst erfahren – mit Hilfe soziometrischer Verfahren, bei denen allen Mitgliedern einer Gruppe (z.B. Schulklasse) schriftlich folgende oder ähnliche Fragen gestellt werden: Mit welchen Kindern möchtest du spielen, deine Freizeit verbringen, Hausaufgaben machen (positive Wahlen), und solchen wie: Neben wem möchtest du nicht sitzen, mit wem nicht lernen, nicht ins Kino gehen (negative Wahlen). In dieser Weise erfassen soziometrische Verfahren den sogenannten «Peerstatus» eines Kindes. Je nachdem, welche und wie viele Nennungen z.B. ein Schüler in seiner Klasse erhält, wird sein Status als «beliebt» (viele positive Nennungen), als «unbeliebt» (viele negative Nennungen), «durchschnittlich, unauffällig» (mittlere Anzahl von Nennungen) «vernachlässigt» (wenig Nennungen) oder «kontrovers» (viele positive und negative Nennungen) bezeichnet.

Unter Berücksichtigung nur methodisch akzeptabler Studien lassen die Ergebnisse ein widersprüchliches Bild mit geringen Unterschieden zwischen Hochbegabten und nicht Hochbegabten erkennen: Insgesamt scheinen Hochbegabte tendenziell eher etwas beliebter zu sein als nicht Hochbegabte (Czeschlik und Rost 1988).

Das Ergebnis besagt, daß es zwar etwas häufiger beliebte Hochbegabte als beliebte Nicht-Hochbegabte gibt, aber auch unbeliebte und abgelehnte Hochbegabte. Aufschlußreich für den Umgang mit unbeliebten Hochbegabten und die Beratung von Eltern der Lehrern ist die Erforschung der Bedingungen, unter denen ein Kind abgelehnt wird bzw. die zu seiner Beliebtheit führen.

Da keine Ergebnisse aus Hochbegabtenstudien hierzu vorliegen, müssen Befunde entwicklungspsychologischer Untersuchungen anhand ausgewählter Stichproben herangezogen werden. Folgende Verhaltensmuster werden bei Kindern in ihren Gruppen beobachtet: Beliebte Kinder verfügen über gute Fertigkeiten, positive Beziehungen in der Gruppe zu initiieren wie auch aufrechtzuerhalten. In neuen Gruppen beachten sie die Gruppenregeln, sie ziehen nicht unnötig die Aufmerksamkeit auf sich, sprechen nicht ausschließlich und intensiv über

sich, ihre Ziele und Wünsche. Sie stören nicht die gerade ab-
laufenden Gruppenaktivitäten, sind flexibel und greifen nicht
zu stark in die Gruppenaktivitäten ein. Beliebte Kinder sprechen klar und deutlich mit den anderen Kindern, reagieren
freundlich und relativ rasch. Sie sind kooperativ, helfen anderen, sind sensitiv gegenüber den Bedürfnissen der anderen, en-
gagieren sich konstruktiv im Spiel, wobei ihre kommunikati-
ven Fähigkeiten denen der Peers entsprechen.

Bei unbeliebten, abgelehnten Kindern lassen sich unterschiedliche Verhaltensmuster beobachten: Ungefähr 40 bis 50
Prozent der Unbeliebten zeigen häufig aggressives, aufbrau-
sendes oder anderes sozial negatives, beleidigendes oder dro-
hendes Verhalten. Ein Teil der Kinder verhält sich eher «unreif», d. h., sie zeigen ein kindisches, «babyhaftes» Verhalten
und weinen leicht. Ungefähr 10 bis 20 Prozent der unbeliebten Kinder werden abgelehnt, weil sie extrem schüchtern, zurückhaltend (introvertiert) sind, wobei dies nur bei älteren
Schülern und Jugendlichen, nicht aber bei Kindergartenkindern, zu Ablehnung führen soll (Rubin et al. 1998).

Man kann davon ausgehen, daß auch hochbegabte Kinder,
die diese Verhaltensmuster aufweisen, beliebt bzw. unbeliebt
bei ihren Peers sind.

Beschreibungen sogenannter «vernachlässigter» Kinder, die
wenig aktiv sind, körperliche Aggressivität eher vermeiden
und insgesamt seltener mit ihren Mitschülern interagieren,
könnten für hochbegabte Kinder eher typisch sein. Tatsächlich werden die hochbegabten Schulkinder unserer Beratungsstichprobe im Vergleich zu durchschnittlich Begabten signifikant seltener von ihren Eltern sowohl als «zurückgewiesen»
als auch als «allgemein beliebt» beschrieben. Sie erhielten die
häufigsten Nennungen bei der Kategorien des Mittelbereichs
(«etwas beliebt»).

Der in einer bestimmten Gruppe einem Kind zugeschriebene
Status läßt zunächst nur Aussagen über den Status in dieser
konkreten Gruppe zu. Bei konstanter Gruppe (z. B. Schulklasse) bleibt diese Zuschreibung als beliebt, abgelehnt oder vernachlässigt zumindest innerhalb eines halben Jahres relativ stabil. Nach einem größeren Zeitintervall nimmt die Stabilität

jedoch deutlich ab, d. h., Statusveränderungen haben stattgefunden. Allerdings erweist sich der negative Status von Kindern, die von vielen Gruppenmitgliedern abgelehnt werden, als sehr stabil. Sie werden auch in neuen Gruppen wieder abgelehnt. Weniger stabil bleibt die Kennzeichnung als «vernachlässigt», die in stärkerem Maße von der jeweiligen Gruppe abhängt, d. h., der Status kann sich in neuen Gruppen ändern.

Wenn hochbegabte Kinder in einer bestimmten Gruppe abgelehnt werden, geschieht dies aufgrund ähnlicher (negativer) Verhaltenseigenarten wie bei nicht hochbegabten Kindern. Kein Kind ist allein deswegen beliebt oder unbeliebt, weil es hochbegabt ist!

Aufgrund der positiven Beziehungen zwischen Intelligenz und sozialer Kompetenz, wird die Wahrscheinlichkeit, beliebt zu sein, mit steigender Intelligenz eher größer. Diese Beziehung verläuft nicht linear. Bei Höchstbegabten werden übereinstimmend größere und häufigere Probleme mit Mitschülern und Klassenkameraden vermutet (Czeschlik und Rost 1988). Ab einem IQ von 150 (amerikanische Testkennwerte) sollen die Beliebtheitswerte wieder abfallen (Tannenbaum 1983), was Dauber und Benbow (1990) beim Vergleich von hochbegabten (modestly gifted) und von mathematisch wie sprachlich höchstbegabten Schülern (exceptionally gifted) in deren Selbstbeschreibungen nachweisen. Außergewöhnlich Hochbegabte halten sich für introvertierter, weniger sozial geschickt und stärker gehemmt, sowie für weniger beliebt und weniger sozial aktiv als die leicht Hochbegabten. Zudem scheinen mathematisch Höchstbegabte ein höheres Selbstbewußtsein zu haben als sprachlich Höchstbegabte, die sich noch weniger durch Mitschüler akzeptiert fühlen als mathematisch Höchstbegabte. Es wird vermutet, daß den Klassenkameraden die Begabung der verbal Höchstbegabten eher auffällt und diese sich deshalb in stärkerem Maße als «anders seiend» erleben (Robinson und Clinkenbeard 1998).

Zusätzlich beeinflußt das Ausüben sportlicher Aktivitäten, die Höchstbegabte seltener als für sie zutreffend angegeben, die Beliebtheit bei Mitschülern positiv (Dauber und Benbow 1990, Tannenbaum 1983). Wenn auch sportliche Aktivitäten in Amerika eine besonders günstige Auswirkung auf die Beliebtheit zu haben scheinen, lassen doch Beobachtungen bei Schülern in Deutschland ebenfalls erkennen, daß vor allem unsportliche (hochbegabte) Jungen einen schweren Stand in ihrer Gruppe haben.

Lehrer sollten daher bei Höchstbegabten besonders auf eine mögliche Isolation achten (vgl. Dauber und Benbow 1990). Gross (1993) berichtet, daß die Mehrheit der von ihr untersuchten Höchstbegabten Probleme mit Gleichaltrigen schildert. Wie Hollingworth (1942) meint sie, daß diese Kinder zu intelligent sind, um von den anderen verstanden zu werden. Ihre höchst atypischen Interessen und ihre radikalen ethisch-moralischen Anforderungen führen zu einer großen Kluft zwischen ihnen und ihren Mitschülern. Gespräche mit den von uns untersuchten Höchstbegabten bestätigen diese Erfahrungen. Trauer über das «Unverständnis» und Resignation führen oft zu einem Rückzug oder Abbruch der sozialen Kontakte mit Gleichaltrigen. Sie verkraften es besser, wenn wenigstens eine Person in der Familie sie versteht und ihnen emotionale Unterstützung bietet.

Ob im konkreten Einzelfall ein hochbegabter Schüler beliebt, vernachlässigt oder abgelehnt wird, hängt neben seinem Temperament und den damit verbundenen sozialen Verhaltenseigenarten von den vorherrschenden Normen und Einstellungen in ihrer Klasse und Schule ab. Bei unausgelesenen Schülern beobachtete Entwicklungen und Normenveränderungen z.B. der Leistungseinstellungen, die bei Hochbegabten bislang nicht systematisch untersucht wurden, können auch für diese gültig sein. Zum Teil lassen sich erwartungswidrige Minderleistungen Hochbegabter durch einen für die frühe Adoleszenz typischen Konflikt erklären. Einerseits besteht auch bei ihnen der Wunsch nach Zugehörigkeit zur Gruppe, andererseits ist eine hohe Geltung, eine Überlegenheit z.B. durch gute Leistungen und Erfüllung der schulischen Anforderungen erstrebenswert. Normenveränderungen, die für Hochbegabte bedeutsam sind, werden ab der Sekundarstufe I (5. Klasse) beobachtet: Der «Streber» als abzulehnende «Schülergestalt» rückt in den Vordergrund. Hinzu kommt,

daß zwischen der 5. und 9. Klasse mit einem pubertätsbeding-
ten Rückgang der Lern- und Leistungsmotivation zu rechnen
ist, wobei die Lernbereitschaft und berichtete Sorgfalt bei den
schulischen Aufgaben zurückgehen und Regelverstöße zuneh-
men (Fend und Stöckli 1997).[48]

Der Konflikt, schulisch erfolgreich zu sein und gleichzeitig
von den Mitschülern akzeptiert zu werden, also nicht als Streber zu gelten, ist für Hochbegabte besonders schwierig. Sehr
gute Schulleistungen fallen ihnen ohne große Anstrengungen
zu, was oft nicht erkannt wird. Sie werden meist zu Unrecht
als Streber geächtet. Auf gute Leistungen ohne Anstrengungen
wird schon in der Grundschule mit Neid reagiert. Wenn in der
Marburger Studie, wie Schilling (2000, S. 385) schreibt, sich
«nur eine Minderheit der Hochbegabten über eine negative
Behandlung seitens ihrer Peers» beklagt, spielt möglicherweise eine «Verleugnungsstrategie» eine Rolle. Unangenehme,
schmerzhafte Wahrheiten, die sie nicht wahrnehmen möchten, werden dadurch etwas abgemildert. Bei ersten Nachfragen verneinen Hochbegabte nicht selten ihre sozialen Probleme. Erst im Verlauf z. B. eines anamnestischen Gesprächs,
nachdem sie Vertrauen gefaßt haben, schildern sie konkrete
Erlebnisse, die sie oft nicht einmal den Eltern erzählt haben.

Hoch- und Höchstbegabte wenden verschiedene Strategien
an, um mit den sozialen Folgen ihrer Hochbegabung fertig zu
werden. Einige von ihnen verhalten sich konform, um von
den Mitschülern akzeptiert zu werden, andere leugnen ihre
Hochbegabung, wobei Höchstbegabte wohl letzteres am häufigsten einsetzen (Robinson und Clinkenbeard 1998).

Größere Probleme mit der sozialen Akzeptanz stellen sich
für Hochbegabte dann, wenn in der Klasse «schuloppositio-
nelle» Werthaltungen (negative Bewertungen schulischer Leistungen) im Gegensatz zu «schulfreundlichen» Normen vorherrschen. Spezifische, in verschiedenen Klassen und Schulen
sehr unterschiedliche Normen, erweisen sich im frühen Jugendalter für die Statuszuschreibungen eines Jugendlichen, ob
er abgelehnt oder isoliert wird, als bedeutsam. Um bei Klassenkameraden beliebt zu sein, ist es im mittleren Jugendalter
förderlich, eine gute Sportnote zu haben, wenig zu lernen und

die Lehrer zu ärgern (Fend und Stöckli 1997). Hochbegabte, die sich in dieser Weise konform verhalten, werden zu «Underachievern», wenn sie beispielsweise ihre Hausaufgaben vernachlässigen, wie dies befreundete Mitschüler tun (vgl. Heller 1992).

Die sozialen Beziehungen von Hochbegabten zu ihren Mitschülern reichen von negativen Reaktionen, die ca. 15 % der Hochbegabten erleben, wie Hänseln, Verspotten («Streber») oder Neid bis zu positiven Erlebnissen wie soziale Anerkennung, hohes Ansehen und Respekt (vgl. Schilling 2000). Von «Einsamkeit» und «Distanz» zu Mitschülern sowie einer selbstgewählten Reduzierung der Kontakte mit den Klassenkameraden, die ihren Vorstellungen nicht entsprechen, berichten hochbegabte Schüler der Münchner Studie, die in ausführlichen Interviews zu ihren Problemen befragt wurden. Wie einige Kinder unserer Beratungsstichprobe, erfuhren sie durch bestimmte Mitschüler Neid und «Mobbing» (z. B. Hänseln, Quälen, Schlagen, Ranzen und Bücher wegnehmen usw.). Manche Hochbegabte werden schon im Kindergarten Opfer derartiger Angriffe. Meist wehren sie sich körperlich nicht. Eltern, die ihre hochbegabten Kinder daraufhin dringlich dazu auffordern zurückzuschlagen, sollten intensiv mit Erzieherinnen und Lehrern darüber sprechen und gemeinsam veranlassen, daß das Verhalten der «zuerst schlagenden» Kinder unterbunden wird.

Die Beziehungen zu den Klassenkameraden werden durch eine Helferfunktion oder eine, von Grundschullehrern nicht selten eingesetzte «Hilfslehrerrolle» nicht verbessert, sondern eher verschlechtert. Die Distanz zu den Mitschülern wird noch größer (Heller 1992).[49] Die Aussage eines Schülers, daß er sich sozial isoliert und nicht gut integriert fühle, obwohl er zum Klassensprecher gewählt wurde, weist auf die Erfassungsprobleme bei Peerbeziehungen hin.

Nach unseren Erfahrungen werden soziale Schwierigkeiten Hochbegabter von Lehrern nicht (in ihrem Ausmaß) erkannt bzw. sie gehen nicht genügend dagegen an. Neben einer Sensibilisierung der Lehrer hinsichtlich der sozialen Gruppenbeziehungen u. a. durch Vermittlung der einschlägigen entwicklungspsychologischen Erkenntnisse, sollten möglichst frühzeitig vorbeugende Maßnahmen ergriffen werden. Die Suche nach passenden Schulen und Klassen, in denen die Interessen, Fähigkeiten und Normen (auch) der Mitschüler möglichst konform mit denen der hoch- und höchstbegabten Kinder sind, stellt sich Eltern und Lehrern als die wichtigste Aufgabe.

Eine stärkere Förderung klasseninterner schulpositiver Werthaltungen durch die Lehrkräfte wäre nicht nur für Hochbegabte hilfreich, sondern würde auch die Leistungseinstellungen und schulischen Leistungen aller Schüler verbessern.

Freunde

Soziale Probleme wie Isolierung oder Einsamkeit sind nicht das Problem Hochbegabter per se, sondern ergeben sich u. a. aus der mangelnden Passung zu den von ihnen nicht selbst gewählten Gruppenmitgliedern (Klassenkameraden).

Hochbegabte haben Freunde, aber nicht unbedingt in ihrer jeweiligen Schulklasse. Sie haben ein hohes Bedürfnis nach Freunden, an die sie hohe soziale, moralische wie geistige Anforderungen stellen und z. B. sehr intensiv in Beschlag nehmen. Sie schildern sich als weniger kontaktbereit und bejahen häufiger als durchschnittlich Begabte die Aussage «Man sollte nicht zu viele Freunde haben» (vgl. Heller 1992, Schilling 2000). Ein «Rumhängen mit Freunden» geben Hochbegabte seltener an, sie versuchen ihre Zeit, auch die mit Freunden, mit interessanten Beschäftigungen zu verbringen, ansonsten bleiben sie lieber allein. Passende, interessante Gleichartige zufällig zu finden, ist nicht sehr wahrscheinlich. Hochbegabte Erwachsene haben daher Vereinigungen wie «Mensa» gegründet, um «Gleichartige» zu treffen (s. Anhang).

Im Durchschnitt ist die Wahrscheinlichkeit eher gering, daß hochbegabte Kinder in der ihnen zugewiesenen Grundschule, in Haupt- und Realschulen auf andere hochbegabte stoßen. Auch in den allgemeinen Gymnasien und Universitäten finden gut bis sehr Intelligente deutlich leichter intellektuelle Peers als dies bei Hoch- und Höchstbegabten der Fall ist. In höhe-

ren Klassen und Universitäten steigt jedoch die Wahrscheinlichkeit, auf Gleichartige zu treffen.

Verstehbar und sinnvoll ist die Reaktion junger Kinder, alle
Kinder, die mit ihnen (auch nur ab und zu) spielen, schon als
«Freunde» zu bezeichnen. Man könnte dies als eine Art
Selbstschutz ansehen, was nicht selten bei solchen hochbegabten Kindern dann beobachtet wird, wenn sie keine «richtigen,
engen» Freunde haben. Das steht nicht im Widerspruch zu
dem Befund, daß in der Regel (ältere) Hochbegabte sehr hohe
Ansprüche an die Qualität von «Freundschaft» stellen und ein
großes sozial-moralisches Engagement von denjenigen Personen verlangen, die sie als ihre «Freunde» betrachten.

Der Befund, daß sich Hochbegabte im Vorschul- und
Grundschulalter eher als in der Adoleszenz wünschen, mit
älteren Kindern zusammen zu sein, ist durch die deutlicher
asynchrone Entwicklung in dieser Altersstufe verständlich.
Allerdings ist dieser Wunsch oft schwer zu verwirklichen:
Ältere Jungen wollen beispielsweise oft nicht mit Jüngeren
spielen, und seien diese noch so klug.

Den Bedürfnissen und Verwirklichungsmöglichkeiten entsprechend, suchen und spielen hochbegabte eher mit älteren
Kindern als nicht hochbegabte. Kindergartengruppen sind
durchlässiger als Schulklassen, daher finden hochbegabte
Vorschulkinder leichter als Schulkinder ältere Spielkameraden
und Freunde.

Übereinstimmend geben demgemäß Eltern wie Erzieherinnen unserer Beratungsstichprobe für hochbegabte Vorschulkinder häufiger an, daß diese im Vergleich zu durchschnittlich
begabten Vorschulkindern bevorzugt mit älteren Kindern
spielen (Lang 2000). Bezüglich der Schulkinder finden sich
hierzu keine Unterschiede zwischen den Angaben der Eltern
Hochbegabter und durchschnittlich Begabter. Allerdings besteht ein Unterschied innerhalb der Hochbegabten: signifikant häufiger geben Eltern der sechs- bis neunjährigen Hochbegabten an, ältere Freunde zu haben, als dies bei den über
zehn Jahre alten Kindern der Fall ist. Somit steht der Befund
der Marburger Studie, bei hochbegabten Jugendlichen (13 bis
15 Jahre alt) die Bevorzugung älterer Freunde nicht nachwei-

sen zu können, mit unseren Ergebnissen im Einklang (Schilling 2000).

Ansonsten wird in unseren Datenanalysen deutlich, daß alle Kinder, die zu Beratungsstellen gebracht werden, vergleichbare soziale Beziehungsprobleme haben. Hochbegabte Vor- und Grundschulkinder klagen in einigen Fällen eher darüber, daß sie keine Freunde haben. Aber Eltern wie Kinder versuchen, das zu verheimlichen. Verständlicherweise sind Mütter wie Kinder sehr betroffen und traurig, wenn das Kind keinen Freund hat, wobei weder ein zu starker noch zu schwacher mütterlicher Einsatz (over-/underinvolvement), dem Kind «irgendwelche» Freunde zu «verschaffen», günstig zu sein scheint (Rubin et al. 1998). Helfen kann eher die Suche von «Gleichartigen» z. B. in Kinderakademien, in Wochenend- oder Freizeitcamps der Elternvereine, wo die Chance größer ist, Freunde zu finden.

Nachwort

An vielen Stellen des Buches sahen wir, daß gesellschaftliche Erwartungen und Haltungen gegenüber Hochbegabten einen beachtlichen Einfluß auf die Lebensbedingungen dieser Kinder ausüben. Eine Gesellschaft, die die Besonderheit hochbegabter Kinder erkennt und akzeptiert, ihre Bedürfnisse versteht und angemessen darauf eingeht, bietet die notwendige Grundlage dafür, daß eine Entwicklungsförderung Hochbegabter möglich wird. Zwar gibt es deutliche Hinweise darauf, daß sich die Lage für diese Kinder und Jugendlichen in den letzten Jahren verbessert hat, aber dennoch machen immer noch zu viele Hochbegabte Erfahrungen – vor allem in den Schulen –, die man Kindern eigentlich ersparen möchte.

Was viele von ihnen in mehr oder weniger ähnlicher Form erleben, und dieser Brief ist kein Einzelfall, beschreibt eine Mutter im Frühjahr 2002, die ihren Sohn zur Untersuchung bei mir anmeldete:

«Das deutsche Schulsystem finde ich so furchtbar ungerecht. Für schwache Kinder gibt es alle möglichen Einrichtungen, und jeder eilt zu Hilfe, aber wehe einer ist irgendwie begabt und verlangt Unterstützung, dann ist er verlassen, und muß hier und da und drüben bei allen möglichen Tests beweisen, daß er tatsächlich etwas kann. Das ist doch eine zusätzliche Belastung für diese Kinder. Es reicht doch, daß sie in der Schule ausgegrenzt werden, weil sie anders sind und andere Interessen als gleichaltrige Kinder haben.

Robert[50] spielt fast nur mit älteren Kindern. Am besten versteht er sich mit Kindern, die zwei bis drei Jahre älter sind als er. Er spielt Schach und Strategiespiele. In der Nachbarschaft wohnen einige Kinder aus seiner ehemaligen Klasse, und komischerweise benehmen sich sowohl Eltern als auch Kinder ganz anders (negativ und abweisend – Hilfe, der Robert kommt!), seit Robert die Klasse übersprungen hat.

Er will wieder der Beste sein, und das wird natürlich von machen Kindern nicht gerne gesehen, die teilweise zwei Jahre älter sind als er. Ein Mädchen hat über das andere Mädchen erzählt: ‹Sie haßt Robert, weil er so gut ist, obwohl er erst acht ist.›

In der neuen Schule ist er vom Beratungslehrer erneut getestet worden. Er meint, daß er mit der intellektuellen Intelligenz mindestens ein Jahr voraus ist, aber ihm scheint, als würde seine emotionale Intelligenz hinterherhinken. Hiermit wären wir bei unserem aktuellen Problem. Mein Mann und ich haben uns mit dem Thema ausgiebig auseinandergesetzt und sind überhaupt nicht der Meinung des Beratungslehrers.

Wir, und auch viele andere Erwachsene, oft auch ganz Fremde, haben über sein emotionales Denken gestaunt, wie er sich schon als Dreijähriger in andere Leute hineinversetzen konnte, wie er über Situationen nachdenkt, die andere Kinder überhaupt nicht berühren. ... Robert ist sehr höflich, rücksichtsvoll, hilfsbereit und sehr gerecht. Das sind Aspekte, die für eine genauso hohe emotionale Intelligenz sprechen.»

Mehr Gerechtigkeit für alle Kinder wird auch von Bildungspolitikern gefordert. Sie kann nur geboten werden, wenn man die Schwierigkeiten kennt, denen Hochbegabte in Kindergarten, Schule und Hochschule begegnen. Wenn wir hoch- und höchstbegabte Kinder fragen, was sich an der Schule verändern sollte, würden viele wie Franz Király, der im Sommer 2002 mit 16 Jahren die ärztliche Vorprüfung bestanden hat, folgendes antworten:

«*Das heutige Schulbildungssystem behandelt die Schüler als homogene Masse, die sie eindeutig nicht sind. Die Lehrer sollten auf mehr oder weniger von der Norm abweichende Fälle vorbereitet sein, wie es bei Abweichungen nach unten schon vereinzelt der Fall ist. Außerdem könnten Schulen zusätzliche Förderangebote für begabte Schüler anbieten und sich insgesamt an den Universitäten orientieren. Eventuell könnte man die Pflichtstunden unter der Bedingung, daß der Schüler den Stoff bereits beherrscht, reduzieren, ohne soziale Inhalte der Schule, die durchaus auch vermittelt werden sollten, zu schmälern*».

Wie wichtig einer Gesellschaft das Thema Bildung und die angemessene Förderung aller Kinder wirklich ist, spiegelt sich einerseits in ihrem Umgang mit Hochbegabten wider. Andererseits erweist sich das gesellschaftliche Interesse an einem Thema und dessen Wertschätzung auch daran, welches Gewicht diesem z. B. in der Ausbildung von Lehrern, Psychologen, Erzieherinnen und Ärzten beigemessen wird. Das Thema Hochbegabung wird in Deutschland, Österreich und der Schweiz an Fachschulen, Hochschulen und Universitäten immer noch sträflich vernachlässigt. Hier ist dringend Abhilfe geboten.

Franz Király, über dessen Aufnahme in die Studienstiftung des Deutschen Volkes im Dezember 2002 endlich positiv beschieden wurde, hat im Juni 2000 sein Abitur gemacht. Er schrieb noch im November 2002 hierzu: «Wenn auch weiterhin alles so gut läuft, werde ich wahrscheinlich noch vor meiner Habilitation aufgenommen.» Es ist auch ihr Humor, der Hochbegabte so liebenswert macht.

Anmerkungen

1 Vgl. Brockhaus (1998): Ein Stichwort «Hochbegabung» gibt es nicht; Begabung wird als individuelle Disposition zu Leistungen definiert, dabei wird eine Gesamtbegabung von der Einzel- oder Sonderbegabung unterschieden. Nur unter den Stichworten «Begabtenförderung» und «Begabtenforschung» wird auf die hohe Begabung verwiesen bzw. auf die «Förderung besonders begabter Kinder». Dagegen ist in der Enzyclopaedia Britannica das Stichwort «gifted children» direkt zu finden. Hochbegabte werden beschrieben als Personen: «who are endowed with a high degree of mental ability, either general or special» (1980, S. 535).

2 Lombroso, der eine Verwandtschaft von Genie und Wahnsinn postuliert, schreibt zusammenfassend: «Es gibt zwischen der Physiologie des Mannes von Genie und der Pathologie des Geisteskranken nicht wenige zusammentreffende Punkte. – Es gibt Verrückte mit Genie, und Genies, die verrückt sind. – Aber es gibt und gab sehr viele Genies, die, abgesehen von einigen Abweichungen des Empfindungsvermögens, niemals an Irrsinn litten. – Vielmehr hatten fast alle irrsinnigen Genies besondere und ihnen eigentümliche Merkmale.» (1887, S. 341)

3 Die Bereiche «soziale Fähigkeit» und «psychomotorische Fähigkeit» sind eher unter Vorbehalt anzusehen, da sie sich bislang trotz einiger Bemühungen einer zufriedenstellenden Erfassung entzogen haben. Sternberg (1997) unterscheidet innerhalb des Konstrukts «Intelligenz» eine analytische Intelligenz und eine praktische Intelligenz.

4 Ähnlich modisch wie Kreativität, aber konzeptuell noch verwirrender ist die sogenannte «emotionale Intelligenz», da Gefühle üblicherweise einem Bereich der Persönlichkeit zugeordnet werden, der nicht durch Leistung charakterisiert ist. Daß Intelligenz, Denkfähigkeit zur Beherrschung von Emotionen und zur Kontrolle der von Emotionen beeinflußten Verhaltensweisen eingesetzt werden kann (oder sollte), erfordert nicht die Annahme eines eigenen Konstrukts «emotionale Intelligenz». Viele Beispiele für emotionale Intelligenz, der Begriff wird von Salovey und Mayer (1993) verwendet, entsprechen dem Konstrukt der sozialen Fähigkeiten.

5 Bezüglich der allgemeinen Intelligenz geht man von einem genetischen Varianzanteil von ca. 50 % aus.

6 Brody und Ehrlichman (1998), halten die Persönlichkeitspsychologie per definitionem für «ideographisch» und vertreten die Ansicht, daß sie die menschliche Individualität und die Eigenarten jeder Person hervorheben sollte, die diese von anderen Personen unterscheidet (S. 79 f.).

7 «Hochbegabung und Hochleistung sind in erster Linie Produkte überlegenen Denkens» (Waldmann und Weinert 1990, S. 22).

8 Dieses Buch wird von Rost (2000) systematisch falsch zitiert als «Weinert und Waldmann».

9 Vgl. die Diskussion um «Underachiever», Seite 208 f.

10 Oft werden in diesem Zusammenhang die Bücher von Roald Dahl genannt, Meisterwerke der Parodie und Satire (vgl. sein Buch «Matilda», das Hochbegabten und ihren Eltern größtes Vergnügen bereitet.)

11 Gross (1993, S. 177) scheint hier ähnliche Beobachtungen gemacht zu haben wie wir, nämlich daß diese Kinder solche Spiele bevorzugen, die «... not require team participation, ... the individual has a higher degree of control of the development in his or her own abilities».

12 Die Daten wurden nach Geschlecht getrennt ausgewertet, N = 16 hochbegabte Jungen, N = 6 hochbegabte Mädchen.

13 Vgl. Winner (1998): «Die meisten sind sozial und emotional gut angepaßt, aber eine zahlenstarke Minderheit kämpft mit sozialen und emotionalen Problemen.»

14 Schon in vorbiblischer Zeit wurde «Weibliches» als weniger wertvoll angesehen als «Männliches». In der Bibel wird Adam ein kleiner (unwichtiger) Teil, die Rippe entnommen, um daraus Eva zu schaffen. Die (männlichen) Verfasser müßten heute ihr Bild korrigieren: der Grundtypus des Menschen ist das weibliche Geschlecht, das Männliche dessen Variante. Das männliche Geschlecht entsteht erst durch die Einwirkung männlicher Geschlechtshormone eines Embryo (Merz 1979). Auch in der Psychoanalyse findet sich eine Abwertung des Weiblichen. Freud, wie auch Piaget, ein berühmter Entwicklungspsychologe, schrieb der weiblichen Hälfte der Menschheit z. B. ein geringeres moralisches Niveau zu, was sich allerdings wissenschaftlich als nicht haltbar erwies.

15 Eigenarten, die ausschließlich bei einem Geschlecht vorkommen wie Stillen oder Gebären, nennen wir geschlechtsspezifisch.

16 Die meisten Gewaltverbrechen wurden und werden von jugendlichen (um die 20 Jahre alten), unverheirateten Männern verübt (Chasiotis und Voland 1998; vgl. den Anschlag auf das World Trade Center, 11.09. 2001).

17 Vgl. die Sendung der Reihe «Mona Lisa»: Sind Frauen intelligenter? (Juni 1994) im ZDF.

18 Auch bei anderen Störungen ist das männliche Geschlecht als das «verwundbarere» deutlich stärker vertreten: Autismus: $4:1$; hyperkinetisches Verhaltenssyndrom (ADHD): $3:1$; Down-Syndrom: $2,5:1$ (Chasiotis und Voland 1998, S. 574).

19 Zum Vergleich: Bei «Jugend forscht», einem naturwissenschaftlichen Wettbewerb, lag der Mädchenanteil bei ca. 26 %, in den Wettbewerben: Mathematik bei ca. 15 %.

20 Im SAT-V fanden sich für Mädchen und Jungen relativ ähnliche Werte (Benbow 1990).

21 Die Eltern gaben den Kindern allerdings kaum typisch weibliches Spielzeug.

22 Nach unseren Beobachtungen interessieren sich vor allem Mädchen mit sozialen Schwierigkeiten im Umgang mit Gleichaltrigen intensiv für Pferde, vielleicht eine Art «Ersatzfreund».

23 Die Ergebnisse zeigen deutlich, wie methoden- und stichprobenabhängig die Befunde sein können. Sieht man sich die Fragen im Marburger Projekt an, so ist es meines Erachtens nicht verwunderlich, daß keine Unterschiede auftreten, wenn beispielsweise Puzzle, Scrabble oder Memory als «Geschicklichkeitsspiele» klassifiziert werden, eine allgemeine Kategorie, die Eltern hochbegabter und durchschnittlich begabter Kinder wohl unterschiedlich interpretieren. Verwundern muß auch jeden, der mit Hochbegabten arbeitet, daß bei der Benutzung von Strategie- und Quizspielen keinerlei Unterschiede zwischen hoch und durchschnittlich Begabten auftreten.

24 Der Philosoph Kierkegaard wußte, wovon er sprach, wenn er die «Langeweile eine Wurzel alles Übels» nannte (zitiert nach Dieckmann 1991, S. 163).

25 In der Literatur finden sich eine Reihe solcher «Merkmalslisten», die nicht darüber hinwegtäuschen sollten, daß es sich um eine teilweise recht beliebige Auswahl der jeweiligen Autoren handelt.

26 Informationen sind hierzu bei der Deutschen Gesellschaft für das hochbegabte Kind oder den verschiedenen Vereinen in den Bundesländern (s. Anhang) erhältlich.

27 Da das Thema «Kompetenz» ein zentraler Punkt gerade auch bei der Hochbegabtendiagnostik ist, wird darauf in einem eigenen Kapitel ausführlicher eingegangen.

28 Wenn man nur einen ein Meter langen Meßstab nimmt und alle Menschen, die größer sind als ein Meter, Riesen nennt, dann werden auch Zwerge mit 1,01 Meter zu Riesen!

29 Im Rahmen ihrer Ausbildung im Fach «Psychologische Diagnostik» erkennen die Studierenden schnell, wieviel Vorbereitung, Übung und Rückmeldung notwendig ist, um selbst hoch objektive Testverfahren wie den KFT-K oder AID 2 fehlerfrei durchzuführen.

30 Die Gründung einer eigenen Beratungsstelle am Psychologischen Institut der Universität Marburg 1999 (BRAIN), vom Land Hessen und der Karg-Stiftung finanziell unterstützt, kann als Ausdruck eines Überzeugungswandels gesehen werden.

31 Fremde Texte, ungeübte Diktate erhalten die Schüler nach Berichten von Kindern und Lehrern nicht vor der dritten Grundschulklasse, oft erst in der vierten Klasse (das ist erfahrungsgemäß von Schule zu Schule, besonders aber von Bundesland zu Bundesland sehr unterschiedlich, wobei höhere Anforderungen in Bayern und Baden-Württemberg bestehen als in vielen anderen Bundesländern.

32 Unter Genotyp (auch Genom) versteht man die Gesamtheit derjenigen genetischen Information, die im Zellkern der befruchteten Eizelle vorhanden ist (vgl. Asendorpf 1994).

33 Eine Vielzahl derartiger methodischer Mängel weist das Buch von Grobel (1990) auf, die zu Recht von Tettenborn (1996) kritisiert werden.

34 «Das Regressionsprinzip besagt, daß die Nachkommenschaft im Mittel dem Durchschnitt der Bevölkerung näher steht als die (etwa hochbegabten) Eltern.»(Häcker und Stapf 1998, 13. Aufl., S.729).

35 Letzten Ergebnissen der aktuellen Untersuchung Jugendlicher im Rahmen der Shell-Studie zufolge soll ein Wandel derzeit beobachtbar sein, die Jugendlichen seien wieder leistungsorientierter (vgl. FAZ 2001, 21.08.).

36 Schulkinder sind einfacher zu untersuchen. Sie können klassenweise mit Gruppentests identifiziert werden, Vorschulkinder müssen immer in langwierigen Einzeltestdurchführungen erfaßt werden.

37 Ein reines «Feinmotoriktraining» bei feinmotorischen Schwierigkeiten erweist sich ohne anregenden Inhalt oder Fragestellung meist als wenig effizient, da die Kinder, meist Jungen, nicht üben wollen; es ist ihnen zu langweilig.

38 Schule, vom griechischen «scholé» (Muße für Bildung; Prause, 1986) abgeleitet, ist eine Befreiung vom Zwang zur Arbeit, der Pflicht, seinen Lebensunterhalt zu verdienen, eine Chance zur Bildung. Dieser Aspekt von Schule wird, vermutlich seit der Schulbesuch Pflicht ist, kaum mehr so gesehen: In der heutigen Zeit wird Schule als Zwang, als Unfreiheit angesehen.

39 Die bei Prause (1986) angeführten berühmten Personen sind allerdings keineswegs alle (intellektuell, musisch oder künstlerisch) hochbegabt, wie die Einbeziehung Hitlers unter die Genies verdeutlicht.

40 Ein Überspringen ist nicht ausschließlich bei Hochbegabten anzuraten, sondern auch bei unterforderten, sehr intelligenten Kindern (ca. ab PR 92) vor allem in der Grundschule.

41 Bei dem nach einer ausführlichen Diagnostik erfolgten Springen kam bei uns keine Rückkehr in die alte Klasse vor, allerdings in einigen Fällen, bei denen Lehrer zu dieser Maßnahme geraten hatten.

42 Ausführliche Hinweise darauf, was beim Springen zu beachten ist, gibt Heinbokel (2000, S. 164 166).

43 Wissenschaftliche Evaluationen durch Nicht-Anthroposophen werden nach unseren Erfahrungen nicht gestattet, die Mehrzahl der Veröffentlichungen und Vorträge über die Waldorfpädagogik stammen von Anthroposophen.

44 Hannah Schultheiß (1997), die zwei Jahre einen Waldorfkindergarten besuchen mußte, dann mit sechs Jahren für eine Weile in einen anderen Kindergarten wechselte, weil niemand auf die Idee kam, sie vorzeitig einzuschulen, schreibt in einem Buch, das sie auf eine Videokassette diktiert hat: «Aber nur, weil ich in diesem Kindergarten gesteckt hab', passierte mir das ganze Leben meine Trauer. Wenn Sie Ihre Kinder in den Waldorf-Kindergarten schicken, so werden sie dumm, strohdumm. Sie kennen keine Musik mit Melodien. Sie müssen es in der Schule sehr schwer haben. Sie können keinen Text. Sie kennen keinen Text von der Musik. Sie wissen es nicht. Sie kennen keine Witzlieder. Es war einfach traurig, so traurig … Meine Eltern haben mich noch rechtzeitig aus diesem Kindergarten herausgeholt» (1997, S. 27).

45 Hannah schreibt dazu: «Mein Freund Konstantin malte immer gerne Feuerwehrautos und Polizeiautos. Aber das durfte er nicht. Einmal aber, da malte er einen ICE. Und da machte er noch Buchstaben drauf, ganz schön. Das konnte die Schilling (Erzieherin) nicht leiden, daß er schon schreiben konnte. Und dann kriegte sie eine Wut und sagte zu ihm: ‹Und die ICEs , die läßt du bleiben! Mal Zwerge, Sonnen, schöne Prinzessinnen.› So richtig waldörflich mußte er malen. Für einen Jungen war das ein richtiges Problem» (Schultheiß 1997, S. 24).

46 Eine Kopie des Ablehnungsbescheids liegt mir vor.

47 In einem Evaluationsbericht von Heller (1993) über den verkürzten Gymnasialzug (G 8) in Baden-Württemberg, bei dem die Schüler nach 8 (statt 9) Jahren das Abitur machen, geben die Schüler/innen z. B. eine gute Integration, einen guten Klassengeist, Kooperation etc an. Allerdings ist nur ein Teil dieser Schüler hochbegabt. Aussagen über mögliche Peerbeziehungen zwischen Hochbegabten sind nicht ableitbar.

48 In der Grundschule wurde der «Petzer» geächtet.

49 Zunehmende Probleme wie Mobbing und Neid in Klassen mit verkürzten Gymnasialzug (G 8) in Baden-Württemberg scheinen auf mögliche Fehlselektionen hinzuweisen, d. h., eine Reihe von nicht hochbegabten Kindern sind eventuell überfordert, sie scheinen nicht «zu passen».

50 Name wurde geändert.

Literatur

Abroms, K. I. (1985). Social giftedness and its relationship with intellectual giftedness. In: J. Freeman (Hrsg.), The psychology of gifted children. S. 201–218. Chichester, NY: John Wiley & Sons.

Amelang, M. (1995). Intelligenz. In: M. Amelang (Hrsg.), Verhaltens- und Leistungsunterschiede. Enzyklopädie der Psychologie. Differentielle Psychologie und Persönlichkeitsforschung, Bd 2. S. 245–328. Göttingen: Hogrefe.

Amelang, M. & Bartussek, D. (1985). Differentielle Psychologie und Persönlichkeitsforschung. Stuttgart: Kohlhammer, 2. Aufl.

Amthauer, R., Brocke, B., Liepmann, D. & Beauducel, A. (1999). Intelligenz-Struktur-Test 2000 (IST 2000). Göttingen: Hogrefe.

Andres, B. (2001). Bildungsprozesse von Kindern und die Diskussion um die Qualitätsentwicklung von Kindertagesstätten. AWO Tagung, 14.03.01, Kiel.

Arnold, K. D., Noble, K. D. & Subotnik, R. F. (Hrsg.) (1996). Remarkable women. Perspectives on female talent development. Cresskill, NJ: Hampton Press.

Asendorpf, J. B. (1994). Entwicklungsgenetik der Persönlichkeit. In: K. A. Schneewind (Hrsg.), Psychologie der Erziehung und Sozialisation. Enzyklopädie der Psychologie. Pädagogische Psychologie, Bd. 1. S. 107–134. Göttingen: Hogrefe.

Asendorpf, J. B. (1999). Psychologie der Persönlichkeit. Berlin: Springer-Verlag, 2. Aufl.

Baldwin, A. Y. (1993). Teachers of the gifted. In: K. A. Heller, F. J. Mönks & A. H. Passow (Hrsg.), International handbook of research and development of giftedness and talent. S. 621–629. Oxford: Pergamon.

Baumert, J., Klieme, E., Neurand, M., Prenzel, M., Schiefele, U., Schneider, W., Stanat, P., Tillmann, K.-J. & Weiß, M. (Hrsg.) (2001). PISA 2000. Opladen: Leske und Budrich.

Baumert, J. & Lehmann, R. (1997). TIMSS – Mathematisch-naturwissenschaftlicher Unterricht im internationalen Vergleich. Opladen: Leske und Budrich.

Baumrind, D. & Black, A. E. (1967). Socialization practices associated with dimensions of competence in preschool boys and girls. Child Development, 38, 291–327.

Bayley, N. & Oden, M. H. (1955). The maintenance of intellectual ability in gifted adults. Journal of Gerontology, 10, 91–107.

Begabte Kinder finden und fördern. (1996) Bonn: Bundesministerium für Bildung, Wissenschaft, Forschung und Technologie (BMB+F).

Benbow, C. P. (1988). Sex differences in mathematical reasoning ability among the intellectually talented: their characterization, consequences, and possible explanations. Behavioral and Brain Sciences, 11, 169–232.

Benbow, C. P. (1990). Mathematical talent and females: From a biological perspective. In: W. Wieczerkowski & T. M. Prado (Hrsg.), Hochbegabte Mädchen. S. 95–113. Bonn: Bock.

Booth, J. F. (1995). Kompetenz. In: R. S. Jäger & F. Petermann (Hrsg.), Psychologische Diagnostik. S. 138–147. Weinheim: Psychologische Verlags Union.

Braga, J. L. (1969). Analysis and evaluation of early administration to school for mentally advanced children. The Journal of Educational Research, 63, 103.

Breik, W. (1997). Identification of gifted preschool children. A first empirical study with jordanian children in Amman. Tübingen: Unveröffentl. Dissertation.

Brody, L. E., Barnett, L. B. & Mills, C. J. (1994). Gender differences among talented adolescents. In: K. A. Heller & E. A. Hany (Hrsg.), Competence and responsibility. The third European Council for High Ability. S. 204–210. Seattle: Hogrefe & Huber.

Brody, N. (1992). Intelligence. San Diego: Academic Press.

Brody, N. & Ehrlichman, H. (1998). Personality psychology. The science of individuality. Upper Saddle River, NJ: Prentice Hall.

Burk, E. A. (1980). Relationship of temperamental traits to achievement and adjustment in gifted children. Unpubl. Diss. New York: School of Education, Fordham Univ.

Butler-Por, N. (1993). Underachieving gifted students. In: K.A. Heller, F.J. Mönks & A.H. Passow (Hrsg.), International handbook of research and development of giftedness and talent. S. 649–668. Oxford: Pergamon.

Callahan, C.M., & Reis, S.M. (1996). Gifted girls, remarkable women. In: K.D. Arnold, K.D. Noble & R.F. Subotnik (Hrsg.), Remarkable women. Perspectives on female talent development. S. 171–192. Cresskill, NJ: Hampton Press.

Casey, J.P. & Quisenberry, N.L. (1982). Hochbegabung in der frühen Kindheit – Ein Forschungsüberblick. In: K.K. Urban (Hrsg.), Hochbegabte Kinder. S. 73–91. Heidelberg: Schindele.

Casey, M.B. (1996). Understanding individual differences in spatial ability within females: A nature/nurture interactionist framework. Developmental Review, 16, 241–260.

Cattell, R.B., Weiß, R.H. & Osterland, J. (1977, 1997, 5. Aufl.). Grundintelligenztest Skala 1 (CFT 1). Göttingen: Hogrefe.

Ceci, S.J. & Williams, W. (1997). Schooling, intelligence, and income. American Psychologist, 52, 1051–1058.

Chasiotis, A. & Voland, E. (1998). Geschlechtliche Selektion und Individualentwicklung. In: H. Keller (Hrsg.), Entwicklungspsychologie. S. 563–595. Bern: Huber.

Colombo, J. (1993). Infant cognition. Newbury Park: Sage Publ.

Cornell; D.G. (1984). Families of gifted children. Ann Arbour, MI: UMI Research Press.

Cropley, A., McLeod, J. & Dehn, D. (1988). Begabung und Begabungsentfaltung. Heidelberg: Asanger.

Csikszentmihalyi, M. Rathunde, K. & Whalen, S. (1993). Talented teenagers. Cambridge: Cambridge University Press.

Czeschlik, T. (1993). Temperamentsfaktoren hochbegabter Kinder. In: Rost, D.H. (Hrsg.), Lebensumweltanalyse hochbegabter Kinder. S. 138–158. Göttingen: Hogrefe.

Czeschlik, T. & Rost, D.H. (1988). Hochbegabte und ihre Peers. Zeitschrift für Pädagogische Psychologie, 2, 1–23.

Dauber, S.L. & Benbow, C.P. (1990). Aspects of personality and peer relations of extremely talented adolescents. Gifted Child Quarterly, 34, 10–14.

Dieckmann, F. (1991). Kierkegaard lesen. In: S. Kierkegaard. Die unmittelbaren erotischen Stadien oder Das Musikalisch-Erotische. S. 161–168. Berlin: Verlags-Anstalt Union.

Döpfner, M. & Lehmkuhl, G. (2002). Die Wirksamkeit von Kinder- und Jugendlichenpsychotherapie. Psychologische Rundschau, 53, 184–193.

Durkin, D. (1966). Children who read early. New York: Teachers College Press.

Eccles, J.S. (1985). Why doesn't Jane run? Sex differences in eductional and occupational patterns. In: F.D. Horowitz & M. O'Brien (Hrsg.), The gifted and talented. Developmental perspectives. S. 251–295. Washington: APA.

Eisenberg, N., Wolchik, S. A., Hernandez, R. & Pasternack, J. F. (1985). Parental socialization of young children's play: A short-term longitudinal study. Child Development, 56, 1506–1513.

Elbing, E. & Heller, K. A. (1996). Beratungsanlässe in der Hochbegabtenberatung. Psychologie in Erziehung und Unterricht, 43, 57–69.

Elschenbroich, D. (2001). Weltwissen der Siebenjährigen. München: Kunstmann.

Fagot, B. I. (1985). Beyond the reinforcement principle: Another step toward understanding sex role development. Developmental Psychology, 21, 1097–1164.

Fay, E., Trost, G. & Gittler, G. (1998). Intelligenz-Struktur-Analyse (ISA, rev. ISA-R). Frankfurt/Main: Swets & Zeitlinger.

Feger, B. (1988). Hochbegabung – Chancen und Probleme. Bern: Huber.

Feger, B. (2000). Begabte Schüler in der Schule: Wo ist das Problem? In: H. Wagner (Hrsg.), Begabung und Leistung in der Schule. S. 25–37. Bad Honnef: Bock, 2. Aufl.

Feger, B. & Prado, T. M. (1989). Probleme hochbegabter Schüler in Waldorfschulen. Psychologie in Erziehung und Unterricht, 36, 216–228.

Feger, B. & Prado, T. M. (1998). Hochbegabung. Darmstadt: Primus.

Fend, H. & Stöckli, G. (1997). Der Einfluß des Bildungssystems auf die Humanentwicklung: Entwicklungspsychologie der Schulzeit. In: F. E. Weinert (Hrsg.), Psychologie des Unterrichts und der Schule. Enzyklopädie der Psychologie. Pädagogische Psychologie. Bd. 3. S. 1–35. Göttingen: Hogrefe.

Flynn, J. R. (1987). Massive IQ gains in 14 nations: What IQ tests really measures. Psychological Bulletin, 101, 171–11191.

Fölsing, U. (1990). Nobel-Frauen: Naturwissenschaftlerinnen im Portrait. München: Beck.

Forum Bildung (Hrsg.) (2001). Empfehlung des Forum Bildung. Bonn.

Fox, L. H. & Zimmermann, W. Z. (1985). Gifted women. In: J. Freeman (Hrsg.), The psychology of gifted children. S. 219–243. Chichester, NY: John Wiley & Sons.

Frank, E. (2000). Naturwissenschaften–Technik–Geschlecht In: B. Frank (Hrsg.), Frauen und moderne Technologien. Positionen 21. S. 3–14. Stuttgart: VBWW.

Freeman, J. (1979). Gifted children: Their identification and development in a social context. Lancaster: MTP Press.

Freeman, J. (2000). Families: the essential context for gifts and talents. In: K. A. Heller, F. J. Mönks, R. J. Sternberg & R. F. Subotnik (Hrsg.), International handbook of giftedness and talent. S. 573–585. Amsterdam: Elsevier.

Freese, H.-L. (1990). Beratung besonders begabter Kinder und Jugendlicher, ihrer Eltern und Lehrer – Erfahrungen einer nicht-institutionalisierten Beratungsstelle. In: H. Wagner (Hrsg.), Begabungsforschung und Begabtenförderung in Deutschland 1980–1990–2000. S. 270–275. Bonn: Bock.

Fuchs, W., Klima, R., Lautmann, R., Rammstedt, O. & Wienold, H. (Hrsg.) (1978). Lexikon zur Soziologie. Opladen: Westdeutscher Verlag, 2. Aufl.

Galton, F. (1869). Hereditary genius. London: MacMillan.

Gardner, H. (1983). Frames of mind. New York: Basic Books.

Gardner, H. (1999). Vielerlei Intelligenzen. In: Spektrum der Wissenschaft spezial: Intelligenz. 3. S. 18–23. Heidelberg: Spektrum der Wissenschaft Verlagsges.

Gottfredson, L. S. (1999). Der Generalfaktor der Intelligenz. In: Spektrum der Wissenschaft spezial: Intelligenz. 3. S. 24–30. Heidelberg: Spektrum der Wissenschaft Verlagsges.

Gottfried, A. W., Gottfried, A. E., Bathurst, K. & Guerin, D. A. (1994). Gifted IQ: Early developmental aspects. N. Y.: Plenum.

Grobel, A. (1990). Hochbegabung in Familien. München: Minerva-Publ.

Gröner, A. & Holzinger, J. (1995). Hochbegabte Mädchen – eine Risikogruppe? Tübingen: Unveröffentl. Diplom-Arbeit.

Gross, M. U. M. (1992). The early development of three profoundly giftedchildren of IQ 200. In: P. S. Klein & A. J. Tannenbaum (Hrsg.), To be young and gifted. S. 94–138. Norwood, NJ: Ablex Publ.

Gross, M. U. M. (1993). Nurturing the talents of exceptionally gifted individuals. In: K. A. Heller, F. J. Mönks & A. H. Passow (Hrsg.). International handbook of research and development of giftedness and talent. (S. 473–490). Oxford: Pergamon.

Gross, M. U. M. (1993). Exceptionally gifted children. London: Routledge.

Grubar, J.-C. (1985). Sleep and mental efficiency. In: J. Freeman (Hrsg.), The psychology of gifted children. S. 141–157. Chichester, NY: John Wiley & Sons.

Guilford, J. P. (1967). The nature of human intelligence. New York: McGraw-Hill.

Häcker, H. (1996). Ideographie, Typologie, Nomothetik. In: K. Pawlik (Hrsg.), Grundlagen und Methoden der Differentiellen Psychologie. Enzyklopädie der Psychologie. Differentielle Psychologie und Persönlichkeitsforschung. S. 157–204. Göttingen: Hogrefe.

Häcker, H. & Stapf, K.-H. (1998). Dorsch Psychologisches Wörterbuch. Bern: Huber, 13. Aufl.

Halpern, D. F. (1992). Sex differences in cognitive abilities. Hillsdale, NJ: Erlbaum.

Halpern, D. F. (1997). Sex differences in intelligence. American Psychologist, 52, 1091–1102.

Halverson, Ch. & Wampler, K. S. (1997). Family influences on personality development. In: R. Hogan, J. Johnson & St. Briggs (Hrsg.), Handbook of personality psychology. S. 241–267. San Diego: Academic Press.

Handte, G. (1987). Persönlichkeitsentwicklung hochbegabter Kinder und Jugendlicher: Interessen, Interessenentwicklung und Selbstkonzept. Tübingen: Unveröffentl. Diplom-Arbeit.

Hansen, J. B. & Hall, E. G. (1997). Gifted women and marriage. Gifted Child Quarterly, 41, 169–180.

Hanses, P. (2000). Stabilität von Hochbegabung. In: D. H. Rost (Hrsg.), Hochbegabte und hochleistende Jugendliche. S. 93–159. Münster: Waxmann.

Hanses, P. & Rost, D. H. (1998). Das «Drama» der hochbegabten Underachiever. «Gewöhnliche» oder «außergewöhnliche» Underachiever? Zeitschrift für Pädagogische Psychologie, 12, 53–71.

Hanson, F. A. (1998). Developing abilities – biologically? In: R. C. Friedman & K. B. Rogers (Hrsg.), Talent in context. S. 39–60. Washington: APA.

Hany, E. A. (1992). Identifikation von Hochbegabten im Schulalter. In: K. A. Heller (Hrsg.), Hochbegabung im Kindes- und Jugendalter. S. 38–163. Göttingen: Hogrefe.

Hany, E. A. & Heller, K. A. (1991). Gegenwärtiger Stand der Hochbegabtenforschung. Replik zum Beitrag Identifizierung von Hochbegabung. Zeitschrift für Entwicklungspsychologie und Pädagogische Psychologie, 23, 241–249.

Harris, J. R. (2000). Ist Erziehung sinnlos? Die Ohnmacht der Eltern. Reinbek: Rowohlt.

Hartmann, Ch. (1999). Ein Kindergartenmodell zur Förderung hoch begabter Kinder. In: Th. Fitzner, W. Stark, H.-P. Kagelmacher & Th. Müller. Erkennen, Anerkennen und Fördern von Hochbegabten. S. 35–38. Stuttgart: Klett.

Heilmann, K. (1999). Begabung Leistung Karriere. Göttingen: Hogrefe.

Heinbokel, A. (1996). Überspringen von Klassen. Münster: LIT.

Heinbokel, A. (2000). Gehupft wie gesprungen: Was nützt das Überspringen? In: H. Wagner (Hrsg.), Begabung und Leistung in der Schule. S. 153–170. Bad Honnef: Bock. 2. Aufl.

Heinrichs, N., Saßmann, H. Hahlweg, K. & Perrez, M. (2002). Prävention kindlicher Verhaltensstörungen. Psychologische Rundschau, 53, 170–183.

Heller, K. A. (1987). Hochbegabungsdiagnostik. Bern: Huber.

Heller, K. A. (Hrsg.) (1991). Begabungsdiagnostik in der Schul- und Erziehungsberatung. Bern: Huber.

Heller, K. A. (Hrsg.) (1992). Hochbegabung im Kindes- und Jugendalter. Göttingen: Hogrefe.

Heller, K. A. (2000). Begabungsdefinition, Begabungserkennung und Begabungsförderung im Schulalter. In: H. Wagner (Hrsg.), Begabung und Leistung in der Schule. S. 39–70. Bad Honnef: Bock. 2. Aufl.

Heller, K. A. & Geisler, H. J. (1983). Kognitiver Fähigkeitstest–Kindergartenform (KFT-K.). Göttingen: Hogrefe.

Heller, K. A. & Geisler, H. J. (1983). Kognitiver Fähigkeitstest für 1. bis 3. Klassen (KFT 1–3). Göttingen: Hogrefe.

Heller, K. A. & Hany, E. A. (1996). Psychologische Modelle der Hochbegabtenförderung. In: F. E. Weinert (Hrsg.), Psychologie des Lernens und der Instruktion. Enzyklopädie der Psychologie. Pädagogische Psychologie, Bd. 2. S. 477–513. Göttingen: Hogrefe.

Heller, K. A., Kratzmeier, H. & Lengfelder, A. (1998). Matritzen-Test-Manual Band 2 zu den Standard Progressive Matrices (SPM). Göttingen: Hogrefe.

Heller, K. A. & Perleth, C. (2000). Kognitiver Fähigkeitstest für 4. bis 12. Klassen (KFT 4–12 +). Göttingen: Hogrefe.

Helmke, A. & Weinert, F. E. (1997). Bedingungsfaktoren schulischer Leistung. In: F. E. Weinert (Hrsg.), Psychologie des Unterrichts und der Schule. Enzyklopädie der Psychologie. Pädagogische Psychologie. Bd. 3. S. 71–176. Göttingen: Hogrefe.

Höppel, D. (2000). Technik und Ingenieurswissenschaften – von wegen Männersache. In: B. Frank (Hrsg.), Frauen und moderne Technologien. Positionen 21. S. 25–31. Stuttgart: VBWW.

Hofstätter, P. R. (1971). Differentielle Psychologie. Stuttgart: Kröner.

Holahan, C. K. (1996). Life time achievement among the Terman gifted women. Gifted and Talented International, 11, 65–71.

Holling, H. & Kanning, U. P. (1999). Hochbegabung. Göttingen: Hogrefe.

Hollingworth, L. S. (1942). Children above 180 IQ Stanford Binet: Origin and development. Yonkers-on-Hudson, NY: World Book.

Holzhay, A. (2001). Zur Persönlichkeit hochbegabter Kinder und Jugendlicher. Tübingen: Unveröffentl. Diplom-Arbeit.

Horowitz, F. D. & O'Brien, M. (Hrsg.) (1985). The gifted and talented. Developmental perspectives. Washington: APA.

Hyde, J. S. & Linn, M. C. (1988). Gender differences in verbal ability: A meta-analysis. Psychological Bulletin, 104, 53–69.

Jacklin, C. N. (1989). Female and male: Issues of gender. American Psychologist, 44, 127–133.

Jacklin, C. N., Maccoby, E. E. (1978). Social behavior at 33 months in same-sex and mixed-sex dyads. Child Development, 49, 557–569.

Jäger, A. O. & Althoff, K. (1983, rev. 1994). Wilde-Intelligenz-Test (WIT). Göttingen: Hogrefe.

Jäger, A. O., Süß, H.-M. & Beauducel, A. (1997). Berliner Intelligenzstruktur-Test (BIS-Test). Göttingen: Hogrefe.

Janos, P. M. & Robinson, N. M. (1985). Psychosocial development in intellectually gifted children. In: F. D. Horowitz & M. O'Brien (Hrsg.), The gifted and talented. Developmental perspectives. S. 149–196. Washington: APA.

Jensen, A. R. (1998). The g factor and the design of education. In: R. J. Sternberg & W. M. Williams.(Hrsg.), Intelligence, instruction, and assessment. S. 111–131. Mahwah, NJ: Lawrence Erlbaum.

Karnes, M. B. & Johnson, L. J. (1991). Differentiating instruction for preschool gifted children. In: R. M. Milgram (Hrsg.), Counseling gifted and talented. S. 179–205. Norwood: Ablex Publ. Corp.

Kastner-Koller, U. & Deimann, P. (1993). Beratung. In: A. Schorr (Hrsg.), Handwörterbuch der Angewandten Psychologie. S. 74–80. Bonn: Deutscher Psychologen Verlag.

Keller, G. (1992). Schulpsychologische Hochbegabtenberatung. Ergebnisse einer Beratungsstudie. Psychologie in Erziehung und Unterricht, 39, 125–132.

Kerr, B. (2000). Guiding gifted girls and young women. In: K.A. Heller, F.J. Mönks, R.J. Sternberg & R.F. Subotnik (Hrsg.), International handbook of giftedness and talent. S.649–657. Amsterdam: Elsevier.

Klauer, K.J. (1992). Zur Diagnostik von Hochbegabung. In: E.A. Hany & H. Nickel (Hrsg.), Begabung und Hochbegabung. S.205–214. Bern: Huber.

Kleinschmidt, G. (1993). Zum Wandel der Leistungsanforderungen in der Grundschule in den Jahren 1971–1991. Schulverwaltung, Nr. 9.

Kovaltchouk, O.L. (1998). Hochbegabte Jugendliche und ihre Peer-Beziehungen. Regensburg: Roderer.

Krautwasser, P. (2000). Erzieherinnen und die Institution Kindertagesstätte auf dem Prüfstand. Ein Vergleich von Erzieherinnen- und Elternbeurteilung von Vorschulkindern. Tübingen: Unveröffentl. Diplom- Arbeit.

Kubinger, K.D. (1982). Probleme der kognitiven Frühförderung und die Abhängigkeit ihrer Effektivität vom Verbalverhalten der Kindergärtnerin. Wien: Eugen Ketterl.

Kubinger, K.D. (1995). Einführung in die Psychologische Diagnostik. Weinheim: Beltz.

Kubinger, K.D. & Wurst, E. (2000). Adaptives Intelligenz Diagnostikum 2 (AID 2). Göttingen: Hogrefe.

Kulik, J.A. & Kulik, Ch.-L.C. (1991). Ability grouping and gifted students. In: N.Colangelo & G.A. Davis (Hrsg.), Handbook of gifted education. S.178–196. Boston: Allyn & Bacon.

Lang, R. (2000). Einschätzung hochbegabter Vorschulkinder durch Eltern und Erzieherinnen hinsichtlich ihrer Intelligenz und Persönlichkeitsmerkmale. Tübingen: Unveröffentl. Diplom-Arbeit.

Lange-Eichbaum, W. (1928). Genie – Irrsinn und Ruhm. München: E.Reinhardt.

Lewis, M. & Louis, B. (1991). Young gifted children. In: N. Colangelo & G.A. Davis (Hrsg.), Handbook of gifted education. S.365–381. Boston: Allyn & Bacon.

Lewis, M. & Michalson, L. (1985). The gifted infant. In: J.Freeman (Hrsg.), The psychology of gifted children. S.35–57. New York: Wiley & Sons.

Lienert, G.A. & Raatz, U. (1994). Testaufbau und Testananlyse. Weinheim: Psychologische Verlags Union.

Linn, M.C. & Petersen, A.C. (1985). Emergence and characteristics of sex differences in spatial ability: A meta-analysis. Child Development, 56,1479–1498.

Lombroso, C. (1887). Genie und Irrsinn. Leipzig: Reclam.

Lubinski, D., Benbow, C.P. & Morelock, M.J. (2000). Gender differences in engineering and physical sciences among the gifted: An inorganic-organic distinction. In: K. A. Heller, F. J. Mönks, R. J. Sternberg & R. F. Subotnik (Hrsg.), International handbook of giftedness and talent. S. 633–648. Amsterdam: Elsevier.

Maccoby, E. E. (1990). Gender and relationships. A developmental account. American Psychologist, 45, 513–520.

Maccoby, E. E. (2000). Psychologie der Geschlechter. Stuttgart: Klett-Cotta.

Maccoby, E. E. & Martin, J. A. (1983). Socialization in the context of the family: Parent-child-interaction. In: P. H. Mussen (Hrsg.), Handbook of child psychology. Vol. IV, 1–101. New York: Wiley & Sons.

Matheny, Jr., A. P. (1989). Temperament and cognition: Relations between temperament and mental test scores. In: G. A. Kohnstamm, J. B. Bates & M. K. Rothbart (Hrsg.), Temperament in childhood. S. 283–298. Chichester: John Wiley & Sons.

Melchers, P. & Preuß, U. (1991). Kaufman Assessment Battery for Children (KAB-C), deutsche Version. Göttingen: Hogrefe.

Merz, F. (1979). Geschlechterunterschiede und ihre Entwicklung. Göttingen: Hogrefe.

Mittag, E. (1996). Kinder und Schule aus schulpsychologischer Sicht. In: S. Helms, B. Jank & N. Knolle (Hrsg.), Verwerfungen in der Gesellschaft – Verwandlungen der Schule. Augsburg: Wißner.

Mittag, E. (2002). Antworten der kommunalen Schulpsychologie NW auf die Ergebnisse der PISA-Studie. Arbeitskreis der Leiterinnen und Leiter kommunaler Schulpsychologischer Dienste beim Städtetag Nordrhein-Westfalen.

Möbius, P. J. (1903). Über den physiologischen Schwachsinn des Weibes. Leipzig.

Moir, A. & Jessel, D. (1989). Brain Sex. The real difference between men and women. London: M. Joseph, LTD.

Montour, K. (1977). William S. Sidis, the broken twig. American Psychologist, 32, 265–279.

Moon, S. M., Jurich, J. A. & Feldhusen, J. F. (1998). Families of gifted children: Cradles of development. In: R. C. Friedman & K. B. Rogers (Hrsg.), Talent in context. S. 81–99. Washington: APA.

Morrison, F. J., Smith, L. & Dow-Ehrensberger, M. (1995). Education and cognitive development: A natural experiment. Developmental Psychology, 31, 789–799.

Müller, E. A. (1992). Fragestellungen praktischer Schulpsychologie bei intellektueller Hochbegabung. Psychologie in Erziehung und Unterricht, 39, 49–56.

Myer, S. (2001). Eia und Popeia ist nicht genug. Hamburg: Die Zeit, 11.

Neisser, U., Boodoo, G., Bouchard Jr., Th. J., Boykin, A. W., Brody, N., Ceci, St. J., Halpern, D. F., Loehlin, J. C., Perloff, R., Sternberg, R. J. & Urbina, S. (1996). Intelligence: Knowns and Unknowns. American Psychologist, 51, 77–101.

Nickel, H. (Hrsg.) (1985). Sozialisation im Vorschulalter. Weinheim: VCH.

Nietzsch, J. (1990). Zur Förderung hochbegabter Mädchen in der Berliner Mathematischen Schülergesellschaft. In: W. Wieczerkowski & T. M. Prado (Hrsg.), Hochbegabte Mädchen. S. 160–165. Bonn: Bock.

Oden, M. H. (1968). The fulfillment of a promise: 40-year follow-up of the Terman gifted group. Genetic Psychology Monograph, 77, 3–93.

Oerter, R. (1995). Kindheit. In: R. Oerter & L. Montada (Hrsg.). Entwicklungspsychologie. S. 249–309. Weinheim: Beltz, PVU.

Oswald, W. D. & Roth, E. (1978, 2. überarb. und erw. Auflage 1997). Zahlen-Verbindungs-Test (ZVT). Göttingen: Hogrefe.

Perleth, Ch. & Sierwald, W. (1992). Entwicklungs- und Leistungsanalyse zur Hochbegabung. In: K. A. Heller (Hrsg.), Hochbegabung im Kindes- und Jugendalter. S. 166–350. Göttingen: Hogrefe.

Petermann, U. & Petermann, F. (1999). Enwicklungspsychopathologische Grundlagen zur Planung einer Kinderverhaltensherapie. In: R. Oerter, C. v. Hagen, G. Röper & G. Noam (Hrsg.), Klinische Entwicklungspsychologie. S. 400–420. Weinheim: Beltz.

Peters, W. A. M., Grager-Loidl, H. & Supplee, P. (2000). Underachievement in gifted children. In: K. A. Heller, F. J. Mönks, R. J. Sternberg & R. F. Subotnik (Hrsg.), International handbook of giftedness and talent. S. 609–620. Amsterdam: Elsevier.

Petersen, P. (1916) (Hrsg.). Der Aufstieg der Begabten. Leipzig: Teubner.

Piechowski, M. (1991). Emotional development and emotional giftedness. In: N. Colangelo & G. A. Davis (Hrsg.), Handbook of gifted education. S. 285–306. Boston: Allyn & Bacon.

Prado, T. M. & Wieczerkowski, W. (1990). Mädchen und Jungen in einer Beratungsstelle für Hochbegabtenfragen. Ergebnisse, Beobachtungen, Erfahrungen. In: W. Wieczerkowski & T. M. Prado (Hrsg.), Hochbegabte Mädchen. S. 59–80. Bonn: Bock.

Prange, K. (1985). Erziehung zur Anthroposophie. Darstellung und Kritik der Waldorfpädagogik. Bad Heilbrunn: Julius Klinkhardt.

Prause, G. (1986). Genies in der Schule. Reinbek: Rowohlt.

Raven, J. C. (1956). Standard Progressive Matrices (SPM). Göttingen: Beltz Test GmbH.

Raven, J. C. (1962). Advanced Progressive Matrices (APM). Göttingen: Beltz Test GmbH.

Reimers, T. (1994). Die Natur des Geschlechterverhältnisses. Frankfurt/Main: Campus.

Remschmidt, H. (1995). Grundlagen psychiatrischer Klassifikation und Psychodiagnostik. In: F. Petermann (Hrsg.), Lehrbuch der Klinischen Kinderpsychologie. S. 3–52. Göttingen: Hogrefe.

Renzulli, J. S. (1986). The three-ring conception of giftedness: A developmental model for creative productivity. In: R. J. Sternberg & J. E. Davidson (Hrsg.), Conceptions of giftedness. S. 53–92. Cambridge: Cambridge University Press.

Robinson, A. & Clinkenbeard, P. R. (1998). Giftedness: An exceptionality examined. Annual Review of Psychology, 49, 117–139.

Robinson, N.M. (1993). Identifying and nurturing gifted, very young children. In: K.A. Heller, F.J. Mönks, & A.H. Passow (Hrsg.), International handbook of research and development of giftedness and talent. S. 507–524. Oxford: Pergamon.

Robinson, N.M. & Robinson, H. (1992). The use of standardized tests with young gifted children. In: P.S. Klein & A.J. Tannenbaum (Hrsg.) (1992). To be young and gifted. S. 141–170. Norwood, NJ: Ablex Publ. Corp.

Roedell, W.C., Jackson, N.E. & Robinson, H.B. (1989). Hochbegabung in der Kindheit. Heidelberg: Asanger.

Rost, D.H. (1991). Identifizierung von «Hochbegabung». Zeitschrift für Entwicklungspsychologie und Pädagogische Psychologie, 23, 197–231.

Rost, D.H. (1991). «Belege», «Modelle», Meinungen, Allgemeinplätze. Anmerkungen zu den Repliken von E.A. Hany, K.A. Heller und F.J. Mönks. Zeitschrift für Entwicklungspsychologie und Pädagogische Psychologie, 23, 250–262.

Rost, D.H. (Hrsg.) (1993). Lebensumweltanalyse hochbegabter Kinder: das Marburger Hochbegabtenprojekt. Göttingen: Hogrefe.

Rost, D.H. (Hrsg.) (2000). Hochbegabte und hochleistende Jugendliche. Münster: Waxmann.

Rost, D.H. & Hanses, P. (1993). Zur Brauchbarkeit des Zahlenverbindungs-Tests (ZVT) bei Kindern der 3. Jahrgangsstufe – psychometrische Überprüfung und Neustandardisierung. Diagnostica, 39, 80–95.

Rost, D.H. & Hanses, P. (1997). Wer nichts leistet, ist nicht begabt? Zur Identifikation hochbegabter Underachiever durch Lehrkräfte. Zeitschrift für Entwicklungspsychologie und Pädagogische Psychologie, 29, 167–177.

Rost, D.H. & Hanses, P. (2000). Selbstkonzept. In: D.H. Rost (Hrsg.), Hochbegabte und hochleistende Jugendliche. S. 211–278. Münster: Waxmann.

Rubin, K.H., Bukowski, W. & Parker, J.G. (1998). Peer interactions, relationships, and groups. In: W. Damon & N. Eisenberg (Hrsg.). Handbook of Child Psychology. Vol 3. Social, emotional, and personality development. S. 619–700. New York: Wiley & Sons, 5. Aufl.

Ruble, D.N. & Martin, C.L. (1998). Gender Development. In: W. Damon, & N. Eisenberg (Hrsg.), Social, emotional, and personality development. Handbook of child psychology. Vol 3. S. 933–1016. New York: John Wiley & Sons, 5. Aufl.

Rückert, J. (1992). Hochbegabte Kinder in der Grundschule: Ein Projekt und erste Ergebnisse. In: K.K. Urban (Hrsg.), Begabungen entwickeln, erkennen und fördern. S. 167–172. Hannover: Univ. Hannover FB Erz. wiss.

Rullmann, M. & Schlegel, W. (2000). Frauen denken anders. Philo-Sophias 1x1. Frankfurt/Main: Suhrkamp.

Salovey, P. & Mayer, J.D. (1993). The intelligence of emotional intelligence. Intelligence, 17, 433–442.

Scarr, S. (1990). Wenn Mütter arbeiten. Wie Kinder und Beruf sich verbinden lassen. München: Beck.

Schilling, S. (2000). Peer-Beziehungen. In: D. H. Rost (Hrsg.), Hochbegabte und hochleistende Jugendliche. S. 367–421. Münster: Waxmann.

Schmid, M. (1999). Längsschnittstudie zur Überprüfung der Stabilität des Kaufman-ABC und der mit diesem Verfahren diagnostizierten intellektuellen Hochbegabung in einer Stichprobe von weit überdurchschnittlich intelligenten Kindern. Tübingen: Unveröffentl. Diplom-Arbeit.

Schmidtchen, S. (1999). Spieltherapie als entwicklungsorientierte Intervention. In: R. Oerter, C. v. Hagen, G. Röper & G. Noam (Hrsg.), Klinische Entwicklungspsychologie. S. 381–399. Weinheim: Beltz.

Schneider, B. C. (1987). The gifted child in peer group perspective. New York: Springer.

Schultheiß, H. (1997). Meine Erlebnisse im Waldorfkindergarten. Stuttgart.

Seely, K. (1993). Gifted students at risk. In: L. K. Silverman (Hrsg.), Counseling the gifted and talented. S. 263–275. Denver: Love.

Seitz, W. & Rausche, A. (1992). Persönlichkeitsfragebogen für Kinder zwischen 9 und 14 Jahren (PFK 9–14). Göttingen: Hogrefe.

Shurkin, J. N. (1992). Terman's Kids. Boston: Little Brown and Comp. (2. Aufl. Orig. 1938)

Silverman, L. K. (1993) (Hrsg.), Counseling the gifted and talented. Denver: Love.

Silverman, L. K. (1993). Counseling needs and programs for the gifted. In: K. A. Heller, F. J. Mönks & A. H. Passow (Hrsg.), International handbook of research and development of giftedness and talent. S. 631–647. Oxford: Pergamon.

Singer, W. (1999). «In der Bildung gilt: Je früher, desto besser». In: Psychologie Heute, Dez., S. 60–65.

Slaters, A. (1995). Individual differences in infancy and later IQ. Journal of Child Psychology and Psychiatry, 36, 69–112.

Sodian, B. (1995). Entwicklung bereichsspezifischen Wissens. In: R. Oerter & L. Montada (Hrsg.), Entwicklungspsychologie. S. 622–653. Weinheim: Beltz, PVU.

Spearman, C. (1927). The abilities of man. London: Macmillan.

Stapf, A. (1980). Auswirkungen des elterlichen Erziehungsstils auf kognitive Merkmale des Erzogenen. In: K. A. Schneewind & Th. Herrmann (Hrsg.), Erziehungsstilforschung. S. 161–188. Bern: Huber.

Stapf, A. (1988). Die Entwicklung hochbegabter Kinder im Vorschul- und Schulalter, oder: Warum es für viele Hochbegabte nach der 4. Klasse schon zu spät ist. In: B. Grillmayr, W. Hübl & G. Pusch (Hrsg.), Begabungen gefragt. Europäische Konferenz. S. 86–92. Salzburg: Offizieller Kongreßbericht.

Stapf, A. (1990). Hochbegabte Kinder in Kindergarten und Grundschule. In: H. Wagner (Hrsg.), Begabungsforschung und Begabtenförderung in Deutschland 1980–1990–2000. S. 83–90. Bad Honnef: Bock.

Stapf, A. (1990). Hochbegabte Mädchen: Entwicklung, Identifikation und Beratung, insbesondere im Vorschulalter. In: W. Wieczerkowski & T. M. Prado (Hrsg.), Hochbegabte Mädchen. S. 45–58. Bad Honnef: Bock.

Stapf, A. (1992). Begabungsentwicklung und Identifikation hochbegabter Vorschulkinder. In: K. K. Urban (Hrsg.), Begabungen entwickeln, erkennen und fördern. S. 109–125. Hannover: Univ. Hannover FB Erz.wiss.

Stapf, A. (1997). Begabte vernachlässigt. Zur Lage hochbegabter Kinder in Deutschland. In: Landeszentrale für Politische Bildung Baden-Württemberg, Bildungspolitik. S. 228–234. Stuttgart, 47 (4).

Stapf, A. (1997). Schulische Maßnahmen bei intellektueller Hochbegabung – Karl, 5;0 Jahre. In: K. D. Kubinger & H. Teichmann (Hrsg.), Psychologische Diagnostik und Intervention in Fallbeispielen. S. 37–44. Weinheim: Beltz.

Stapf, A. (1998). Hochbegabung: Was ist das? In: Ministerium für Kultus, Jugend und Sport Baden-Württemberg (Hrsg.), Begabungen fördern. Hochbegabte Kinder in der Grundschule. Stuttgart.

Stapf, A. (1999). Psychologische Diagnostik bei hochbegabten Kindern. In: Th. Fitzner, W. Stark, H.-P. Kagelmacher & Th. Müller (Hrsg.), Erkennen, Anerkennen und Fördern von Hochbegabten. S. 16–34. Stuttgart: Klett.

Stapf, A. (2000). Lehrerinnen und Lehrer für Hochbegabte? In: Lehren und Lernen. Zeitschrift des Landesinstituts für Erziehung und Unterricht Stuttgart. 26. Jahrgang, 7/8, 15–27.

Stapf, A. (2001). Aufklärung, Ausbildung und Fortbildung: die Vermittlung von Wissen über Hochbegabung. In: Arbeitsstab Forum Bildung (Hrsg.), Finden und Fördern von Begabungen, Fachtagung des Forum Bildung 6./7. 3. 2001. Bonn.

Stapf, A. (2002). Geschlechterunterschiede. Begabungsentwicklung bei Mädchen und Jungen am Beispiel intellektueller Hochbegabung. In: H. Wagner (Hrsg.), Hochbegabte Mädchen und Frauen. S. 11–28. Bad Honnef: Bock.

Stapf, A. (2003). Aufmerksamkeitsstörung und Hochbegabung – Differenzialdiagnostische Überlegungen und Hinweise. journal für begabtenförderung, 2, 6–11.

Stapf, A. (2010). Hochbegabte Mädchen. In: M. Matzner & I. Wyrobnik (Hrsg.), Handbuch Mädchenpädagogik. S. 185–196. Weinheim: Beltz.

Stapf, A. (2010). Differenzialdiagnostik: Hochbegabung und Aufmerksamkeitsstörung. In: F. Preckel, W. Schneider & H. Holling (Hrsg.), Diagnostik von Hochbegabung. Tests und Trends, Bd. 8. Göttingen: Hofgrefe (im Druck).

Stapf, A. & Lang, R. (2002). Warum lebe ich eigentlich? Bedürfnisse und Förderung hoch begabter Vorschulkinder. In: KiTa aktuell BW, 11. Jahrgang, Nr. 2. S. 36–39. Kronach: Link.

Stapf, A. & Stapf, K.-H. (1988). Kindliche Hochbegabung in entwicklungspsychologischer Sicht. Psychologie in Erziehung und Unterricht, 35, 1–17.

Stapf, A. & Stapf, K.-H. (1991). Zur kognitiven und motivationalen Entwicklung hochbegabter Kinder im Säuglings-, Kleinkind- und Vorschulalter. In: K. Grawe, R. Hänni, N. Semmer & F. Tschan (Hrsg.), Über die richtige Art, Psychologie zu betreiben. S. 377–390. Göttingen: Hogrefe.

Stern, W. (1916). Psychologische Begabungsforschung und Begabungsdiagnose. In: P. Petersen (Hrsg.), Der Aufstieg der Begabten. S. 105–120. Leipzig: Teubner.

Stern, W. (1920). Die Intelligenz der Kinder und Jugendlichen. Leipzig: J. A. Barth.

Stern, W. (1921). Die Differentielle Psychologie in ihren methodischen Grundlagen. Leipzig: J. A. Barth, 3. Auflage.

Sternberg, R. J. (1986). A triarchic theory of intellectual giftedness. In: R. J. Sternberg & J. E. Davidson (Hrsg.), Conceptions of giftedness. S. 223–246. Cambridge: Cambridge University Press.

Subotnik, R. F. & Arnold, K. D. (Hrsg.) (1994). Beyond Terman: Contemporary longitudinal studies of giftedness and talent. Norwood, NJ: Ablex Publ. Corp.

Tannenbaum, A. J. (1983). Gifted children: Psychological and educational perspectives. New York: Macmillan.

Tannenbaum, A. J. (1992). Early signs of giftedness: Research and commentary. In: Klein, P. S. & Tannenbaum, A. J. (Hrsg.). To be young and gifted. S. 3–32. Norwood, NJ: Ablex Publ. Corp.

Terman, L. M. (1926). Genetic studies of genius: Vol 1. Mental and physical traits of a thousand gifted children. Palo Alto, CA: Stanford University Press.

Terman, L. M. & Oden, M. H. (1947). The gifted child grows up. Genetic studies of genius (Vol. IV). Stanford, CA: Stanford University Press.

Terman, L. M. & Oden, M. H. (1947). The gifted group at midlife: 35 years' follow-up of the superior child. Genetic studies of genius (Vol. V). Stanford, CA: Stanford University Press.

Terrassier, J.-Ch. (1985). Dyssynchrony: Uneven development In: J. Freeman (Hrsg.), The psychology of gifted children. S. 265–274. Chichester, NY: John Wiley & Sons.

Tettenborn, A. (1996). Familien mit hochbegabten Kindern. Münster: Waxmann.

Tewes, U., Rossmann, P. & Schallberger, U. (1999). Hamburg-Wechsler-Intelligenztest für Kinder III (Hawik III). Göttingen: Hogrefe.

Thieroff, H. (1999). Kinderclub. Broschüre der DGhK, RV Bonn.

Thomas, A. & Chess, S. (1980). Temperament und Entwicklung. Stuttgart: Enke.

Thompson, L. A. & Plomin, R. (1993). Genetic influence on cognitive ability. In: K. A. Heller, F. J. Mönks & A. H. Passow (Hrsg.), International handbook of research and development of giftedness and talent. S. 103–113. Oxford: Pergamon.

Tomlinson-Keasy, C. (1998). Tracing the lives of gifted women. In: R. C. Friedman & K. B. Rogers (Hrsg.), Talent in context. S. 17–38. Washington: APA.

Trost, G. & Sieglen, J. (1992). Biographische Indikatoren herausragender beruflicher Leistungen. In: E. A. Hany & H. Nickel (Hrsg.), Begabung und Hochbegabung. S. 95–104. Bern: Huber.

Ulich, K. (1991). Schulische Sozialisation. In: K. Hurrelmann & K. Ulich (Hrsg.), Sozialisationsforschung. S. 378–396. Weinheim: Beltz.

Urban, K. K. (Hrsg.) (1982). Hochbegabte Kinder. Heidelberg: Schindele.

Urban, K. K. (1992). Begabungsförderung im Vorschulalter. In: E. A. Hany & H. Nickel (Hrsg.), Begabung und Hochbegabung. S. 159–169. Bern: Huber.

Vernon, Ph., Adamson, G. & Vernon, D. F. (1977). The psychology and education of gifted children. London: Methuen.

Wagner, H. (1990). Zur Beteiligung von Mädchen ab den Bundeswettbewerben Mathematik und Fremdsprachen. In: W. Wieczerkowski & T. M. Prado (Hrsg.), Hochbegabte Mädchen. S. 151–159. Bonn: Bock.

Wagner, M. E., Schubert, H. J. P. & Schubert, D. S. P. (1985). Family size effects: A review. Journal of Genetic Psychology, 146, 65–78.

Waldmann, M. R. & Weinert, F. E. (1990). Intelligenz und Denken. Göttingen: Hogrefe.

Webb, J. T. (1993). Nurturing social-emotional development of gifted children. In: K. A. Heller, F. J. Mönks & A. H. Passow (Hrsg.), International handbook of research and development of giftedness and talent. S. 525–538. Oxford: Pergamon.

Weinert, F. E. (1992). Wird man zum Hochbegabten geboren, entwickelt man sich dahin, oder wird man dazu gemacht? In: E. A. Hany & H. Nickel (Hrsg.), Begabung und Hochbegabung. S. 197–203. Bern: Huber.

Weinert, F. E. (1994). Entwicklung und Sozialisation der Intelligenz, der Kreativität und des Wissens. In: K. A. Schneewind (Hrsg.), Psychologie der Erziehung und Sozialisation. Enzyklopädie der Psychologie. Pädagogische Psychologie, Bd. 1. S. 259–284. Göttingen: Hogrefe.

Weinert, F. E. (2000). Begabung und Lernen: Zur Entwicklung geistiger Leistungsunterschiede. In: H. Wagner (Hrsg.), Begabung und Leistung in der Schule. S. 7–24. Bad Honnef: Bock. 2. Aufl.

Weinert, F. E. (2001). Leistungsmessungen in Schulen. Weinheim: Beltz.

Weiß, R. H. (1997). Grundintelligenztest Skala 2 (CFT 20). Göttingen: Hogrefe, 4. Aufl.

Wieczerkowski, W. & Wagner, H. (Hrsg.) (1981). Das hochbegabe Kind. Düsseldorf: Schwann.

Wieczerkowski, W. & Jansen, J. (1990). Mädchen und Mathematik: Geschlechtsunterschiede in Leistung und Wahlverhalten. In: W. Wieczerkowski & T. M. Prado (Hrsg.), Hochbegabte Mädchen. S. 134–151. Bonn: Bock.

White, B. (1985). Competence and giftedness. In: J. Freeman (Hrsg.), The psychology of gifted children. S. 59–73. Chichester, NY: John Wiley & Sons.

Winner, E. (1998). Hochbegabt. Mythen und Realitäten von außergewöhnlichen Kindern. Stuttgart: Klett-Cotta.

Winner, E. & Martino, G. (2000). Giftedness in non-academic domains: The case of the visual arts and music. In: K. A. Heller, F. J. Mönks, R. J. Sternberg & R. F. Subotnik (Hrsg.), International handbook of giftedness and talent. S. 95–110. Amsterdam: Elsevier.

Wolfram, W. W. (1995). Das pädagogische Verständnis der Erzieherin. Weinheim: Juventa.

Zentner, M. R. (1993). Die Wiederentdeckung des Temperaments. Paderborn: Junfermann.

Ziegler, A. (2002). Reattributionstraining: Auf der Suche nach den Quellen der Geschlechtsunterschiede im MNT-Bereich. In: H. Wagner (Hrsg.), Hoch begabte Mädchen und Frauen. S. 85–98. Bad Honnef: Bock.

Zorman, R. (1993). Mentoring and role modeling programs for the gifted. In: K.A. Heller, F.J. Mönks & A.H. Passow (Hrsg.), International handbook of research and development of giftedness and talent. S. 727–741. Oxford: Pergamon.

Beratungsstellen, Verbände und Schulen

Angesichts der Vielzahl entsprechender Einrichtungen und Verbände kann die nachstehende Aufzählung nur eine Auswahl der in Frage kommenden Adressen bieten. Wenn Sie Rat suchen, sollten Sie hierbei bitte drei allgemeine Grundsätze berücksichtigen:

1. Bitte wenden Sie sich zunächst an Ihre regionalen Informations- und/oder Beratungsstellen.
2. Tauschen Sie sich mit Eltern aus, von denen Sie wissen, daß sie mit ähnlichen Fragen konfrontiert sind.
3. Im Internet angebotene sog. «Online-Tests bzw. Fragebögen» sind mit Vorsicht zu interpretieren. Aussagen wie: «Sie haben mit einer Wahrscheinlichkeit von 84 % einen Prozentrang von 95» helfen in der Regel nicht, sie können allerdings zu Mißverständnissen und Fehleinschätzungen führen.

Bundesweite Adressen

Allgemeine Informationen über das Bildungssystem, Begabtenförderung, Kinderakademien usw. für alle Bundesländer über den deutschen Bildungsserver: *www.bildungsserver.de*

Deutsche Gesellschaft für das hochbegabte Kind e. V. (DGhK)
Schillerstraße 4–5
10625 Berlin
Tel.: 030/34 35 68 29
Internet: *www.dghk.de*
Dort können einzelne Regionalverbände erfragt werden.

Fachgruppe Hochbegabte der Sektion Wirtschaftspsychologie im Berufs-
verband deutscher Psychologen (BDP): *www.die-hochbegabung.de*

Mensa: *www.mensa.de*

Hochbegabtenförderung e. V.
Am Pappelbusch 45
44803 Bochum
Tel.: 0234/9 35 67-0
Internet: *www.hbf-ev.de*

Bildung und Begabung e. V.
Wissenschaftszentrum
Ahrstraße 45
53175 Bonn
Tel.: 0228/9 59 15-0
Internet: *www.bildung-und-begabung.de*

Karg-Stiftung
Lyoner Straße 15, Im Atricom
60528 Frankfurt/Main
Tel.: 069/6 65 62-1 13
Internet: *www.karg-stiftung.de*

Christliches Jugenddorfwerk Deutschlands e. V., CJD-Zentrale
Teckstraße 23
73061 Ebersbach
Tel.: 07163/9 30-0
Internet: *www.cjd.de*

Stiftung *Kleine Füchse*
Raule-Stiftung
Solmsstraße 1
65189 Wiesbaden
Tel.: 0611/9 91 76 19, Fax: 0611/9 91 76 30
E-Mail: *info@raule-stiftung.de*

In einzelnen Bundesländern

Kompetenzzentrum für Hochbegabtenförderung Schwäbisch Gmünd
Universitätspark 21
73525 Schwäbisch Gmünd
Tel: 07171/1 04 38-1 05, -1 06, 07171/1 04 38-0 (Sekretariat LGH)
Internet: *www.kh-gmuend.de*

Netzwerk Hochbegabung
Panoramastraße 22
72116 Mössingen
Internet: *www.netzwerkhochbegabung.de*

Landesverband Hochbegabung Baden-Württemberg e. V. (LVH)
Werderstraße 55
70190 Stuttgart
Tel.: 0711/28 13 04
Internet: *www.lvh-bw.de*
(Beim LVH erhalten Sie Links zu Hochbegabten-Klassen in
Baden-Württemberg)

Initiative zur Förderung hochbegabter Kinder e. V.
E-Mail: *vorstand@hbkinder.org*
Internet: *www.hbkinder.org*

Kinder-College e. V.
Auf dem Hähnchen 18
53578 Windhagen
Tel.: 02645/97 02 61
Internet: *www.kinder-college.de*

Institute/Beratung (Auswahl)

Deutschland

Tübinger Institut für Hochbegabung (Tül-Hb)
Karlstraße 6
72072 Tübingen
Dr. Aiga Stapf (Tel.: 0163/6 05 21 03, 07071/91 95 21)
E-Mail: *aigastapf@gmail.com*
Dipl.-Psych. Regine Lang (Tel.: 07071/91 95 21)
E-Mail: *reginelang@web.de*
Dipl.-Psych. Julia Schiefer (Tel.: 07071/91 95 21)
E-Mail: *julia.schiefer@gmx.net*
Internet: *tuebingerinstitut-hb.de*

In enger Kooperation mit:

Stuttgarter Institut für Prävention und Psychotherapie (SIPP)
Schwabstraße 33
70197 Stuttgart
Dipl.-Psych. Ulrike Anders (Tel.: 0711/2 63 44 33)
E-Mail: *anders@stuttgarter-institut.de*
Internet: *www.stuttgarter-institut.de*

Pädagogisches Institut für Hochbegabtenförderung
Erbprinzenstraße 29a
76133 Karlsruhe
Tel.: 0721/1 60 88 35
Internet: *www.pi-hochbegabung.de*

Bega-Institut für Begabungsförderung
Ebertallee 46a
22607 Hamburg
Tel.: 040/89 06 90 85
Internet: *bega-institut.de*

Internationales Centrum für Begabungsforschung (ICBF)
Georgskommende 33
48143 Münster
Tel.: 0251/8 32 42 30
Internet: *www.icbf.de*

Landesweite Beratungs- und Forschungsstelle für Hochbegabung (LBFH)
Albert-Einstein-Allee 47
89081 Ulm
Tel.: 0731/5 03 11 34
Internet: *www.informatik.uni-ulm.de/sfp/hochbegabung.html*

Begabungspsychologische Beratungsstelle (BRAIN)
Fachbereich Psychologie der Phillips-Universität Marburg
Gutenbergstraße 18
35032 Marburg
Tel.: 06421/28 23-8 89
Internet: *www.uni-marburg.de/fb04/ag-pp-ep/brain/*

Begabungspsychologische Beratungsstelle
an der Ludwig-Maximilians-Universität München
Leopoldstraße 13
80802 München
Tel.: 089/21 80 63 33
Internet: *www.paed.uni-muenchen.de/~ppb/Begabung/*

Österreich

Österreichisches Zentrum für Begabtenförderung und Begabungsforschung (ÖZBF)
Schillerstraße 30/Techno 12
5020 Salzburg
Tel.: 0662/43 95 81
Internet: *www.begabtenzentrum.at*
(enthält Links in alle Bundesländer und zu Vereinen)

Bundesministerium für Unterricht, Kunst und Kultur (BMUKK):
www.bmukk.gv.at bzw. *www.bmwf.gv.at*

Mensa: *www.mensa.at*

ECHA-Österreich, Verein zur Förderung von Begabungsforschung und Begabungsinitiativen
Universität Salzburg, Fachbereich Erziehungswissenschaft
Akademiestraße 26/1
5010 Salzburg
Tel.: 0662/80 44 42 12
Internet: *www.echa-oesterreich.at*

Verein zur Förderung besonders begabter Kinder und Jugendlicher in Tirol
Maria-Theresaienstraße 6
6020 Innsbruck
Tel. und Fax: 0512/57 93 33
Internet: *www.hochbegabung.tsn.at/index.htm*

Schweiz

Schweizerische Koordinationsstelle für Bildungsforschung (SKBF|CSRE)
Entfelderstraße 61
5000 Aarau
Tel.: 062/8 35 23 90
Internet: *www.skbf-csre.ch*

Elternverein für hochbegabte Kinder e. V. (EHK): *www.ekh.ch*

Mensa: *www.mensa.ch*

Universikum (Wahlfachkurse für hochbegabte SchülerInnen der Volks-
hochschule)
Fachstelle Begabungsförderung
Schuldepartment Stadt Zürich
Tel.: 044/4 13 88 61
Internet: *www.universikum.ch*

Stiftung für hochbegabte Kinder: *www.hochbegabt.ch*

Schweizer Jugend forscht: *www.sjf.ch*

Schweizerische Studienstiftung: *www.studienstiftung.ch*

LISSA-Preis für begabungsfördernde Projekte in Schweizer Schulen:
www.lissapreis.ch

Schulen für Hochbegabte (Auswahl)

Jugenddorf Christphorusschulen: Braunschweig, Rostock, Königswinter:
*www.cjd-braunschweig.de; www.cjd-rostock.de;
www.cjd-koenigswinter.de*

Sächsisches Landesgymnasium St. Afra Meißen: *www.sankt-afra.de*

Salvatorkolleg Bad Wurzach: *www.salvatorkolleg.de*

Leonardo Da Vinci Gymnasium Neckargemünd: *www.ldvg.de*

Landesgymnasium für Hochbegabte Schwäbisch Gmünd:
www.lgh-gmuend.de

Maria-Theresia-Gymnasium München: *www.mtg.musin.de*

Internatsschule Schloß Hansenberg: *www.hansenberg.de*

Schule für Hochbegabtenförderung/Internationale Schule am Gymnasium in Mainz-Gonsenheim: *www.hbfis-mainz.de*

Staatliches Heinrich-Heine-Gymnasium Kaiserslautern: *www.hhg-kl.de*

Talenta Schweiz: *www.talenta.ch*